MW01233258

Etukannen kuva: Juhani Niinimäki
Takakannen kuvat: Hannu Eskonen

Kustantaja: Books on Demand GmbH, Helsinki, Suomi
Valmistaja: Books on Demand GmbH, Norderstedt, Saksa
ISBN: 978-952-286-872-5

Juhani Niinimäki ja Kari Penttinen

VESIENHOIDON EKOLOGIAA

Ravintoverkkokunnostus

Esipuhe

Kirjoittajilla on takanaan pitkä työura vesistötutkimusten ja kalatalouden alalla. Jotta hankittua tietoa ja kokemusta siirtyisi myös tuleville vesistöasiantuntijoille ja erityisesti vesistökunnostajille, katsoimme, että tämä kirja, joka käsittelee vesistöjen ravintoverkkoja, tulee tarpeeseen. Toivomme kirjan virittävän kriittistä keskustelua menetelmistä, joilla järvien kunnostamista edistetään.

Haluamme kiittää kirjan mahdollistamisesta Suomen Tietokirjailijat ry:tä heidän myöntämästä apurahasta. Kirjan tekemiseen innoitti lukemattomat hoitokalastuksia koskevat keskustelut, jotka käytiin Kari Kinnusen kanssa. Muita henkilöitä, joita haluamme kiittää, ovat Juha Keto ja Paula Böhling kommenteista ja kielen tarkistamisesta.

1	**Johdanto**	**5**
2	**Perustuotanto**	**7**
2.1	Valo	8
2.2	Hiili	9
2.3	Happi ja lämpötila	11
2.4	Ravinteet	13
2.4.1	Fosfori	13
2.4.1.1	Fosforin esiintyminen luonnossa	13
2.4.1.2	Fosforikuormitus ja -tase	14
2.4.1.3	Fosfori vedessä ja sedimentissä	14
2.4.2	Typpi	17
2.4.3	Fosfori ja typpi minimiravinteina	19
2.4.4	Muut ravinteet ja ravinteiden tarve kasveilla ja levillä	19
2.4.5	Hiilen ja typen sekä hiilen ja fosforin suhde	20
2.5	Yhteyttäminen	21
3	**Ravintoverkkojen koostumuksesta**	**23**
3.1	**Tuottajat, kuluttajat ja hajottajat**	**23**
3.2	**Ravintoverkko**	**23**
3.2.1	Ravintoverkon säätelymekanismit	23
3.2.2	Ravintoverkon tasot	23
3.2.2.1	Kaskadivaikutus	24
3.2.2.2	Bottom-up, top-down	24
3.2.3	Järvien ravintoverkoista	25
3.3	**Bakteerit ja levät**	**27**
3.3.1	Bakteerit	27
3.3.2	Levät	28
3.4	**Eläinplankton**	**32**
3.5	**Pohjaeläimet ja muut vesieläimet**	**35**
3.6	**Kalat**	**37**
3.6.1	Kutu ja lisääntyminen	37
3.6.2	Vesistön rehevöitymisen vaikutus kalastoon	39
3.6.3	Ravinnon käyttö	42
3.6.3.1	Kasvinsyöjät	43
3.6.3.2	Eläinplanktonin syöjät	43
3.6.3.3	Pohjaeläinsyöjät	43
3.6.3.4	Petokalat	43
3.6.3.5	Moniravintoiset	44
3.7	**Vesikasvit**	**44**
4	**Ravinteiden kierto vesistöissä**	**47**
4.1	**Sisään ja ulos**	**47**
4.2	**Fosforitase**	**48**

4.3 Sedimentin ja vesimassan välillä ... 49
4.4 Ravinteet ravintoverkon eri osissa ... 52
4.4.1 Kasveissa ja levissä ... 52
4.4.2 Eliöissä ... 53
4.4.3 Kaloissa ... 53
4.4.4 Vesiekosysteemissä yleensä ... 53

5 Hiilen kierto ... 56

6 Suomalaisten vesistöjen tyypittelyperusteet ... 58
6.1 Käyttökelpoisuusluokittelu ... 58
6.2 Vesipuitedirektiivin mukainen laatuluokittelu ... 59
6.2.1 Jokien tilan luokittelu ... 60
6.2.1.1 Jokien vedenlaatuluokittelu ... 60
6.2.1.2 Jokien biologinen luokittelu ... 61
6.2.1.3 Jokien hydrologis-morfologinen luokittelu ... 62
6.2.2 Järvien luokittelu ... 63
6.2.2.1 Järvien vedenlaatuluokittelu ... 63
6.2.2.2 Järvien kasviplankton- ja vesikasviluokittelut ... 64
6.2.2.3 Järvien pohjaeläinluokittelu ... 65
6.2.2.4 Järvien kalastoluokittelu ... 65
6.2.3 Rannikkovesien tilan arviointi ... 66
6.2.4 Voimakkaasti muutettujen vesimuodostelmien arviointi ... 68

7 Ravintoketjut erilaisissa vesistöissä ... 70
7.1 Matala kerrostumaton järvi ... 70
7.2 Kerrostuva järvi ... 71
7.3 Oligotrofinen järvi ... 71
7.4 Dystrofinen järvi ... 72
7.5 Eutrofinen järvi ... 72
7.6 Hypereutrofinen järvi ... 72
7.7 Matalien järvien kaksi tasapainotilaa ... 72

8 Vesistöjen ravintoverkkojen hallinta ... 74
8.1 Ulkoiseen kuormitukseen vaikuttaminen ... 74
8.2 Sisäisen kuormituksen hillitseminen ... 75
8.3 Selvitys vesialueen tilasta ja kalastuksesta ... 75
8.3.1 Kalastuksen säätely ... 75
8.3.2 Kalakantojen vahvistaminen ... 76
8.3.3 Hoitokalastus ja sen tarpeen selvittäminen ... 76
8.3.3.1 Rehevöitymisaste ... 77
8.3.3.2 Kalaston koostumuksen selvittäminen ... 77
8.3.3.2.1 Koeverkkopyynti ... 78
8.3.3.2.2 Koeluontoinen hoitokalastus ... 79

8.3.3.2.3 Kalaparvien kaikuluotaus ... 79
8.3.3.3 Muut selvitystarpeet ja -menetelmät ... 80

9 Kalojen käyttäytyminen ja ravintoketjukunnostus ... 81
9.1 Nuoruusvaihe ja aikuiset kalat ... 81
9.1.1 Särki ... 81
9.1.2 Salakka ... 82
9.1.3 Lahna ... 82
9.1.4 Pasuri ... 83
9.1.5 Ahven ... 83
9.1.6 Kiiski ... 83
9.2 Suojautuminen vihollisilta ... 84
9.3 Kalojen vaellukset ... 84
9.4 Käyttäytyminen erilaisissa vesissä ... 85
9.5 Kalojen ravinto ja sen saanti vaihtelevat ... 85
9.6 Kalojen keskinäinen säätely ja siihen vaikuttaminen ... 86

10 Laskentamallit vesistökunnostusten apuna ... 87
10.1 Virtaamamallit ... 87
10.2 Kuormituslaskentamallit ... 88
10.3 Virtaama-vedenlaatumallit ... 89
10.4 Kuormituksen sieto ... 89

11 Ravintoketjukunnostusmenetelmät ... 91
11.1.1 Hoitokalastusmenetelmät ... 91
11.1.1.1 Nuottapyynti ... 91
11.1.1.2 Avovesinuottaus ... 91
11.1.1.3 Talvinuottaus ... 92
11.1.1.4 Kurenuotta ... 93
11.1.1.5 Rysäpyynti ... 94
11.1.1.6 Katiskapyynti ... 95
11.1.2 Hoitopyyntiin valmistautuminen ... 95
11.1.2.1 Pyyntimenetelmän valitseminen ... 95
11.1.3 Hoitokalastus usean vuoden hanke ... 95
11.1.3.1 Tilaajan ja vesialueen omistajan mukanaolo ... 96
11.1.3.2 Varautuminen saaliiden jatkokäsittelyyn ... 97
11.1.3.3 Hoitokalastussaaliiden koostumuksen selvittäminen ... 98
11.1.3.4 Vesillelasku- ja lastauspaikka ... 98
11.1.4 Tulosten raportointi ... 99
11.1.5 Hoitokalastettavat kalalajit ... 99
11.1.6 Hoitokalastuksen jatkaminen ... 99
11.1.7 Kustannukset ja rahoitusmahdollisuudet ... 100
11.1.7.1 Kustannusten arviointi ... 100
11.1.7.2 Kustannukset ja hyödyt ... 100

11.1.8 Hoitokalastuksen riskit ... 100
11.1.8.1 Ravintoverkon vaikea hallinta ... 100
11.1.8.2 Varovaisuus kannattaa ... 100
11.1.9 Hoitokalastajan koulutus ja kokemuksen hankkiminen ... 101
11.1.10 Pyynti ja itsenäinen päätöksenteko ... 101
11.2 Hapetus ... 101
11.3 Sedimentin käsittely ... 101
11.3.1 Pintasedimentin ruoppaus ... 102
11.4 Kemikaalien käyttö ... 102
11.5 Järven kuivattaminen ... 102
11.6 Vesikasvustojen poisto ... 103
11.7 Esimerkkejä järvikunnostuksista ... 103
11.7.1 Enäjärvi, Vihti ... 103
11.7.2 Finjasjön, Ruotsi ... 104
11.7.3 Köyliönjärvi ... 105
11.7.4 Lappajärvi ... 105
11.7.5 Pyhäjärvi, Säkylä ... 106
11.7.6 Tuusulanjärvi, Järvenpää ja Tuusula ... 107
11.7.7 Ulemistenjärvi (Lake Ulemiste), Tallinna, Viro ... 109
11.7.8 Vesijärvi, Lahti ... 110
11.8 Hoitokalastuksen mahdollisuudet onnistua tai epäonnistua. 111

12 Itämeren rannikkovesien ravintoverkoista ... 113
12.1 Suolapitoisuus ja vedenvaihtuminen ... 113
12.2 Kuormittajat ja vedenlaatu ... 113
12.3 Levien ravinnekierto ... 115
12.4 Eliöstö ... 115
12.5 Rannikkovesien tila ja kunnostus ... 117
12.6 Vedenalainen maisema ja luonto ... 119
12.7 Suojelualueet ja -sopimukset ... 121

13 Lopuksi ... 122

Lähteet ... 126
Linkkejä www-sivuille ... 133
Sanasto ... 134
Suomen ympäristökeskuksen ympäristöalan menetelmästandardit ... 135
Kunnostussuunnitelman ohjeellinen sisältörunkomalli ... 138
Hoitokalastussaaliin ja saalisotannan kirjaaminen ... 140

1 Johdanto

Vesistöt ja niiden valuma-alueet poikkeavat toisistaan. Yhteinen piirre järvillemme on talvinen jääpeite, joka estää valon ja hapen pääsyn ilmasta veteen kuukausiksi. Avovesiaikana järvet ovat lämpötilaltaan joko kerrostuvia, ajoittain kerrostuvia tai kerrostumattomia sen mukaan, millainen niiden morfologia on. Savisilla seuduilla vesistöt ovat luonnostaan savisameita ja suoperäisillä alueilla humuspitoisia. Savisameus ja humus rajoittavat valon pääsyä veteen.

Monien Suomen vesistöjen luonnontila on muuttunut, koska valuma-alueilla tai itse vesistöissä on tehty luonnontilaa muuttaneita toimenpiteitä. Vesien käyttökelpoisuus eri tarkoituksiin on usein heikentynyt. Vesi ei ehkä enää sovellu juoma- ja talousvedeksi, uiminen on epämiellyttävää tai jopa kiellettyä ja kalastus tuottaa arvokalojen sijaan vähempiarvoisia särkikaloja.

Euroopan unionin vesipuitedirektiivin (2000) ja valtakunnallisen vesienhoidon tavoitteena on saattaa huonokuntoiset vesistömme kullekin vesistötyypille ominaiseen hyvään ekologiseen tilaan. Tämä on haasteellinen tavoite. Taloudellisesti merkittävät järvimatkailu ja matkailukalastus ovat olleet kasvussa, mutta myönteinen kehitys edellyttää uima- ja kalastuskelpoisia vesiä.

Vesistöjä on pyritty kunnostamaan monella tapaa. Usein ensimmäiseksi on pyritty estämään tai rajoittamaan ravinteiden ja muiden haitallisten aineiden pääsyä vesistöön, jotta tuleva kuormitus ei ylittäisi vesistön kykyä ottaa vastaan ravinteita. Tässä ei ole aina onnistuttu kovin hyvin, vaikkakin pistekuormitusta on saatu merkittävästi pienennettyä.

Vesikasvillisuuden liiallista leviämistä on estetty niitoin ja ruoppauksin. Hapetuksella ja ilmastuksella on yritetty pitää järven alusvesi hapellisena, jotta sedimentistä ei vapautuisi ravinteita vesimassaan, kuten hapettomissa olosuhteissa tapahtuu. Tavoitteena on näin välttää täydellinen hapettomuus ja kalakuolemat. Sedimentin ravinteita, lähinnä fosforia, on pyritty sitomaan sedimenttiin erilaisin kemikaalikäsittelyin.

Vesistöjen entistä parempaa kuntoa on tavoiteltu myös muilla keinoin. Yhtenä järvien kunnostusmenetelmänä on käytetty ravintoverkkokunnostukseen liittyvää hoitokalastusta eli vähempiarvoisten kalojen poistopyyntiä. Menetelmää kutsutaan myös biomanipulaatioksi. Manipuloimalla eli muuttamalla järven eliöstöä voidaan joissakin tapauksissa vähentää leväesiintymiä. Kun eläinplanktonia syöviä kaloja vähennetään, suurikokoisten vesikirppujen määrä lisääntyy. Vesikirput syövät eli laiduntavat kasviplanktonia, mikä voi rajoittaa kasviplanktonlajien esiintymistä ja planktonmääriä – vähentäen näin levien aiheuttamaa veden samentumista. Planktonsyöjäkaloja voidaan vähentää lisäämällä petokalojen määrää tai pyytämällä tehokkaasti planktonsyöjäkaloja.

Vuorovaikutukset avoveden ravintoverkoissa – tasoilla kalat, eläinplankton, levät – eivät ole ainoa biomanipulaatioon liittyvä mekanismi. Pohjasyöjäkalat, jotka irrottavat sedimenttiä veteen, ovat myös keskeisiä vaikuttajia. Lisäksi ulkoista kuormitusta tulee pyrkiä vähentämään alle vesialueen sietorajan, mikä se sitten onkaan, sillä silloin hoitokalastuksella voidaan saavuttaa pitempikestoisia vaikutuksia.

Tässä kirjassa tarkastelemme vesistöjen ravintoverkkojen ja ravintoketjujen toimintaa sekä niihin vaikuttavia tekijöitä Suomen olosuhteissa. Tarkastelemme myös sitä, miten vesistöjemme tilaa voidaan parantaa ravintoverkkoja säätelemällä.

Kirja on tarkoitettu ensisijaisesti vesistökunnostusta opiskeleville sekä kunnostuksia toteuttaville henkilöille ja yhteisöille. Kirja on jatkoa teokselle "Vesiensuojelun perusteet ja vesistöjen kunnostus" (Penttinen & Niinimäki 2010), joka tehtiin luonto- ja ympäristöalan sekä kalatalouden ammatillisen koulutuksen tarpeisiin Opetushallituksen kustantamana.

Tiedot perustuvat tutkimuksiin ja selvityksiin, mutta myös tekijöiden ja kunnostuksia toteuttaneiden henkilöiden kokemuksiin ja havaintoihin.

Seuraavassa aiheeseen liittyvää kirjallisuutta:

- Vesistökunnostukset: Ilmavirta (1990), Airaksinen (2004), Ulvi & Lakso (2005), Väisänen (2005), Eloranta (2010), Penttinen & Niinimäki (2010), Sarvilinna & Sammalkorpi (2010).
- Biomanipulaation vaikutukset vesistöissä: Shapiro ym. (1975), Jeppesen ym. (1990), Demelo ym. (1992), Meijer ym. (1994), Hansson ym. (1998), Dremer & Hambright (1999), Wetzel (2001), Brönmark & Hansson (2010).
- Hoitokalastusten vaikutuksia Suomessa: Sarvala ym. (2000), Vakkilainen (2005), Olin (2006), Tarvainen (2007), Syväranta (2008), Keto ym. (2010).

Julkaisujen tarkemmat tiedot löytyvät lähdeluettelosta.

2 Perustuotanto

Perustuotanto *(primary production)* tarkoittaa vihreiden kasvien yhteyttämisen kautta sitomaa energiamäärää tai kasvien valmistamaa orgaanista ainesta. Perustuotanto jaetaan brutto- ja nettoperustuotantoon. Kasviin osuvasta auringon säteilyenergiasta vain 9 prosenttia muuttuu varastoiduksi energiaksi. Tämä määrä – kaikkien tuottajien yhteyttämisessä sitoma energia – on ekosysteemin bruttoperustuotanto.

Yleensä bruttoperustuotanto ilmaistaan sitoutuneen orgaanisen hiilen määränä neliömetriä kohti vuodessa (g C m^{-2} a^{-1}). Hiilen määrä kuvaa orgaanisiin yhdisteisiin varastoitunutta kemiallista energiaa, jonka ekosysteemin eliöt voivat myöhemmin käyttää hyödykseen.

Kun bruttoperustuotannosta vähennetään kasvin omiin elintoimintoihin kuluva energia, jää jäljelle nettoperustuotanto. Nettoperustuotannon energiasisältö on noin 5 prosenttia kasviin osuvasta auringon säteilyenergiasta. Se energiamäärä jää seuraavalle trofiatasolle kuuluvien eliöiden eli systeemin kuluttajien käyttöön. Nettoperustuotanto on siis bruttoperustuotanto, josta on vähennetty tuottajan itsensä käyttämä energia.

Perustuotantoa voidaan mitata paikan päällä tutkittavassa vesistössä *(in situ)*. Toinen tapa on ottaa vesistöstä vesinäyte ja mitata veden perustuotantokyky laboratoriossa *(in vitro)*, vakioiduissa valaistusoloissa ja lämpötiloissa.
Perustuotantomittauksessa määritetään radioaktiivisen hiilen C-14-aktiivisuus.

Perustuotanto voidaan ilmoittaa seuraavina suureina:

- biomassan tuorepaino
- biomassan kuivapaino eli tuotetun biomassan vedetön paino
- biomassan tuhkaton kuivapaino
- biomassan hiilen määrä, joka on yleensä 45 % kuivapainosta
- biomassan hiilidioksidin määrä, 1 kg hiiltä vastaa 2,7 kg CO_2.

Eläimillä energiasisältö on kuivapainogrammaa kohti suuruusluokkaa 21 joulea (J) ja kasveilla 17,7 joulea.
Vesiekosysteemin energiavirrat voidaan kuvata kaaviona seuraavasti:

Ravinnon energia $C = P + G + R + U + F$ eli
Tuotanto (kasvu) $P = C - R - U - F - G$, jossa
C = ravinnon energia
P = tuotanto (kasvu)
G = sukusolut
R = hengitys
U = eritteet
F = ulosteet

Vesiekosysteemin energiakaaviot ovat aina yksinkertaistuksia. Kaavioista tulee hyvin monimutkaisia, jos niihin otetaan mukaan kaikki vesiekosysteemin osat (litoraali, profundaali, pelagiaali) ja osatekijät (mm. kasviplankton, eläinplankton, pohjaeläimet, kalat).

Vesialueiden perustuotantoa voidaan mitata paitsi hiilen, myös Klorofylli-*a*:n eli lehtivihreän määränä. Klorofylli-*a* on orgaaninen molekyyli, jonka avulla kasvit yhteyttävät. Kehittyneemmillä kasveilla lehtivihreä on viherhiukkasissa (kloroplasteissa), bakteereilla kalvojen rakenneosina.

Viherhiukkasia on runsaasti lähestulkoon kaikissa kasvin maanpäällisissä osissa, ja ne aiheuttavat pääasiassa kasvien vihreän värin. Klorofyllimolekyylit absorboivat hyvin valon sinisiä ja punaisia aallonpituuksia, mutta huonosti vihreitä. Vihreitä aallonpituuksia ne heijastavat ja näkyvät siksi vihreinä.

2.1 Valo

Perustuotannon määrä vesialueilla vaihtelee vuoden- ja vuorokaudenaikojen mukaan, koska valaistus vaihtelee.

Vesialueilla perustuotantoa tapahtuu niin syvälle, kuin valoa riittää ja esiintyy yhteyttäviä vesikasvustoja, leviä ja bakteereja. Lisäksi perustuotannon määrään vaikuttavat esimerkiksi valon läpäisevyys (veden sameus ja väri) ja lämpötila. Jos pintavedessä on runsaasti levää, valon läpäisevyys vähenee, mikä saattaa rajoittaa tuotantoa (kuva 1).

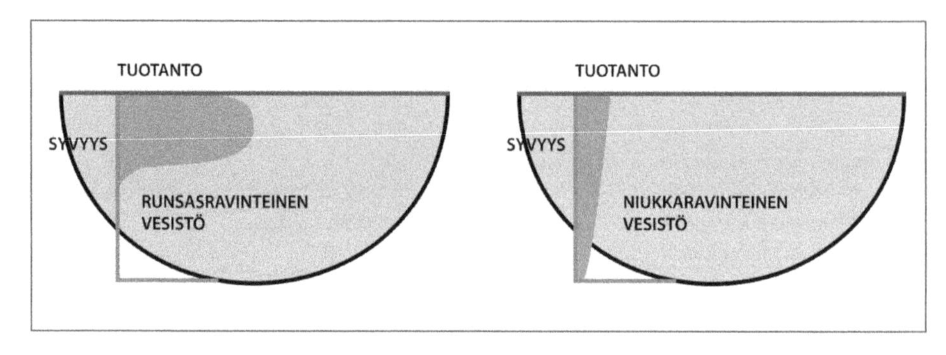

Kuva 1. Rehevässä vesistössä tuotanto rajoittuu pintaosiin, koska kasviplanktonin aiheuttama sameus estää valon tunkeutumisen syvälle. Karussa vesistössä valo saattaa tunkeutua pohjaan asti ja koko vesimassassa tapahtuu tuotantoa. Kokonaistuotanto on kuitenkin rehevässä vesistössä paljon suurempi kuin karussa.

Veteen kohdistuva valomäärä vaihtelee muun muassa vuorokaudenajan, vuodenajan ja pilvisyyden mukaan. Valomäärä on veden pinnalla 100 prosenttia. Riippuen veden valoa sitovien partikkelien määrästä, se vähenee syvemmälle mentäessä ja on 0 prosenttia, kun valoa ei ole lainkaan.

Valon voimakkuutta eri syvyyksissä voidaan mitata luksimittarilla. Yleisempi mutta karkeampi tapa on näkösyvyyden mittaus. Näkösyvyys kertoo, kuinka syvälle valkolevy näkyy ihmissilmällä. Jos näkösyvyys on esimerkiksi 2,0 metriä, valoa voi riittää noin 3,5–4,0 metrin syvyyteen. Toisin sanoen, valo loppuu syvyydessä, joka on kaksi kertaa näkösyvyys. Tämä johtuu siitä, että katsottaessa valkolevyä veden läpi valo kulkee pinnalta valkolevyyn ja takaisin.

Ultraviolettisäteily (UV-säteily) on sähkömagneettista säteilyä. Sen aallonpituus on lyhyempi kuin näkyvän valon. Lyhyt aallonpituus merkitsee sitä, että ultraviolettisäteilyn taajuus on suuri. Suurina kerta-annoksina, usein ja pitkään altistettaessa ultraviolettisäteily on haitallista eliöille. Ultraviolettisäteily myös tuhoaa soluja. Ultraviolettisäteilyllä on mahdollista tappaa bakteereja, minkä vuoksi sitä käytetään muun muassa juomaveden puhdistamiseen.

UV-säteily ehkäisee muun muassa vesieliöiden kasvua ja kehitystä. Eliöillä on havaittu myös erilaisia korjaus- ja suojamekanismeja. UV-säteilyn vaimeneminen vaihtelee eri vesistöissä, mikä johtuu etenkin liukoisesta humusaineesta. Vähän humusta sisältävissä kirkkaissa järvissä UV-säteily tunkeutuu selvästi syvemmälle kuin tummissa humusjärvissä. Suorien vaikutusten lisäksi UV-säteily voi vaikuttaa eliöihin epäsuorasti. Se voi lisätä esimerkiksi eräiden kemikaalien myrkyllisyyttä.

Eräässä tutkimuksessa todettiin, että UV-B-säteily lisää lievästi PAH-tyyppisen yhdisteen, reteenin, myrkyllisyyttä vesikirpuille. Tätä yhdistettä esiintyy esimerkiksi paperi- ja selluteollisuuden alapuolisten vesistöjen sedimenteissä (Huovinen 2000).

Valo on sähkömagneettisen spektrin ihmissilmällä nähtävä osa. Näkyvä valo asettuu noin aallonpituuksille 350–700 nanometriä (nm) ja taajuuksille 380–750 terahertsiä (THz). Valoa lyhytaaltoisempaa säteilyä kutsutaan ultravioletiksi ja pitempiaaltoista infrapunaiseksi.
Valoaaltojen kolme perusominaisuutta ovat kirkkaus (amplitudi), väri (aallonpituus) ja polarisaatio (värähtelykulma). Valolla on sekä hiukkasten että aaltojen ominaisuudet, ja valo etenee valokvantteina eli fotoneina. Näkyvän valon fotonin energia on noin 1,5–3,1 elektronivolttia (eV).
Vesinäytteiden oton yhteydessä voidaan mitata myös valon absorptio aallonpituuksilla 400 ja 700 nanometriä.

2.2 Hiili

Hiili (C) on alkuaine, jota esiintyy kaikkialla, missä on elämää ja orgaanisia yhdisteitä. Hiilen kiertokulku on yksi elämälle keskeisistä luonnon kiertokuluista. Hiiliatomeilla on myös kemiallisesti mielenkiintoinen kyky sitoutua toisiinsa muodostaen pitkiä ketjuja ja renkaita. Ne sitoutuvat monin muodoin myös muihin alkuaineisiin ja muodostavat lähes 10 miljoonaa yhdistettä.

Hiilen ja vedyn (H) yhdisteitä ovat hiilivedyt, joista tärkeät fossiiliset polttoaineet, maaöljy ja maakaasu, pääasiassa koostuvat. Kun hiili palaessaan yhdistyy happeen, muodostuu hiilidioksidia, jota kasvit käyttävät hiilen lähteenä. Jos hiilidioksidia (CO_2) on ilmakehässä liikaa, se aiheuttaa osaltaan ilmaston lämpiämistä. Elävissä olennoissa esiintyy lukemattomia muitakin hiilen yhdisteitä, joista monet sisältävät myös muita alkuaineita, esimerkiksi typpeä (N) tai fosforia (P). Hiili siis osaltaan muodostaa elämän perustan.

Kokonaishiilellä (TC) tarkoitetaan vesinäytteessä olevaa orgaanisen, epäorgaanisen ja alkuainehiilen summaa. Orgaanisella kokonaishiilellä (TOC, *total organic carbon)* tarkoitetaan vesinäytteeseen jäävää hiiltä, kun epäorgaaninen hiili poistetaan hapottamalla ja kuplittamalla.
Mikäli näytteet on suodatettu, tulos sisältää ainoastaan liuenneen ja partikkelikooltaan alle 0,22 mikrometrin (µm) hiilen. Tällöin TC:n sijaan määritetään liuennut kokonaishiili (DC, dissolved carbon) ja TOC:n sijaan liuennut orgaaninen kokonaishiili (DOC). TC/TOC/DC/DOC määritetään standardimenetelmällä SFS-EN-1484.
Orgaaninen kokonaishiili (TOC) sisältää eri lähteistä peräisin olevan liuenneen ja partikkelimaisen orgaanisen hiilen. Se kuvaa siten veden sisältämän orgaanisen aineen määrää hiilipitoisuutena.

Suomen vesissä orgaanisen hiilen kokonaismäärästä noin 94 prosenttia on liuenneessa muodossa, joten käytännössä orgaaninen kokonaishiili ja liuennut orgaaninen hiili ovat lähes sama asia. Orgaaninen kokonaishiili korreloi vahvasti veden väriluvun kanssa.

Hiiltä kulkeutuu vesiin ympäröiviltä maa-alueilta. Suuria hiilen lähteitä ovat suot ja metsät. Järvisedimenteissä on myös suuri hiilivarasto, jonka on arveltu olevan samaa suuruusluokkaa kuin puustoon sitoutunut hiilimäärä. Muita orgaanisen hiilen lähteitä ovat muun muassa vedessä oleva kasviperäinen aines, plankton, bakteerit, hajoava tai kuollut orgaaninen aines ja pienimolekyyliset orgaaniset yhdisteet. Lisäksi orgaanista ainesta tulee vesistöihin käsiteltyjen jätevesien mukana sekä valumavesien mukana metsistä ja pelloilta. Hajotessaan orgaaninen aines kuluttaa happea (Niemi 2011).

Vuosina 1967–2008 jokien orgaanisen hiilen pitoisuudet olivat Pohjanmaan jokivesistöissä pääosin tasolla 10–30 mg C l^{-1} ja Lapin joissa alle 5 mg C l^{-1}. Etelän joissa pitoisuudet vaihtelivat paljon, mutta olivat yleisesti välillä 10–20 mg C l^{-1} (Niemi 2011).

Suomen järvien orgaanisen hiilen pitoisuus on keskimäärin 12 mg C l^{-1}, mutta yli 90 prosentissa Etelä- ja Keski-Suomen järviä pitoisuus on alle 5 mg l^{-1}. Tärkein orgaanisen hiilen pitoisuuteen vaikuttava tekijä on soiden osuus valuma-alueen pinta-alasta. Runsashumuksisissa järvissä, jotka ovat yleensä pieniä (alle 1 km^2), orgaanisen hiilen pitoisuus on korkea, 10–12 mg C l^{-1}.

Järvisedimenttien hiilivarastojen tutkimuksessa (Ojala 2007) saatiin järvisedimenttien keskimääräiseksi hiilivarastoksi 19 kiloa neliömetrille (kg m^{-2}) ja keskimääräiseksi hiilen varastoitumisnopeudeksi 2,0 grammaa neliömetrille vuodessa (g m^{-2} a^{-1}). Varastot ja varastoitumisnopeudet vaihtelevat järvittäin, hiilivarastot välillä 2–80 kg m^{-2} ja hiilen varastoitumisnopeudet välillä 0,2–8,0 g m^{-2} a^{-1}. Yleisesti sedimentin hiilivarastot olivat pienissä järvissä suurempia kuin isommissa järvissä.

Humusjärville on tyypillistä veden ruskea väri. Koska tumma vesi absorboi keväällä auringon valoa tehokkaasti, pintavesi lämpenee kirkkaita vesiä nopeammin ja kesäaikainen lämpötilakerrostuneisuus muodostuu aikaisemmin. Orgaanisen hiilen hajotus kuluttaa happea. Humushapot laskevat veden pH-arvoa, yleensä se on noin pH 6–6,5. Humusjärvien hapettomassa sedimentissä ja alusvedessä muodostuu runsaasti metaania ja hiilidioksidia. Veden väri ei kuitenkaan suoraan vaikuta kasviplanktontuotannon suuruuteen.

Bakteerit käyttävät ravinnokseen humusta ja eläinplankton jossain määrin bakteereja. Pienessä humusjärvessä enimmillään 30–60 prosenttia hiilestä on peräisin mikrobiravintoketjusta (Paula Kankaala. Humuksen vaikutus järvien hiilenkiertoon ja ravintoverkkoihin. Esitys Itä-Suomen yliopisto, Biologian laitos).

Yksi tapa tarkastella ravintoverkkoja ja -ketjuja on mitata hiilen määriä ja kulkeutumista ravintoketjuissa esimerkiksi luonnon vakaiden isotooppien, kuten hiilen (^{13}C), analysointiin perustuvan tekniikan avulla. Menetelmä sopii mainiosti järviekosysteemien tutkimiseen ja ravintoketjukunnostusten vaikutusten selvittämiseen perinteisten menetelmien rinnalla (Syväranta 2008).

2.3 Happi ja lämpötila

Happi on tärkeä ainesosa ilmakehässä, jossa sitä on 21 prosenttia. Luonnossa sitä on runsaasti myös yhdisteinä, kuten vetenä, joka on vedyn ja hapen yhdiste (H_2O). Vapaa happi reagoi herkästi monien muiden aineiden kanssa. Se ylläpitää palamista, ja se on myös useimpien eliöiden elämälle välttämätön. Sitä vapautuu kasvien yhteyttämisessä ja kuluu eläinten soluhengityksessä sekä orgaanisen aineen hajoamisessa. Happimolekyyli (O_2) muodostuu kahden happiatomin liitoksesta, ja se esiintyy huoneenlämpötilassa kaasumaisena. Nestehappi ja kiinteä happi ovat väriltään vaaleansinisiä.

Vedessä on happea paitsi vesimolekyyleissä, myös liuenneena kaasuna. Happea liukenee ilmasta suoraan vesimassaan, ja sitä liukenee myös yhteyttämisen seurauksena. Juuri tämä liuennut happi on elintärkeää monille vesieliöille, kuten kaloille. Tullakseen toimeen kalat tarvitsevat tietyn happipitoisuuden (mg l^{-1}), joka vaihtelee lajin mukaan. Hapen liukenemisaste veteen riippuu lämpötilasta. Esimerkiksi 0 asteessa (°C) veden kyllästyshapen pitoisuus on 14,6 mg O_2 l^{-1}, 10 asteessa pitoisuus on 11,3 mg O_2 l^{-1} ja 20 asteessa 9,1 mg O_2 l^{-1}. Kyllästysaste saattaa ylittää 100 prosenttia esimerkiksi voimakkaan yhteyttämisen aikana päivällä.

Lumi ja jääpeite eristävät tehokkaasti sekä yhteytystoiminnan että hapen liukenemisen ilmasta veteen. Eristyksen aikana kalojen ja muiden vesieliöiden täytyy tulla toimeen sillä happivarannolla, joka vedessä tai sedimentissä kulloinkin vallitsee, ellei lisähappea tule pinta- ja pohjavesien valumien kautta. Mitä pitempi on eristyksen aika, sitä vähemmäksi happivarannot hupenevat. Ne saattavat jopa loppua sellaisista järvistä, joissa happea kuluu runsaasti. Happi voi loppua, jos eristävä jää ja lumipeite tulevat ennen kuin vesi on ehtinyt kunnolla jäähtyä ja ne pysyvät pitkään.

Veden lämmetessä eliöiden hapen tarve kasvaa, koska soluhengitys kiihtyy. Siten lämpimässä vedessä esimerkiksi kalat tarvitsevat ja kuluttavat biomassaa kohti suhteellisesti enemmän liuennutta happea kuin viileässä. Koska kalat ovat vaihtolämpöisiä, niiden elintoiminnot hidastuvat veden viilentyessä ja kiihtyvät veden lämmetessä. Jos vesi lämpenee liikaa, kalat lakkaavat syömästä, jotta energiaa ei kulu muuhun kuin hengitykseen eli hapenottoon. Eri kalalajit viihtyvät ja säilyvät hengissä erilaisissa lämpötiloissa ja happipitoisuuksissa (taulukot 1 ja 2). Mädin ja vastakuoriutuneiden kalojen ympäristövaatimukset ovat suuremmat kuin aikuisten: niiden viihtyvyys- ja eloonjäämisalue on lämpötilan ja happipitoisuuden osalta kapeampi.

Hengittäessään kalat kuluttavat happea ja palamistuotteena on hiilidioksidi, jota syntyy 1,38 grammaa jokaista kulutettua happigrammaa kohti.

Veden happipitoisuus voidaan määrittää milligrammoina litrassa ($mg\ l^{-1}$) tai kyllästysprosenttina käyttäen titrimenetelmää tai elektrokemiallista happimittaria. Titrimenetelmä tunnetaan Winklerin menetelmänä. Näytteeseen lisätään mangaani-ioneja (Mn) (II), ja liuos tehdään alkaliseksi natriumhydroksidilla (NaOH), joka sisältää natriumjodidia (NaI) ja natriumatsidia (NaN_3). Näytteeseen liuennut happi hapettaa muodostuneen valkoisen mangaanihydroksidisakan ($Mn(OH)_2$) mangaani (IV) oksidihydroksidiksi ($MnO(OH)_2$). Sakan väri muuttuu ruskeaksi. Kun näyte tehdään happamaksi, sakka liukenee ja mangaani muuttuu kahden arvoiseksi. Samalla näytteeseen vapautuu liuennutta happea vastaava ekvivalenttimäärä jodia, joka titrataan tiosulfaatilla.
Happimittareiden toiminta perustuu optiikkaan.

Taulukko 1. Eri kalalajien optimi- ja eloonjäämislämpötilat (Lehtonen 2006).

Kalalaji	Optimilämpötila °C	Tappava lämpötila °C
Ahven	13–22	26–34
Ankerias, kiiski, lahna, mutu, pasuri, sorva, särki, toutain, turpa, törö	19	28–30
Harjus, kivennuoliainen, kolmipiikki, kymmenpiikki, made, nahkiainen, pikkunahkiainen, seipi, simput, säyne	12–19	> 28
Karppi, suutari, ruutana	22–28	> 33
Kivisimppu, lohi, muikku, siika, taimen	7–18	> 24
Kuha	18–28	34–39
Nieriä	4–15	22–27

Taulukko 2. Eri kalalajien optimi- ja eloonjäämishappipitoisuudet (Lehtonen 2006).

Kalalaji	Normaali hapen tarve $mg\ l^{-1}$	Hapen tappava raja $mg\ l^{-1}$
Ahven, harjus, kuha, made, toutain, turpa, törö	7–10	< 2
Ankerias, karppi, lahna, pasuri, ruutana, suutari,	1–4	< 1
Hauki, kiiski, sorva, särki	3–7	< 2
Kivennuoliainen, kivisimppu, lohi, muikku, mutu, nieriä, siika, taimen	10–16	< 3

Perinteisen käsityksen mukaan hapen pitoisuus vaikuttaa ratkaisevasti fosforin liikkeisiin vesistöissä. Hapekkaassa ympäristössä fosfori saostuu sedimenttiin ja hapettomassa liukenee veteen. Esimerkiksi fosforin ja raudan saostumis- ja liukenemisreaktiot ovat tiiviisti kytköksissä toisiinsa. Fosfori sitoutuu löyhästi rautahydroksidikomplekseihin, joista se irtautuu pelkistävissä olosuhteissa.

Tämä "Mortimerin malli" on asetettu 2000-luvulla osittain kyseenalaiseksi. Ainakaan järvissä hapetushoito ei vähentänyt fosforin sisäkuormitusta ja veden fosforipitoisuus oli riippumaton alusveden happitilanteesta. Hapetusta voitiin perustella vain kalojen elinympäristön laajentamisella (Hupfer & Lewadowski 2008, Sarvala 2010).

2.4 Ravinteet

2.4.1 Fosfori

2.4.1.1 Fosforin esiintyminen luonnossa

Fosforilla (P) on tärkeä tehtävä kasvin energia-aineenvaihdunnassa. Fosfori on tärkeä osa ATP:ssa eli adenosiinitrifosfaatissa, joka toimii solujen välittömänä energianlähteenä. ATP hajoaa solun energiaa vaativissa tapahtumissa, jolloin se luovuttaa energiaa kasvin kehitykseen ja kasvuun. Jos fosforia on saatavilla liian vähän, se ilmenee heikentyneenä kasvuna.

Fosforia esiintyy luonnossa liukoisena fosfaattifosforina ja kiintoaineeseen sitoutuneena partikkelimaisena fosforina, jotka yhdessä muodostavat kokonaisfosforin. Lisäksi kokonaisfosforipitoisuuteen sisällytetään näytteeseen mukaan tulevien levien ja eläinplanktonin sisältämä fosfori.

Epäorgaanista fosforia kutsutaan fosfaatiksi (PO_4). Fosfori voi esiintyä vedessä ja sedimentissä erilaisissa kemiallisissa muodoissa, kuten ortofosfaattina (PO_4^{3-}), fosfaattikomplekseina (polyfosfaatti) tai orgaanisesti sitoutuneena fosforina. Polyfosfaatti on useasta fosforihappotähteestä muodostunut suurikokoinen molekyyli, jonka sidoksissa on huomattava määrä energiaa ja metafosfaatti (PO^{3-}).

Tavallisimpia fosfaattilannoitteita ovat superfosfaatti, tuomaskuona ja luujauho. Fosfaatteja käytetään muun muassa pesuaineissa ja hammastahnoissa. Liuennut ja kiintoaineeseen sitoutunut fosfaatti erotetaan suodattamalla.

Liukoinen fosfori eli fosfaattifosfori on leville suoraan käyttökelpoisessa muodossa. Liukoisen fosforin määrä on riippuvainen kokonaisfosforin määrästä. Fosfaattifosfori on alhaisimmillaan kasvukaudella, jolloin levät ja uposlehtiset vesikasvit hyödyntävät sitä tehokkaasti kasvuun.

Vedessä fosfori voi olla liuenneena fosfaattifosforina (PO_4-P), joka on suoraan levien käytettävissä. Se voi myös olla sitoutuneena esimerkiksi leviin, rautaan, alumiiniin, kalsiumiin ja savihiukkasiin. Myös sedimentin fosfori voi olla eri muodoissa ja sidoksissa muihin aineisiin.

Fosfori esiintyy vedessä eri muodoissa, kuten

- helppoliukoisena
- rautaan ja alumiiniin sitoutuneena

- kalsiumiin sitoutuneena (vaikealiukoinen)
- orgaanisissa fosforiyhdisteissä.

Fosforia on kasvisolujen kuivapainosta yleensä 0,5–2 prosenttia. Levät ottavat solun sisään pääasiallisesti liuennutta ortofosfaattia (PO_4^{3-}), kunnes pitoisuus ympäröivässä vedessä laskee hyvin alas (alle 1 $\mu g\ l^{-1} = mg\ m^{-3}$) (Frisk 1978). Esimerkiksi kaloissa fosforia on 0,3–0,7 prosenttia tuorepainosta. Merialueella kasvatetussa kirjolohessa on typpeä Asmalan (2008) mukaan 2,7 prosenttia ja fosforia 0,33 prosenttia kalan kokonaispainosta.

Fosfori esiintyy luonnossa pääasiassa ortofosfaattina (PO_4^{3-}), useissa maaperän mineraaleissa se on niukkaliukoisina kalsium-, alumiini- ja rautafosfaatteina sekä orgaanisina yhdisteinä (mm. ATP). Yleensäkin fosfaatit ovat niukkaliukoisia, mikä selittää sen, että usein juuri fosforin puute rajoittaa kasvien kasvua myös vesiympäristössä.

2.4.1.2 Fosforikuormitus ja -tase

Fosforia lisätään maaperään lannoitteina. Lannoituksen vesistöjä rehevöittävää vaikutusta hillitsee kuitenkin se, että fosfaatit ovat niukkaliukoisia ja ne huuhtoutuvat maaperästä hitaasti. Pesuaineiden käyttö oli suuri fosforikuormituksen aiheuttaja, kunnes päästöjä ryhdyttiin vähentämään. Pesuaineissa fosfaatteja käytetään liukoisina polyfosfaatteina, jotka sitovat kovan veden sisältämiä kalsium- ja magnesium-ioneja.

Valumisvesien kiinteillä hiukkasilla voi olla vesistöjen kuormittajana paljon suurempi merkitys kuin vesiliukoisella fosforilla. Hapettomissa oloissa jopa 35–60 prosenttia kiinteiden hiukkasten fosforista voi olla leville käyttökelpoista (Aura ym. 2006).

Liuenneen fosforin lisäksi siis osa valumavesien kiinteitten hiukkasten fosforista on leville käyttökelpoista. Hapellisissa oloissa osuus voi olla noin 10–15 prosenttia ja hapettomissa jopa 35–60 prosenttia (Uusitalo ym. 2003). Tällainen fosfori voi irrota maahiukkasista veteen ja rehevöittää vesistöjä.

Fosfori on usein järviemme minimiravinne, eli sen määrä tai puute vaikuttaa perustuotannon tasoon. Minimiravinteena on 64 prosentissa suomalaisista järvistä fosfori, 13 prosentissa se on typpi ja 23 prosentissa sekä fosfori että typpi (Hietanen 2010). Siten fosfori on keskeinen ravintoverkon säätelijä.

Fosforitaseella tarkoitetaan sitä fosforimäärää, joka tulee järveen valuma-alueelta ja ilmasta sekä sitä, joka poistuu järvestä virtaaman tai kalojen mukana. Lisäksi siihen sisältyy veden fosforivarasto ja sen muutokset sekä sedimenttiin varastoitunut fosfori, josta osa kiertää sedimentin ja vesimassan välillä. Fosfori kulkee ravintoverkossa ja vaikuttaa siihen merkittävästi.

2.4.1.3 Fosfori vedessä ja sedimentissä

Vesistöissä fosfaatti on tehokas ravinne, ja se kuluu yleensä nopeasti loppuun veden pintakerroksesta. Varsinkin hapettavissa olosuhteissa fosfaattia vajoaa hiukkasmateriaalin mukana sedimentteihin rautayhdisteinä, ferrifosfaattina ja ferrihydroksidi-fosfaattikompleksina. Fosfaatin pitoisuudet pohjanläheisissä vesikerroksissa riippuvat voimakkaasti happioloista. Tämä johtuu siitä, että hapetus-pelkistyspotentiaalin laskiessa ferriyhdisteet pelkistyvät ferroyhdisteiksi. Niiden fosfaatit ovat liukoisia, joten ne vapautuvat veteen.

Pääosa eli noin 98 prosenttia sedimentin fosforista on partikkelimaisessa muodossa

(Lean 1973). Kokonaisfosforia on sedimentissä yleensä 1–3 milligrammaa (mg) kuiva-ainegrammaa kohden. Sedimentin kokonaisfosforin määrä ei kuitenkaan kuvaa järviveden rehevyyttä (Boström ym. 1982, Hellsten 1997). Sedimentissä fosfori on sitoutuneena joko epäorgaanisessa tai orgaanisessa muodossa. Epäorgaaninen fosfori on nimetty niukkaliukoisena apatiittifosforiksi ja herkästi liukenevana ei-apatiittifosforiksi (kuva 2) (Håkanson & Jansson 1983, Väisänen 2009).

Huokosvesi on sedimentissä olevaa vettä. Kemiallisten ja biologisten muutosten vuoksi siihen voi siirtyä kiintoaineeseen sitoutunutta fosforia. Huokosvedestä liukenevaa fosforia voi vapautua yläpuoliseen vesimassaan monella tapaa, kuten diffuusion, tuulten aiheuttaman resuspension, pohjaeläinten ja kalojen aiheuttaman bioturbaation, kaasukonvektion (kuljettumisen) ja lämpötilakonvektion kautta (kuva 2).

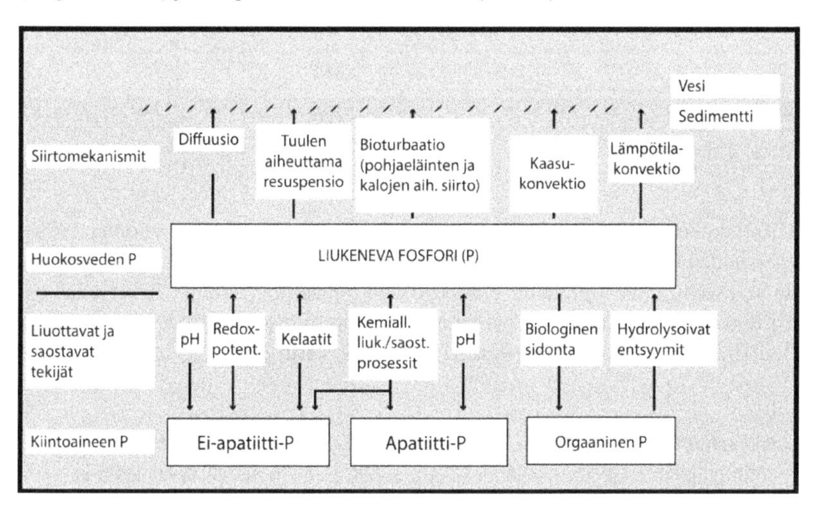

Kuva 2. Fosforin eri muodot ja niiden vapautumis- ja kulkeutumismekanismit sedimentin ja vesimassan välillä Lappalaisen & Matinveden (1990) muokkaamana (alkuperäisviitteet, Håkansson & Jansson 1983, Hesslein 1980, Lappalainen 1982, Musgrave & Reeburg 1982) (Väisänen 2009).

Sedimentin fosforikyllästysaste ilmaisee sen, missä määrin fosforin "sitoutumispaikat" ovat sedimentissä täynnä. Mikäli sedimentti ei ole "kyllästynyt" fosforista, sedimentistä ei vapaudu fosforia hapettomissakaan olosuhteissa (Håkanson & Jansson 1983).

Epäorgaaninen fosfori sitoutuu ja sekoittuu sedimentin pintakerrokseen, mikä muodostaa eräänlaisen puskurin järveen kohdistuvia kuormitusmuutoksia vastaan (Piispanen 1987).

Jos sedimentissä on runsaasti eloperäistä ainetta, mikrobien toiminta säätelee fosforin vapautumista pelkistävissäkin olosuhteissa. Näin käy myös, jos metalleja on niukasti. Kemialliset mekanismit säätelevät fosforin vapautumista siinä tapauksessa, että metallipitoisuudet ovat korkeita. Runsaan sedimentoituvan aineksen hajotus lisää fosforin vapautumista, ja se on nopeinta hapekkaissa olosuhteissa. Tämä voikin olla yleisesti tärkein fosforia vapauttava prosessi (Sarvala 2010).

Kun järviveden fosforipitoisuudet yleensä vaihtelevat välillä 0,010–0,100 mg l^{-1}, niin sedimentin pitoisuudet saattavat olla – kuten edellä mainittiin – yli tuhatkertaisia eli 1–3 g kg^{-1} kuivapainona ja noin 0,1–0,3 g l^{-1} tuorepainona.

Aikanaan asumajätevesillä kuormitetun Vihdin Enäjärven sedimentin fosforipitoisuuksia tutkittiin ennen ja jälkeen tehtyjen hoitokalastusten, vuonna 1991 (Salonen ym. 1993) ja 1999 (Salonen & Varjo 2000). Hoitokalastukset tehtiin vuosina 1993–1999, ja niiden saalis oli noin 450 kiloa hehtaarilta. Sedimentin pintakerroksen fosforipitoisuus ja -määrä kasvoivat tänä aikana merkittävästi (taulukko 3) (Salonen & Varjo 2000).

Taulukko 3. Enäjärven sedimentin keskimääräiset fosforipitoisuudet vuosina 1991 ja 1999 (N = 28).

Näytetaso cm/vuosi	0–10/1999	0–10/1991
Vesipitoisuus (%)	83,0	77,0
Hehkutushäviö (%)	16,0	13,8
Kokonaisfosfori (g kg^{-1} kuivapaino)	1,70	1,08

Vuonna 1991 kokonaisfosforin määrä kuiva-aineessa oli 1,1 g kg^{-1} ja vuonna 1999 jo 1,7 g kg^{-1}. Pitoisuuden kasvu liittyy osin orgaanisen aineksen sedimentaation kasvuun, mutta ennen muuta se osoitti, ettei sedimentti enää entiseen tapaan kierrättänyt fosforia takaisin vesimassaan. Toisin sanoen, Enäjärven sedimentin sisäkuormitusominaisuus oli heikentynyt ja sedimentti oli muuttunut ravinteita sitovaksi (Salonen & Varjo 2000).

Järvisedimentin fosforipitoisuuksia voidaan määrittää ottamalla sedimenttinäytteitä sedimentin pintakerroksesta, esimerkiksi 0–5 sentin ja 5–10 sentin syvyydestä ja analysoimalla näytteistä kuiva-ainepitoisuus ja kokonaisfosfori. Lisäksi voidaan määrittää eri fosforifraktioita niiden vesiliukenevuuden selvittämiseksi.

Fosforin sitoutuminen rautaan riippuu hapetus-pelkistystasapainon lisäksi etenkin pH:sta. Fosfori vapautuu sedimentistä, kun pH-arvo nousee suuremmaksi kuin 9. Alhaisessa kiintoainepitoisuudessa fosforia vapautuu jo, kun pH on yli 8. Kuitenkin kaikilla pH-tasoilla fosforia vapautuu enemmän hapettomissa oloissa (Koski-Vähälä ym. 2001). Runsas levätuotanto saattaa nostaa pH-arvon ajoittain yli 9. Tämäkin lisää järven rehevöitymistä, koska korkea pH aiheuttaa fosforin vapautumista sedimentistä vesimassaan.

Jos rauta- ja fosforimäärien suhde (Fe:P) sedimentissä on yli 15–20, fosforia ei juuri liukene pohjasta hapekkaissa olosuhteissa. Jos suhde on alle 10, merkittävää liukenemista voi tapahtua. Suomalaisissa vesissä on yleensä runsaasti rautaa, joten fosforin sitoutumiselle on melko hyvät edellytykset. Raudan ja fosforin yhteys kuitenkin katkeaa, jos sulfaattia on paljon. Rikki sitoo raudan liukenemattomiksi rautasulfideiksi, ja fosfori vapautuu. Näin käy rehevissä järvissä ja etenkin Itämeressä. Myös alumiinin oksidien runsaus suhteessa rautaan vaikuttaa fosforin liikkuvuuteen. Jos alumiinia on paljon, fosfori ei vapaudu edes hapettomissa olosuhteissa (Sarvala 2010).

Fosforin vapautumiseen sedimentistä sisältyy kilpailevia, vastakkaissuuntaisia prosesseja. Liuennut fosfori voi absorboitua, saostua tai tulla biologiseen käyttöön. Tuulten ja bioturbaation aiheuttama resuspensio usein edeltää fosforin liukenemista. Bioturbaatio kuljettaa hapekasta vettä sedimentin sisään, mutta se myös siirtää huokosvettä ja pelkistyneitä aineita ylöspäin ja hapettuneita alaspäin sekä kiihdyttää aineen vaihduntaa (Sarvala 2010). Olennaista on sedimentaatio ja sedimentin fosforinpidätyskyvyn suhde (Hupfer & Lewandowski 2008).

Fosfori on järvissä ja rannikkovesissä yleensä rehevöitymistä säätelevä minimiravinne. Sedimentti sisältää usein runsaat fosforivarastot. Sisäistä kuormitusta aiheuttaa fosforin vapautuminen sedimentistä vesimassaan. Se, miten hyvin sedimentti sitoo tai vapauttaa fosforia, määrää sisäisen kuormituksen tason. Siihen vaikuttavat 1) fysikaaliset tekijät, kuten tuulten aiheuttama resuspensio, 2) kemialliset tekijät, kuten hapettomuus pH, rauta ja sulfaatti sekä 3) biologiset tekijät, kuten kalojen ja pohjaeläinten aiheuttama bioturbaatio.

2.4.2 Typpi

Typpi (N) on väritön, mauton, hajuton, myrkytön, palamaton ja ilmaa kevyempi kaasu. Typpi esiintyy kaksiatomisena molekyylinä, joka on typpiatomien välisen vahvan kolmoissidoksen vuoksi erittäin kestävä. Typpeä on paitsi ilmassa (78 %), myös maaperässä ja luonnonvesissä erilaisina suoloina. Suurin osa hengittämästämme ilmasta on typpeä, mutta valtaosa ilmakehän typestä on epäreaktiivista, eikä sillä ole ympäristövaikutuksia. Lukuisat typpiyhdisteet, kuten vesistöissä esiintyvä nitraatti sekä ilmassa esiintyvät ammoniakki, typpioksiduuli ja typen oksidit, ovat reaktiivisia ja siten hyödyllisiä, mutta ne aiheuttavat samalla enemmän ympäristöongelmia.

Kasvit ja eläimet tarvitsevat typpeä proteiinien ja nukleiinihappojen rakennusosiksi. Eläimet eivät pysty hyödyntämään typpeä sellaisenaan, vaan saavat tarvitsemansa typen kasviperäisistä tuotteista. Kasvit ottavat typen maasta yleensä typen suoloina, esimerkiksi nitraatteina (NO_3^-), jotka muuttuvat kasvissa ammonium-ioneiksi (NH_4^+). Jotkut kasvit, kuten eräät sinilevät, pystyvät hyödyntämään ilmakehän vapaata typpeä (N_2) typen lähteenään. Eräät maaperän bakteerit sitovat ilmakehän vapaata typpikaasua ammoniakiksi, joka on kasveille käyttökelpoinen muoto. Jotkut näistä bakteereista elävät kasvien kanssa vuorovaikutuksessa kasvin juurinystyröissä. Esimerkiksi palkokasvien (mm. herne) juurinystyröissä elää typensitojabakteereita.

Myös typpi voi vaikuttaa vesistön perustuotantoon, jos se esiintyy minimiravinteena, kuten yleensä Itämeren alueella ja osin myös sisävesissä. Se voi vaikuttaa perustuotantoon myös sen vuoksi, että jotkut levät kykenevät tehokkaasti hyödyntämään ilmasta veteen liuennutta typpeä.

Typpi esiintyy vedessä liuenneina, liukenemattomina tai kolloidisina orgaanisina yhdisteinä tai liuenneina epäorgaanisina yhdisteinä: ammoniumina, ammoniakkina, nitraattina, nitriittinä ja vapaana typpenä. Leville käyttökelpoisia ovat epäorgaaniset typpiyhdisteet, tärkeimpinä ja yleisimpinä nitraatti ja ammonium. Kokonaistypellä tarkoitetaan veden sisältämän typen kokonaismäärää.

Nitrifikaatio on typen kierron kannalta tärkeä prosessi maa- ja vesiekosysteemeissä. Typpi sitoutuu biomassaan ja vapautuu eliöiden kuollessa epäorgaaniseksi typeksi. Tässä kierrossa bakteeritoiminta on avainasemassa. Typen kiertokulku on ravintoketjun kaltainen tapahtumasarja (kuva 3).

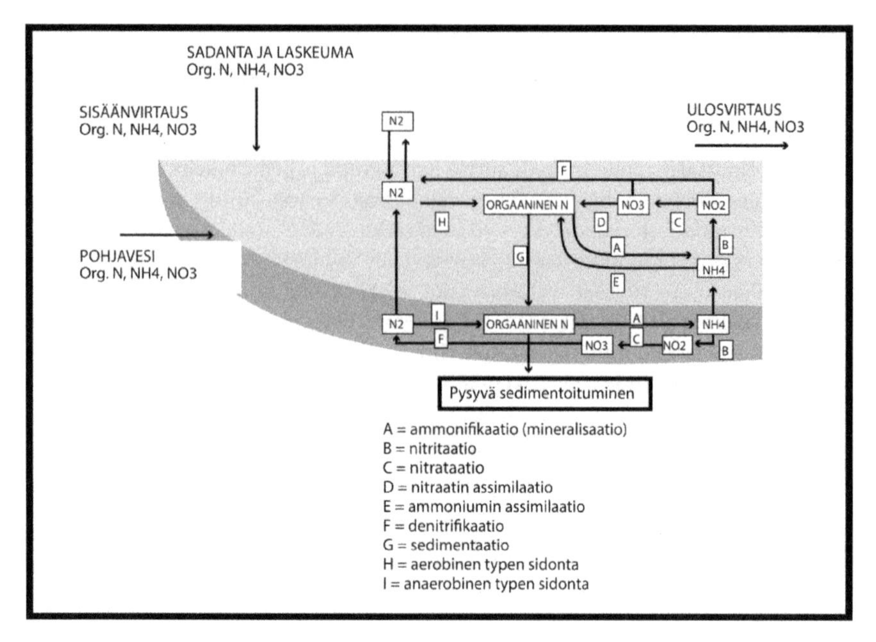

Kuva 3. Typen yksinkertaistettu kiertokulku matalassa järvessä (Mykkänen 2007).

Nitrifikaatio on aerobinen prosessi, jossa nitrifikaatiobakteerit muuttavat ammonium-muodossa olevaa typpeä nitriitti- ja nitraattimuotoiseksi. Nitrifikaatio on osa typen kiertokulkua. Nitrifikaatio on kahden bakteerisuvun yhteisen toiminnan tulos:

Nitrosomonas $NH_4^+ + 1{,}5\ O_2 \rightarrow 2\ H^+ + H_2O + NO_2^-$

Nitrobacter $NO_2^- + 0{,}5\ O_2 \rightarrow NO_3^-$

Bakteerit käyttävät reaktioissa syntyvän energian solumassan tuottamiseen.

Veden ja sedimentin typpiyhdisteistä voidaan määrittää kokonaistyppi (kok N), nitraattityppi, (NH_3-N), nitriittityppi (NH_2-N) ja ammoniumtyppi (NH_4-N). Kokonaistyppi ei kuitenkaan ole nitraatti-, nitriitti- ja ammoniumtypen summa, vaan siihen sisältyy usein myös eliöiden sisältämä typpi.

Ammoniakki on myrkyllistä kaloille jo pieninä pitoisuuksina jos se on vapaassa, ionisoitumattomassa muodossa. Matala pH vähentää ammoniakin myrkyllisyyttä. Ammoniumin esiintyminen pintavedessä on osoitus veden likaantumisesta, joka voi johtua esimerkiksi jätevesien purkupaikan läheisyydestä. Ammonium aiheuttaa veteen haju- ja makuhaittoja. Se kuluttaa myös happea.

Nitriittien runsaus kertoo vedessä olevasta bakteeritoiminnasta. Jos nitriittejä on runsaasti esimerkiksi talousvedessä, vesijohtoverkko tulee puhdistaa.

Menetelmässä, jota käytetään typen poistoon jätevesistä, nitrifikaatio on kaksivaiheinen aerobinen prosessi, jossa autotrofiset bakteerit hapettavat ammoniumtypen nitriitin kautta nitraatiksi. Nitraatti on vesistössä haitattomampi yhdiste kuin ammoniumtyppi. Kuormittamattomissa luonnonvesissä ammoniumtyppeä (NH_4-N) on yleensä vähän, pintavedessä 10–30 µg l^{-1} ja alusvedessä hieman enemmän.

2.4.3 Fosfori ja typpi minimiravinteina

Kokonaisfosfori on vesien tuotannon ja rehevöitymisen kannalta tärkeä ravinne. Se on usein tärkein planktonlevien kasvua rajoittava tekijä (minimitekijä). Karussa vesistössä kokonaisfosforin pitoisuus on alle 10 µg l^{-1}, ylirehevässä vesistössä yli 100 µg l^{-1}.

Kasviplanktonissa typen ja fosforin moolisuhde on keskimäärin noin 16. Tätä voidaan käyttää hyväksi arvioitaessa, kumpi pääravinne on kasvua rajoittava kriittinen tekijä.

Ravinteiden yhteydessä puhutaan tavallisesti ”typestä” ja ”fosforista”, vaikka itse asiassa tarkoitetaan typen ja fosforin liukoisia suoloja. ”Fosfori” tarkoittaa siis tässä yhteydessä fosfaattia (lähinnä $H_2PO_4^-$ ja HPO_4^{2-}) ja ”typpi” nitraatin NO_3^-, nitriitin NO_2^- ja ammoniumin NH_4^+ kokonaismäärää.

Koska vesistöjen ylimmissä vesikerroksissa on aina runsaasti liuennutta happea, on typen hapettunein muoto eli nitraatti määrällisesti tärkein typpiravinne. Jos esimerkiksi vedessä N:P-suhde on 30:1, fosfori kuluu loppuun ennen typpeä ja rajoittaa siten kasvua.

Fosforin saanti ilmasta on vähäistä, sillä sitä on ilmakehässä vain pölyyn sitoutuneina fosfaatteina. Vähäravinteisilla alueilla onkin tavallista, että juuri fosfori (fosfaatti) on rajoittava ravinne. Jos taas N:P-suhde on esimerkiksi 6:1, rajoittaa nopeasti kuluva typpi kasvituotantoa.

Vesiekosysteemeissä kasvu alkaa keväisin piileväkukinnalla, joka edellyttää sekä sopivia typpi- että fosforiravinteita. Mikäli fosfaattia on riittävästi, sinilevät saattavat nitraatin loputtua vallata kasvukerroksen. Tämä johtuu siitä, että ne kykenevät käyttämään veteen liuennutta ilmakehän kaksimolekyylistä typpeä (N_2).

2.4.4 Muut ravinteet ja ravinteiden tarve kasveilla ja levillä

Muita perustuotannon rakennusaineita, jotka eivät yleensä esiinny vesistöissä minimiravinteina, ovat esimerkiksi sinkki (Zn), kalium (K), kalsium (Ca), molybdeeni (Mo) ja mangaani (Mn).

Taulukossa 4 kuvataan alkuaineiden suhteellista saatavuutta ja tarvetta kasveilla ja levillä. Siinä alkuaineen tärkein tehtävä on määritelty suhteessa saatavuuteen ja tarpeeseen. Fosforin saatavuus ja tarve on 1 ja samoin niiden suhde. Kun suhde on suurempi kuin 1, alkuaineen tarve on paremmin tyydytetty kuin fosforin osalta. Fosfori on minimiravinne, kuten useimmissa järvistämme on tilanne.

Taulukko 4. Alkuaineiden suhteellinen saatavuus ja tarve kasveilla ja levillä; vertailukohtana fosfori, jolle on annettu arvo 1 (Hutchinson 1973, Björkmark & Hansson 2005, Moss 2010).

Alkuaine	Saatavuus	Tarve	Saatavuus/tarve	Tehtävä
Na	32	0,5	64	solukalvo
Mg	22	1,4	16	klorofylli, energian siirto
Si	268	0,7	383	soluseinä (piilevät)
P	1	1	1	DNA, RNA, ATP, entsyymit
K	20	6	3	entsyymin aktivaattori
Ca	40	8	5	solukalvo
Mn	0,9	0,3	3	fotosynteesi, entsyymit
Fe	54	0,06	900	entsyymit
Co	0,02	0,0002	100	vitamiini B12
Cu	0,05	0,006	8	entsyymit
Zn	0,07	0,04	2	entsyymin aktivaattori
Mo	0,001	0,0004	3	entsyymit

2.4.5 Hiilen ja typen sekä hiilen ja fosforin suhde

Hiilen ja typen suhde (C:N) sekä orgaanisen aineen pitoisuus kuvaavat sedimentin rehevyyttä (Hansen 1961). Karuissa järvissä C:N-suhde on korkea ja orgaanisen aineen pitoisuus alhainen, mutta rehevissä järvissä päinvastoin. Ruskeavetisen järven sedimentissä sekä C:N-suhde että orgaanisen aineen pitoisuudet ovat korkeita. Alkava rehevöityminen näkyy sedimentissä C:N-suhteen muutoksessa yläpuolista vettä aikaisemmin (Håkansson & Jansson 1983).

Huokosvettä voi kulkeutua järven sedimentistä vesimassaan muun muassa diffuusion kautta. Fosforia vapautuu sedimentistä huokosveteen orgaanisen aineksen hajoamisessa eli mineralisaatiossa. Fosfaattia on havaittu vapautuvan, mikäli hiilen ja fosforin välinen massasuhdeluku (C:P) on alle 58:1 (Bell & Ahlgren 1987, Tezuka 1990, Tuominen 1996).

Sedimentin orgaanisen aineksen hajotuksessa bakteeribiologisilla ja mikrobiologisilla prosesseilla on keskeinen merkitys, ne vaikuttavat fosforin ja typen vapautumiseen sedimentistä huokosveteen (Tuominen 1996). Nämä prosessit lisäävät huokosveden fosforipitoisuutta ja siten kiihdyttävät fosforin diffuusiota sedimentin yläpuoliseen vesimassaan (Sinke & Cappenberg 1988).

Vastaavasti typpeä vapautuu sedimentistä huokosveteen mineralisaatiossa, mikäli hiilen ja typen välinen massasuhdeluku (C:N) on alle 10:1 (Coldman ym. 1987, Tezuka 1990). Pintasedimentin C:N-suhde kuvastaa järven kuormituksen laatua (Hansen 1961, Håkansson & Jansson 1983). Mikäli suhdeluku on yli 10, järveen kohdistuu pääasiassa ulkoista kuormitusta. Kun järven pintasedimentin (levämassan) C:N-suhde on noin 5–6, se kertoo sisäsyntyisestä kuormituksesta (Redfield ym. 1963, Väisänen 2009).

2.5 Yhteyttäminen

Yhteyttäminen on biokemiallinen prosessi, jossa kasvisolut tuottavat hiilidioksidista ja vedestä auringon energian avulla glukoosia ja happea. Kasvi käyttää glukoosia ravintonaan. Kemiallisesti yhteyttäminen voidaan kuvata seuraavasti:

$$6\ H_2O + 6\ CO_2 + \text{valo} \rightarrow C_6H_{12}O_6\ (\text{glukoosi}) + 6\ O_2$$

Kuusi molekyyliä vettä (H_2O) ja kuusi molekyyliä hiilidioksidia (CO_2) muodostavat glukoosin lisäksi kuusi happimolekyyliä.

Yhteyttämisellä (assimilaatiolla tai fotosynteesillä) tarkoitetaan siis tapahtumaa, jossa epäorgaanisessa muodossa otetut aineet sidotaan orgaanisiin yhdisteisiin. Yhteyttämisellä tarkoitetaan yleensä tärkeintä ja mittavinta tapahtumaa, joka on hiilidioksidin yhteyttäminen, mutta käsite voi tarkoittaa kasvifysiologiassa myös hiilen, typen ja toisinaan myös rikin sitoutumista.

Hiilidioksidin yhteyttämisen ja nimenomaan fotosynteesin varassa on kaikkien eliöiden elämä, alkeellisimmista bakteereista ihmiseen saakka. Poikkeuksena on kemosynteesi.

Kemosynteesiksi kutsutaan tapahtumaa, jossa lehtivihreättömät bakteerit yhteyttävät hiilidioksidia kemiallisen energian avulla. Kemosynteesissä ei tarvita auringon valoa, ja siksi reaktio on mahdollista myös syvällä merenpohjalla ja muissa ääriolosuhteissa. Kemosynteesissä arkit ja jotkut bakteerit tuottavat energiansa hapettamalla epäorgaanista ainetta. Hapetusreaktiossa vapautuu energiaa, jonka arkit tai bakteerit käyttävät vesimolekyylien hajottamiseen hapeksi ja vedyksi. Tämän jälkeen vetyä yhdistetään hiilidioksidiin ja syntyy glukoosia. Esimerkiksi typpi- ja rikkibakteerit tuottavat energiaa kemosynteesin avulla. Kemosynteesin uskotaan olevan eliöiden varhaisin energiantuotantomenetelmä.

Yhteyttämisen raaka-aineena toimii hiilidioksidi, jonka maakasvit ottavat ilmasta ja veden alla olevat kasvit vedestä. Hiilidioksidista kasvit saavat kaiken orgaanisiin aineisiin tarvitsemansa hiilen eli suurimman osan kuiva-aineksestaan. Yhteyttämistuotteisiin sitoutunut hiili palautuu hiilidioksidina takaisin ilmakehään hengityksessä – sekä kasvien itsensä että kasviainesta käyttävien tai hajottavien eliöiden hengityksessä. Jos ilman hiilidioksidipitoisuus on alle 100 ppm (1 ppm = miljoonasosa), yhteyttäminen ei useimmilla kasveilla tuota enempää yhteyttämistuotteita kuin samanaikainen hengitys kuluttaa – ja näin on siinäkin tapauksessa, että valaistus ja lämpötila ovat suotuisat. Tästä tilanteesta seuraa muun muassa kasvun pysähtyminen. Ulkoilmassa on harvoin niin paljon hiilidioksidia, kuin kasvit enimmillään pystyisivät hyödyntämään.

Fotosynteesin kannalta oleellisinta ei ole valon määrä vaan sen säteilykoostumus. Vain lehtivihreään imeytyvä säteily on tehokasta. Suunnilleen tämän valon myös ihmissilmä näkee valona (400–700 nm). Tehokkaimmin lehtivihreään imeytyy sininen ja helakanpunainen säteily, vihreä ja keltainen huomattavasti heikommin. Fotosynteesin valoreaktio muodostuu kahdesta reaktiojärjestelmästä, joista toinen absorboi parhaiten 680 nanometrin (nm) valosäteilyä (spektrin punainen osa) ja toinen 700 nanometrin valosäteilyä (spektrin ääripunainen osa).

Fotosynteesin käyttövoimana oleva valoenergia jää kemiallisena energiana talteen reaktioiden lopputuotteisiin. Kasvin kannalta tärkeimpänä tuloksena on rakennusaineiden tuottamisen ohella se, että valoenergia saadaan sidotuksi pysyvään, varastoitavaan muotoon myöhempää käyttöä varten.

Kasveissa on kahdenlaisia väripigmenttejä, joita kutsutaan värinsä mukaan joko lehtivihreäksi (klorofylli) tai karotenoideiksi. Ne toimivat valosäteilyn vastaanottajina ja karotenoidit lisäksi hapettumista estävinä suoja-aineina. Väriaineet ovat viherhiukkasissa (kloroplastit), joissa yhteyttäminen tapahtuu. Klorofylli on yhteyttämisessä toimiva väripigmentti. Muut väriaineet ottavat pääosin vastaan sen valoenergian, jota klorofylli ei pysty yhteyttämiseen hyödyntämään.

Useimmiten fotosynteesi alkaa noin 0 asteessa, joillain kasveilla jopa –5 asteessa. Lämpötilan nousu vaikuttaa fotosynteesin tehokkuuteen, mutta samalla myös yhteyttämistuotteiden kulutukseen hengityksessä. Ihannelämpötila on tavallisesti alle 20 astetta. Esimerkiksi vesistöissä yhteyttäminen ja levien muodostuminen pintavedessä voi alkaa jo jääpeitteen aikana, jos jään läpi pääsee valoa.

Lehtivihreä eli klorofylli toimii valosäteilyn vastaanottajana. Jos lehtivihreää ei muodostu, kasvi ei pysty vastaanottamaan valoa. Klorofylliä on kasvisoluissa hyvin runsaasti viherhiukkasissa eli kloroplasteissa, joita on eniten kasvin vihreissä osissa. Suurin osa lehtivihreästä on nimensä mukaisesti lehdissä, mutta osa kasveista yhteyttää myös varrellaan.

Yhteytyksen perustuote on glukoosi eli rypälesokeri ($C_6H_{12}O_6$), joka on koko kasvien ainestuotannon lähtökohta. Muita tuotteita ovat galaktoosi – toinen sokerilaji – ja eräät hapot sekä usein myös muut sokerilajit, kuten hedelmäsokeri (fruktoosi) ja ruokosokeri (sakkaroosi). Useimmilla siemenkasveilla osa rypälesokerista muuttuu jo viherhiukkasissa veteen liukenemattomaksi tärkkelykseksi. Yhteyttämiseen kuluva aika on sekunnista kolmeen sekuntiin valon aallonpituuden mukaan.

Autotrofia eli omavaraisuus tarkoittaa sitä, että eliö pystyy tuottamaan tarvitsemansa energian itse fotosynteesin tai kemosynteesin avulla. Autotrofisia eliöitä ovat arkit, bakteerit, kasvit ja levät. Sienet ja eläimet ovat toisenvaraisia eli heterotrofisia.

Arkkieliöt eli arkit *(Archaea)* ovat bakteereita muistuttavia mikroskooppisen pieniä, tumattomia yksisoluisia eliöitä. Niillä ei ole kotelon ympäröimää, mitoottisesti jakautuvaa tumaa.

Arkit luettiin ennen bakteereihin ja niitä kutsuttiin arkkibakteereiksi. Nykytiedon mukaan ne poikkeavat geenistöltään bakteereista selvästi ja niissä on joitain aitotumaisten piirteitä. Siten ne luetaan yhdeksi kuudesta eliöiden kunnasta ja yhdeksi kolmesta domeenista. Kaksi muuta domeenia ovat bakteerit ja aitotumalliset.

Arkkeja havaittiin aluksi vain vaativissa elinympäristöissä, esimerkiksi hapettomissa, erittäin happamissa, kylmissä, kuumissa ja suolaisissa paikoissa. Nykyisin niiden tiedetään olevan yleisiä myös tulvamailla ja vedenpuhdistamoissa. Lähes joka maalajissa elää ainakin yksi arkkieliölaji.

Arkkieliöt ovat erittäin pieniä: niiden koko on 0,1–15 mikrometriä (µm), ja jotkut niistä muodostavat noin 200 mikrometrin kokoisia ryppäitä.

Muodoltaan ne voivat olla pyöreitä, sauvamaisia, spiraalimaisia, liuskaisia tai neliömäisiä.

3 Ravintoverkkojen koostumuksesta

3.1 Tuottajat, kuluttajat ja hajottajat

Eliöyhteisö eli biokenoosi voidaan ryhmitellä kolmeen ekologiseen tasoon: tuottajiin, kuluttajiin ja hajottajiin.

Vesiekosysteemin tuottajat (autotrofit) käyttävät epäorgaanista hiiltä orgaanisen aineen tuottamiseen.

Tärkeimmät tuottajat saavat energiansa auringosta (fotoautotrofit). Näitä primaarituottajia ovat lehtivihreää eli klorofylliä sisältävät levät (esim. kasviplankton ja päällyslevät eli perifyton) ja suurvesikasvit (vesimakrofyytit).

Kuluttajia ovat 1) herbivorit, jotka käyttävät ravinnokseen kasviainesta, 2) karnivorit, jotka syövät herbivoreja ja toisiaan sekä 3) omnivorit, jotka syövät sekä eläimiä että kasveja.

Hajottajat pilkkovat vesiekosysteemin orgaanista ainesta. Hajottajia ovat heterotrofiset bakteerit, homeet ja sienet. Hajottajat viimeistelevät orgaanisen aineen mineralisaation, joka tapahtuu melko pitkälle jo kuluttajatasolla. Bakteerit ovat hajottajatason tärkein eliöryhmä. Erilaiset bakteerit toimivat niille tyypillisissä reaktioissa (esim. rikkibakteerit, nitrifioivat bakteerit, denitrifioivat bakteerit ja rautabakteerit). Hajotus voi tapahtua joko hapellisissa (aerobisissa) tai hapettomissa (anaerobisissa) olosuhteissa.

Järvien bakteeritiheys seuraa tuottavuuden kasvua siten, että bakteerien määrä lisääntyy leväbiomassan kasvaessa noin 5–10 vuorokauden viiveellä. Pääosa perustuotannon tuottamasta orgaanisesta aineesta hajotetaan jo päällysvesikerroksessa.

3.2 Ravintoverkko

3.2.1 Ravintoverkon säätelymekanismit

Ravinteet ja auringon energia sitoutuvat yhteyttämisessä kasveihin kuten kasviplanktoniin. Tästä perustuotannosta on lähtöisin vesistön koko ravintoverkon energia. Energia virtaa läpi ravintoketjun tasolta toiselle. Kun siirrytään trofiatasolta toiselle kohti ravintoketjun huippua, kunkin tason biomassaan sisältyvä energiamäärä on pienempi kuin edellisellä tasolla. Näin on siksi, että jokainen taso kuluttaa osan saamastaan energiasta.

Kasviplanktontuotanto on riippuvainen ravinteiden määrästä. Ravinteet rajoittavat tuotantoa.

3.2.2 Ravintoverkon tasot

Ravintoverkon tasoja ovat pedot, kasvinsyöjät ja kasvit. Rajoittavat resurssit ja pedot vaikuttavat kilpailuun ja saalistukseen (kuva 4). Järvien eläinplanktonyhteisö syö eli laiduntaa leviä ja alkueläimiä. Varsinkin niukkatuottoisissa karuissa järvissä valtaosa levistä joutuu vesien pieneliöstön ruuaksi, sillä suurikokoinen eläinplankton on tehokas levämassan syöjä. Tällöin eläinplanktonyhteisö säätelee tuottajien eli levien lajikoostumusta ja biomassaa.

RAVINTOVERKKO	RAJOITTAVAT TEKIJÄT	VAIKUTTAVAT VOIMAT
Pedot ↓	Resurssit	Kilpailu
Kasvinsyöjät ↓	Pedot	Saalistus
Kasvit	Resurssit	Kilpailu

Kuva 4. Ravintoverkon kolme tasoa: petojen määrää rajoittavat käytettävissä olevat resurssit (kasvinsyöjät), kasvinsyöjiä rajoittavat pedot ja kasveja rajoittavat resurssit, kuten valo ja kasvutila (Brönmark & Hansson 2005). Tätä kutsutaan HSS-malliksi.

3.2.2.1 Kaskadivaikutus

Kaskadivaikutuksesta puhutaan, kun tarkoitetaan epäsuoraa vaikuttamista alempiin trofiatasoihin. Esimerkiksi sitä, että vaikuttamalla petokalojen määrään saadaan aikaan muutoksia myös petokalojen alapuolella olevilla ravintoketjun tasoilla.

Jos petokalojen saalis koostuu kasveja syövistä kaloista, petokalojen määrän muuttaminen vaikuttaa kasvien määrään ja lajistoon. Petokaloja lisäämällä vähennetään kasveja syöviä kaloja, ja samalla mahdollistuu kasvien määrän lisääntyminen. Jos taas petokaloja vähennetään, kasvinsyöjät saavat lisääntyä ja kasvien biomassa pienenee (Brönmark & Hansson 1998).

Rehevöityneessä Trummen-järvessä Ruotsissa tehtiin pienimuotoisia allaskokeita, joissa käytettiin särkiä ja lahnoja. Kokeissa todettiin, että mitä enemmän kaloja altaissa oli, sitä korkeampia olivat fosfori- ja klorofyllipitoisuudet ja sitä pienempi näkösyvyys. Vesikirput ja surviaissääsken toukat katosivat kaloja sisältävistä altaista lähes täysin. Kun vesikirput vähenivät, kasviplanktoniin kohdistuva laidunnus vähentyi ja kasviplanktonin määrä lisääntyi. Seurauksena oli näkösyvyyden pieneneminen.

Michiganissa Yhdysvalloissa tehdyissä kokeissa istutettiin petokaloja järveen, jonka mutupopulaatiosta 90 prosenttia siirrettiin toiseen järveen. Petokalat verottivat jäljelle jäänyttä mutukantaa, mikä vähensi vesikirppuihin kohdistunutta predaatiota. Tämän johdosta pienikokoiset vesikirppulajit korvautuivat suurikokoisilla ja järven kasviplanktonin biomassa ja tuotanto laskivat. Tulokset tulkittiin niin, että vaikuttaminen ravintoketjun ylimpään tasoon vaikutti myös tasolta toiselle kasviplanktontuotantoon saakka (Carpenter ym. 2010).

Wisconsinin Mendota-järvessä tapahtui korkean lämpötilan aiheuttama kalakuolema, joka tappoi lähes kaikki planktonia syövät muikun sukulaiset. Kalakuoleman jälkeen pienikokoisen *Daphnia galeata* -vesikirpun tilalle valtaan nousi suurikokoisempi *Daphnia pulicaria*, joka on tehokkaampi planktonin laiduntaja. Leväbiomassa pienentyi voimakkaasti, ja ennen kaikkea sinilevien määrä pieneni. Ravinnetasapainossa ei tapahtunut selvää muutosta.

3.2.2.2 Bottom-up, top-down

Bottom-up -käsitteellä tarkoitetaan ravintoketjun resurssisäätelyä. Ravinteiden määrä säätelee vesistön tuottavuutta ja sitä kautta eri tuotantotasojen biomassaa ja koostumusta. Säätely tapahtuu alhaalta ylöspäin.

Top-down -käsite tarkoittaa vastaavasti kuluttajasäätelyä eli tilannetta, jossa kalojen saalistus säätelee eläinplanktonin määrää ja eläinplankton säätelee kasviplanktonin määrää. Säätely tapahtuu ylhäältä alaspäin.

Nykykäsityksen mukaan molemmat säätelymekanismit vaikuttavat ravintoketjuihin samanaikaisesti. Ravinteet asettavat rajat kasviplanktonin tuotannolle, ja kalaston muutokset taas vaikuttavat ylhäältä alaspäin eläinplanktonin ja kasviplanktonin koostumukseen.

Vesistön rehevyydestä riippuu, miten vaikutukset siirtyvät tasolta toiselle. Mitä rehevämpi vesistö on, sitä nopeammin vaikutus heikkenee.

Jos vesistö on erittäin rehevä, ravintoketjun ylimmällä tasolla tapahtunut muutos vaikuttaa seuraavaksi alemmalla tasolla, mutta on heikko jo sitä seuraavalla tasolla. Samoin perustuotannossa tapahtunut muutos vaikuttaa voimakkaasti vain yhtä porrasta ylemmälle tasolle, minkä jälkeen vaikutus heikkenee nopeasti. Vähäravinteisemmissa vesistöissä vaikutukset siirtyvät paremmin tasolta toiselle (Brönmark & Hansson 1998).

3.2.3 Järvien ravintoverkoista

Rehevissä järvissä särkikalat ja joskus myös sulkasääsken toukat syövät tehokkaasti suurikokoisia eläinplanktonlajeja ja ylläpitävät siten osaltaan järven runsasta levämäärää (rehevää tilaa). Suurikokoisten eläinplanktonlajien vähentyessä runsastuvat suurikokoiset kasviplanktonlajit, kuten sinilevät (kuva 5). Eläinplanktonin vähetessä särkikalat alkavat etsiä ravintoa pohjasedimentistä, mikä kasvattaa järven sisäistä kuormitusta (Helminen ym. 1995).

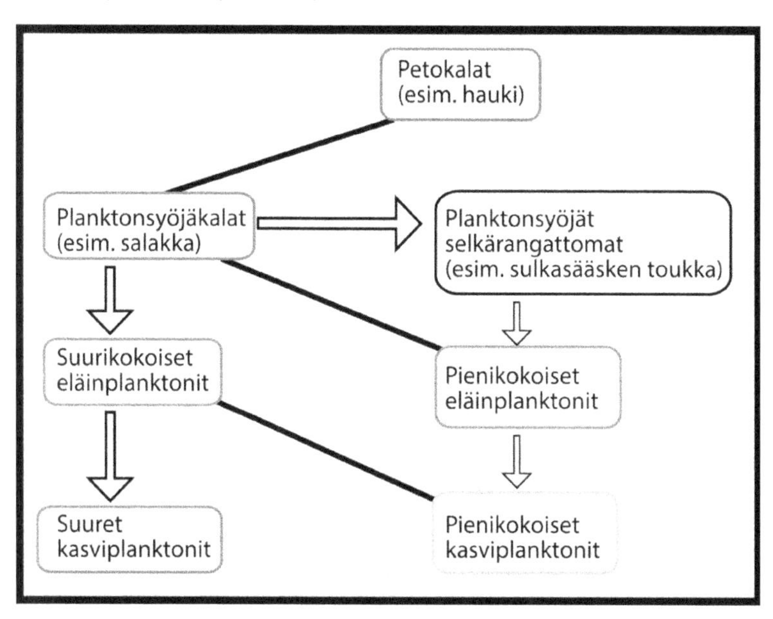

Kuva 5. Yksinkertainen pelaginen ravintoverkko (muotoiltu Carpenter & Kitchell 1993).

Ravintoverkot muodostuvat ravintoketjuista, joita ovat pelagiset ravintoketjut ja pohjaravintoketjut (kuva 6).

PELAGINEN RAVINTOKETJU	POHJARAVINTOKETJU
Pedot (petokalat) ↓	Pedot (petokalat) ↓
Planktonsyöjät ↓	Pohjaeläinsyöjät ↓
Eläinplankton ↓	Selkärangattomat laiduntajat ↓
Kasviplankton	Perifyton

Kuva 6. Pelaginen ravintoketju ja pohjaravintoketju.

Järven ravintoverkko koostuu eri järvissä erilaisista ravintoketjuista ja rinnakkain vaikuttavista lajeista (kuva 7).

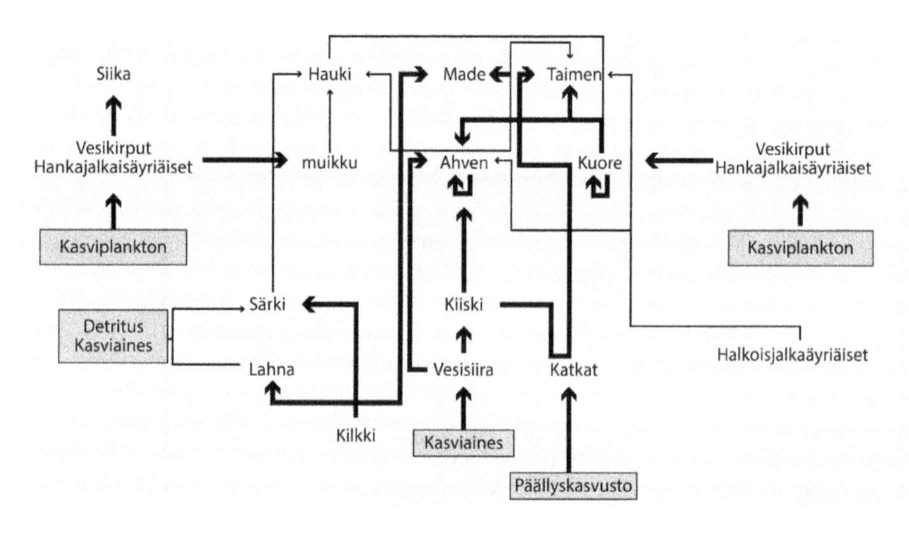

Kuva 7. Esimerkki järven ravintoverkosta. Ravintoverkossa pohjaeläinsyöjien ja planktonsyöjien ravintoketjut nivoutuvat yhteen. Voimakas nuoli yhdistää kalalajin ja sen pääravintokohteen. Kilkkiä esiintyy Ruotsin suurissa järvissä ja Laatokassa, mutta Suomessa sitä tavataan ainoastaan merialueella (muokattu lähteestä Hammar 1968, Penttinen & Niinimäki 2010).

Jos järven tilaan halutaan vaikuttaa ravintoketjukunnostuksen avulla, tulee tuntea tai selvittää ainakin se, mitkä ovat ravintoverkon keskeisimmät vaikuttajalajit ja mikä on niiden yhteys toisiinsa. Sen jälkeen arvioidaan, mitä mahdolliset muutokset jonkin lajin runsaudessa vaikuttaisivat ravintoverkossa. Jos vaikutuksia ei ole otettu huomioon, kunnostus saattaa johtaa ennalta arvaamattomaan ja jopa lähtötilannetta huonompaan tulokseen järven käyttäjien kannalta.

3.3 Bakteerit ja levät

Leviä pienempiä organismeja vesistöissä ovat virukset, bakteerit ja flagellaatit eli siimaeliöt.

3.3.1 Bakteerit

Bakteerit ovat esitumallisia mikrobeja. Niiden soluhengitys tapahtuu mesosomeissa, jotka ovat solukalvon poimuja. Bakteerien koko vaihtelee 0,5 mikrometristä 0,75 millimetriin. Bakteerit lisääntyvät suvuttomasti: ne jakautuvat kahtia mitoottisesti, jolloin alkuperäisestä solusta muodostuu kaksi tytärsolua. Ne ovat alkuperäisen solun klooneja. Bakteerit voivat jakautua jopa kahdenkymmenen minuutin välein.

Syanobakteerit eli sinibakteerit *(Cyanobacteria)* ovat yhteyttäviä esitumaisia. Ne luokitellaan mikroleviin. Niitä kutsutaan myös sinileviksi, vaikka ne eivät ole leviä. Syanobakteerit tunnetaan kesäisistä ja toisinaan syksyisistä massaesiintymisistään (sinileväkukinnat). Niitä syntyy yleensä lämpimissä ja ravinteikkaissa vesissä, joissa ne saattavat myös tuottaa myrkyllisiä aineita. Syanobakteerit voivat elää yksittäisinä bakteereina tai jonomaisina ketjuina. Nimi kuvaa niiden roolia ekosysteemissä. Syanobakteerit muuttuvat sinisiksi vasta kuoltuaan.

Sinilevät viihtyvät ravinteikkaassa, lämpimässä vedessä, mutta niitä tavataan myös vähäravinteisissa vesissä sekä hyvin äärevissä oloissa, kuten kuumissa lähteissä, katakombien seinissä ja aavikoilla. Pien-Saimaalla sinilevät muodostivat talvella 2008-2009 kukintoja myös jään alla. Osa sinilevistä on myrkyllisiä.

Sinilevät runsastuvat yleensä loppukesällä. Ne näkyvät vedessä siitepölymäisinä hippusina, jotka ovat väriltään kellertäviä tai vihertäviä. Tyynellä säällä sinilevä muodostaa veden pinnalle harsomaisen, vihertävän kalvon. Sinileväesiintymä voi näyttää hyvinkin erilaiselta paikan, runsauden ja "iän" mukaan. Runsas sinilevämassa värjää veden vihertäväksi. Veden pinnassa tai rannassa se muistuttaa vihreää maalia tai kellanvihreää hernerokkaa. Kuivuessaan massa voi muuttua sinivihreäksi tai jopa turkoosiksi, kun sininen fykosyaniini-väriaine vapautuu hajoavista leväsoluista. Sinilevä haisee maamaiselta, homeiselta ja tunkkaiselta.

Kokemukset muun muassa Hollannista osoittavat, että fosforitason lasku ei takaa syanobakteerikukintojen loppumista. Syanobakteerit tulevat toimeen hyvin erilaisillakin hiilen ja fosforin suhteilla (C:P) (Sarvala 2005, Hyenstrand ym. 1998). Matalissa järvissä voi sedimentin lähes rajattomista ravinnevarastoista purkautua veteen suuria määriä kasviplanktonille käyttökelpoista fosforia. Ilmaston lämpeneminen voi myös nostaa edellä kuvattua sisäisen kuormituksen tasoa (Sarvala 2005, Kankaala ym. 2002). Runsaat sinileväesiintymät voivat korottaa järven pintaveden pH-arvon jopa yli 9. Siitä seuraa, että emäksinen vesi liuottaa pohjasedimentistä ravinteita vesimassaan levien hyödynnettäväksi.

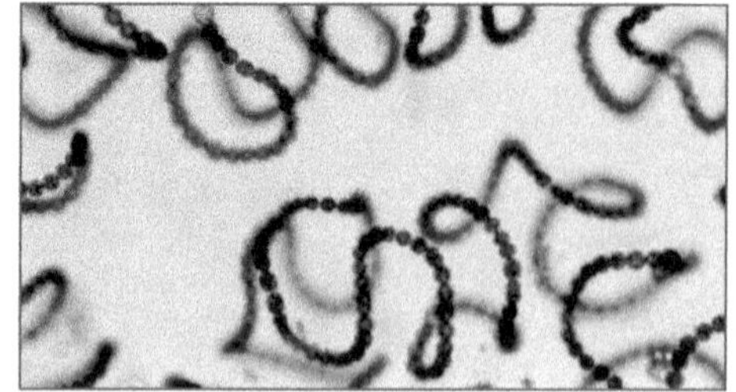

Kuva 8. Sinilevä tekee veden vihertäväksi (kuva J. Niinimäki, *Anabaena spiroides* -sinilevää (kuva Hannu Eskonen).

3.3.2 Levät

Levät on yleisnimitys, joka tarkoittaa ryhmää melko alkeellisia, aitotumallisia, yksi- tai monisoluisia eliöitä. Ne eivät muodosta kehityshistoriallisesti eli fylogeneettisesti yhtenäistä ryhmää, vaan nimitys "levä" viittaa lähinnä elintapoihin tai ulkoisiin piirteisiin. Nykyisten tutkimusten perusteella näyttää siltä, että erilaiset paljonkin toisistaan poikkeavat alkueliöt ovat vuosimiljoonien aikana ottaneet soluihinsa endosymbionteiksi syanobakteereja tai muita yhteyttäviä yksisoluisia eliöitä ja ovat näin kehittyneet levämäisiksi eliöiksi.

Eri leväryhmien voidaan katsoa kuuluvan itsenäisiin, pieniin eliökuntiin, tosin viherlevät luetaan samaan kuntaan kasvien kanssa. Yksinkertaistetussa luokittelussa näitä pienempiä eliökuntia nimitetään yhteisnimityksellä alkueliöt (protistit). Aiemmin myös esitumalliset syanobakteerit eli sinilevät luettiin leviin, mutta niiden on sittemmin todettu olevan bakteereja. Levät ovat hyvin moninainen ja varsin keinotekoisesti luokiteltu eliöryhmä. Niitä kutsutaan yhteisellä nimellä lähinnä käytännön syistä.

Useimmat levät elävät makeissa ja suolaisissa vesistöissä, joissa ne joko ajelehtivat irrallaan tai ovat kiinnittyneinä pohjaan. Levät elävät usein symbioosissa muiden eliöryhmien kanssa, kuten päällyslevät (perifyton).

Kasviplanktonnäytteistä määritetään yleensä lajisto ja biomassa. Kasviplanktonlajeja on ryhmitelty sen mukaan, miten ne ilmentävät rehevyyttä. Kasviplanktonin biomassa kasvaa ja lajisuhteet muuttuvat rehevöitymisen myötä (taulukko 5).

Taulukko 5. Viitteellisiä kasviplanktonin biomassa-, *a*-klorofylli- ja perustuotantoarvoja järven eri rehevyystasoilla.

Rehevyystaso eli trofiataso	Biomassa mg l^{-1}	*a*-klorofylli µg l^{-1}	Perustuotanto mg C m^{-2} d
Hyvin karu eli ultraoligotrofinen	< 0,2	< 0,5	< 50
Karu eli oligotrofinen	0,2–1	1–5	50–100
Lievästi rehevöitynyt eli mesotrofinen	1,0–2,5	5–10	100–250
Rehevöitynyt eli eutrofinen	2,5–10,0	10–50	250–1000
Hyvin rehevöitynyt eli hyper(eu)trofinen	> 10,0	> 50	> 1000

Järven rehevöitymisen näkyvimpiä ja usein haitallisimpia merkkejä ovat lisääntyneet leväkukinnat tai leväsamennukset. Ravinteet ja sopivat kasvuolosuhteet lisäävät kasviplanktonin määrää ja saattavat aiheuttaa massaesiintymisiä. Runsaat leväesiintymät ovat merkki järven rehevyydestä ja myös siitä, että ravintoketju ei toimi niin kuin pitäisi. On mahdollista, että kasviplanktonia hyödyntäviä eliöitä on levien määrään nähden liian vähän.

Ravintoketjultaan tasapainoisessa järvessä on riittävästi kasviplanktonia syövää eläinplanktonia, joka pitää kasviplanktonin määrän yleensä kohtuullisena ja leväkukinnat harvinaisina. Tämä edellyttää, että muutkin ravintoverkon osatekijät ovat sopusoinnussa keskenään. Toisaalta, mitä suurempi on ulkoinen kuormitus vesistön sietoon nähden ja mitä korkeammat ovat veden fosfori- ja typpipitoisuudet, sitä vaikeampi on saavuttaa ravintoketjun tasapaino.

Kuvassa 9 on esitetty Suomen järvien ja hoitokalastusjärvien kokonaisfosforipitoisuuksien suhdetta Klorofylli-*a*:n pitoisuuksiin. Mukana on järviä, joissa vesikirput olivat pienikokoisia ja toisaalta järviä, joissa ne olivat suurikokoisia eli tehokkaammin kasviplanktonia laiduntavia. Hajonta samalla ravinnetasolla on laajaa, mikä johtuu ravintoverkon rakenteesta (Helminen 2006).

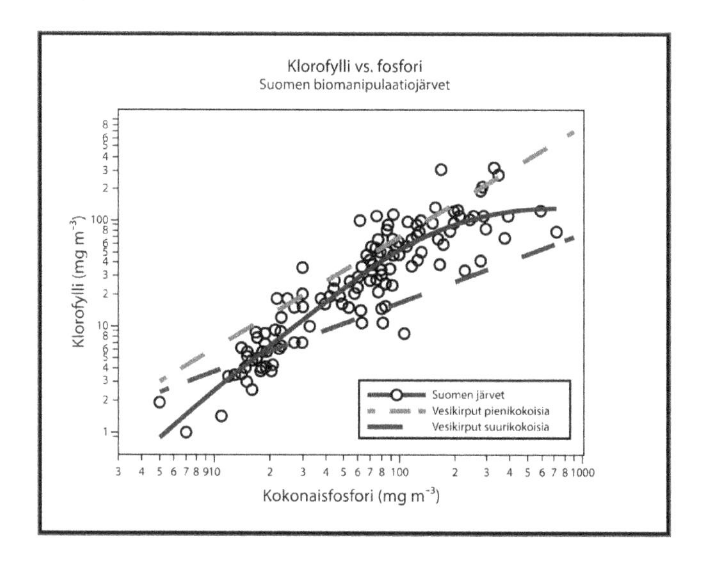

Kuva 9. Ravinteiden saatavuus säätelee veden laatua (Sarvala 2000).

Kasviplanktonlajisto ilmentää veden ravinteisuutta, likaantuneisuutta ja suolapitoisuutta. Eräät planktonlajit viihtyvät vain tietynlaisissa olosuhteissa, niitä kutsutaan ilmentäjälajeiksi.

Nielulevät *(Cryptohyta)* ovat yksittäin eläviä, kahdella eripituisella siimalla varustettuja soluja. Solut ovat paljaita (jäykkä seinä puuttuu), soikeita ja pisaran muotoisia. Nielulevät ovat kokonsa, rakenteensa ja ravintoarvonsa takia planktoneläinten herkkua. Nieluleviä elää sekä makeissa että suolaisissa vesissä. Nieluleviä tavataan monenlaisissa vesissä, mutta ne ovat tyypillisiä etenkin humusvesissä. Osa nielulevistä on miksotrofeja: ne kykenevät yhteyttämään kasvien lailla, mutta voivat myös käyttää ravintonaan esimerkiksi bakteereita. Tällaisia leviä on runsaasti vesissä, joissa on paljon orgaanista alkuperää olevaa ainetta ja bakteereja.

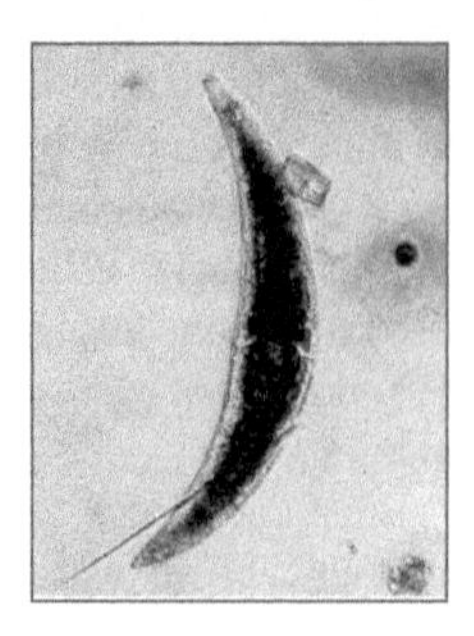

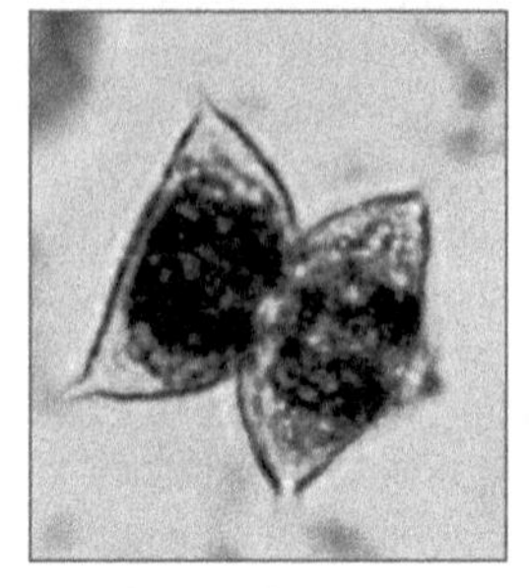

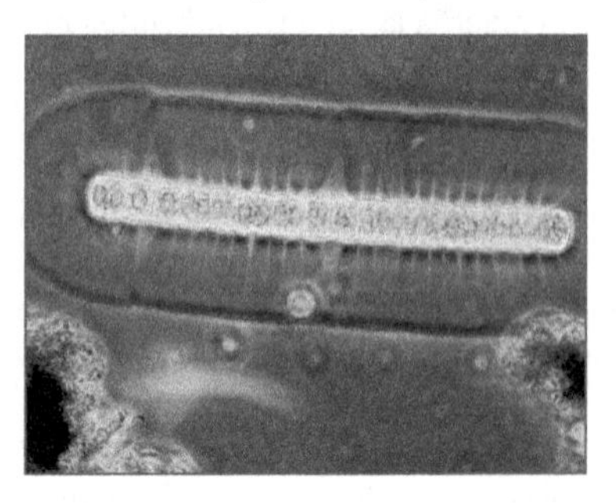

Kuva 10. Koristeleviä *Closterium*, *Staurastum* ja *Hyalothea* (kuvat Hannu Eskonen)

Panssarisiimalevät *(Dinophyta)* ovat yksisoluisia, ja ne esiintyvät harvoin yhdyskuntina. Niillä on kaksi eripituista ja eri tavoin sijaitsevaa siimaa. Panssarisiimalevä-nimi viittaa solun ulkopintaa peittävään, selluloosalevyistä koostuvaan panssariin. Erittäin rehevissä vesissä niitä esiintyy usein runsaasti. Melko suurikokoisten panssarisiimalevien osuus planktonyhteisöstä on huomattava sekä karuissa että kirkkaissa happamissa järvissä, joiden lajisto on muuten pienikokoista.

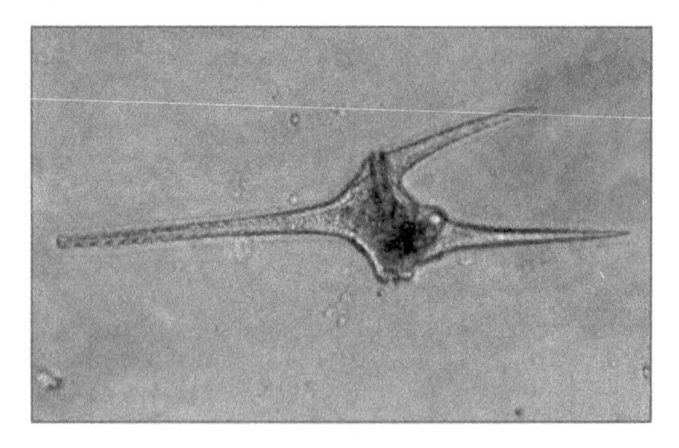

Kuva 11. Panssarisiimalevä *Ceratium* (kuva Hannu Eskonen).

Kultalevissä *(Chrysophyta)* tavataan kaikki levien kehitysasteet alkeellisista, siimallisista muodoista aina rihmamaisiin, monisoluisiin muotoihin asti. Kultalevien soluseinät ovat pektiiniä, ja usein niissä on lisäksi piitä. Värihiukkasissa on klorofylli a:n ja karotenoidien lisäksi ruskehtavia väriaineita, minkä vuoksi leväsolujen väri on aina jonkin verran ruskeaan vivahtava. Kultalevät ovat tyypillisiä makean veden lajeja. Alkukesällä kultalevät saattavat runsastuessaan samentaa vettä ja tuoda siihen kalamaista hajua. Kultalevät muodostavat joskus veden pinnalle harmahtavan, kalvomaisen massaesiintymän, joka saattaa heijastaa sateenkaaren värejä. Ilmiö voidaan havaita hyvinkin karuissa vesissä, ja sen on tulkittu ilmentävän veden alkavaa rehevöitymistä.

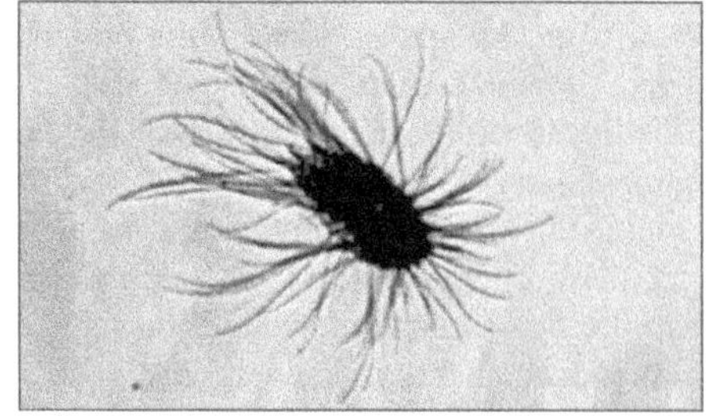

Kuva 12. Kultaleviä, *Dinobryon* ja *Mallomonas* (kuvat Hannu Eskelinen).

Piilevät *(Bacillariophyta)* lisääntyvät suotuisissa oloissa nopeasti, ne voivat jakautua jopa muutaman tunnin välein. Niiden määrä voi kasvaa kymmeniin miljooniin leväsoluihin litrassa, jos vedessä on tarpeeksi ravinteita ja liukoista piitä. Runsaana esiintyessään piilevät voivat aiheuttaa vesilaitosten käyttämään raakaveteen pahaa hajua ja makua. Kalalaitoksilla niiden on todettu tukkivan kalojen kiduksia. Yleisin haitta on verkkojen limoittuminen keväisin ja syksyisin. Osa piilevistä on myrkyllisiä, mutta Suomesta myrkytystapauksista ei ole varmaa tietoa. Piilevien kuoriosat muodostuvat lasimaisesta piidioksidista, ja ne säilyvät sedimenteissä tunnistettavina. Siten järven sedimenttikerrosten piilevämääritysten avulla voidaan päätellä järven tila kymmeniä ja jopa satoja vuosia taaksepäin (paleolimnologia).

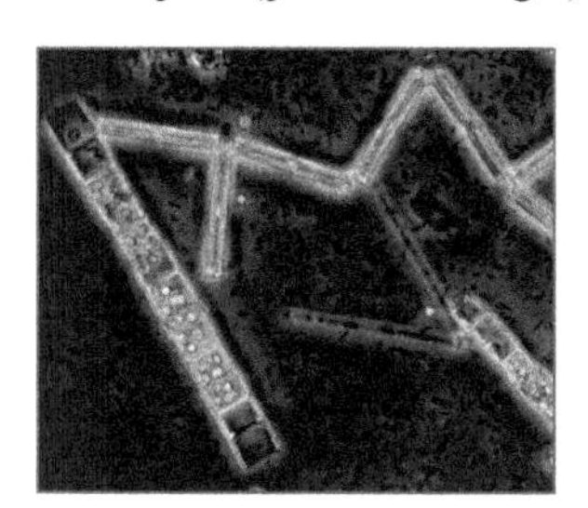
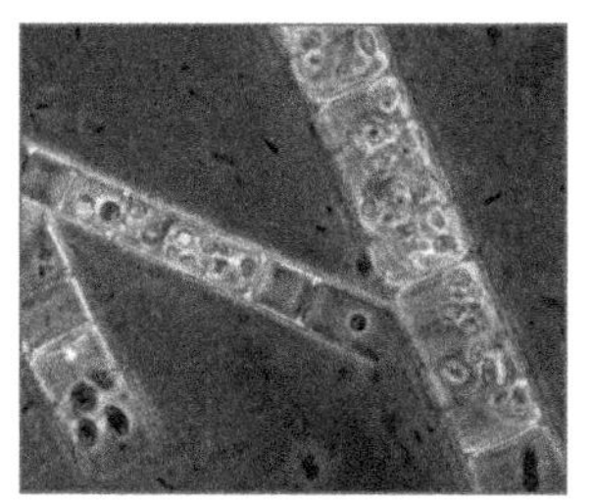
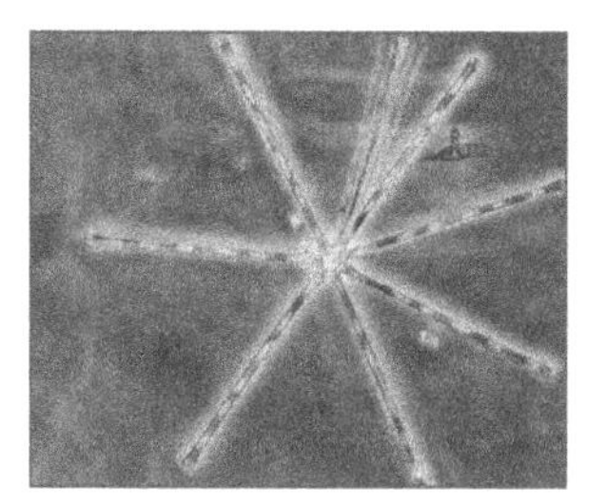

Kuva 13. Piileviä, *Aulacoseira islandica, Asterionella formosa* (kuvat Hannu Eskonen).

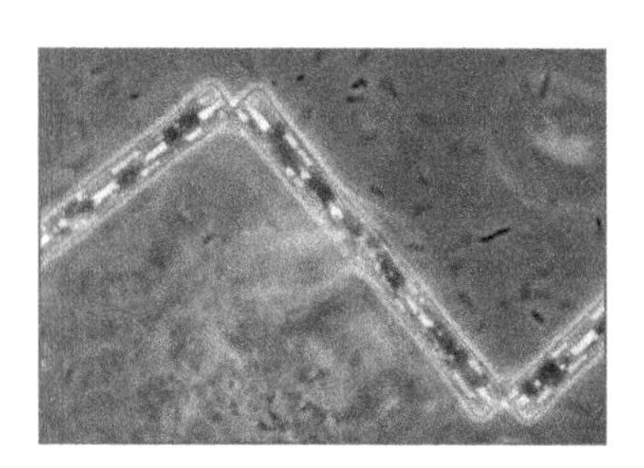
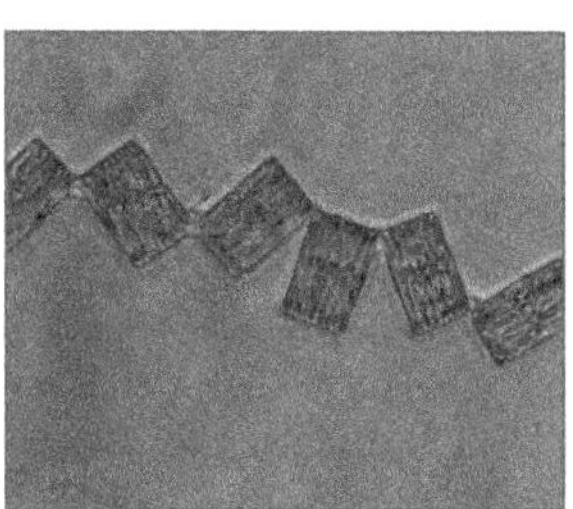
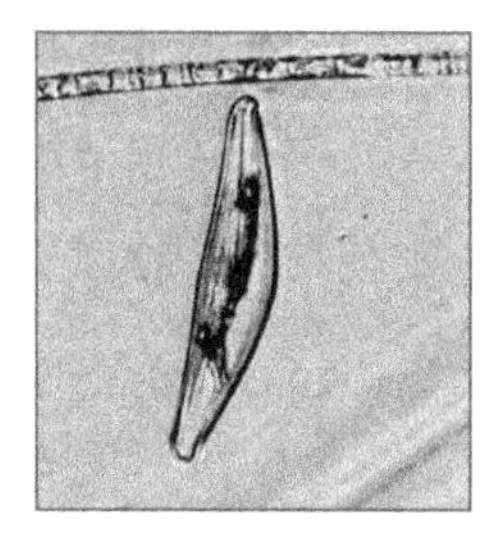

Kuva 14. Piileviä lisää, *Tabellaria* (vasen ja keskellä), ja *Cymbella* (oikealla) (kuvat Hannu Eskonen).

Silmälevät *(Euglenophyta)* ovat yksisoluisia leviä, joilla on kaksi eripituista siimaa. Pidempi on näkyvissä ja lyhyt siima näkymättömissä solun sisällä. Autotrofisilla eli kasvien tavoin yhteyttävillä värillisillä muodoilla on punainen silmätäplä eli stigma, ja ne ovat puhtaan vihreitä. Lisäksi on olemassa runsaasti heterotrofisia, värittömiä silmäleviä. Silmälevien solu jakautuu pitkittäin. Silmäleviin kuuluva Euglena sanguinea saattaa muodostaa runsaita verenpunaisia massaesiintymiä etenkin pienissä, matalissa ojissa ja lammikoissa. **Viherleviin** *(Chlorophyta)* kuuluu suunnaton määrä erilaisia ja erimuotoisia leviä yksinkertaisista yksisoluisista muodoista kehittyneisiin, monisoluisiin rihmamaisiin ja pensasmaisiin muotoihin saakka. Suurikokoiset meriviherlevät edustavat levien korkeinta kehitystasoa, ne muistuttavat ulkonäöltään siemenkasveja. Nykyinen luokittelu sijoittaakin viherlevät kasvien ryhmään.

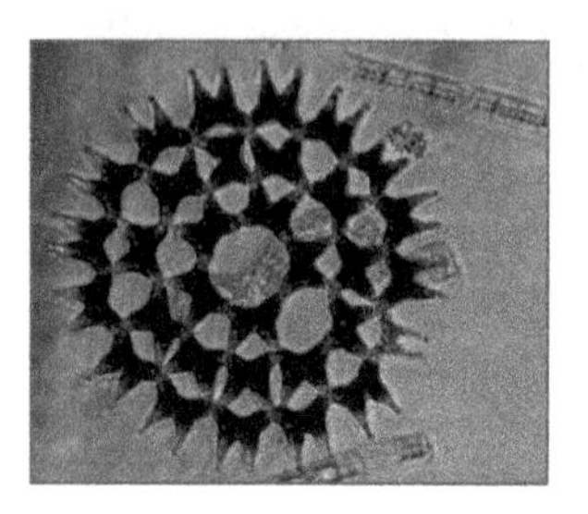

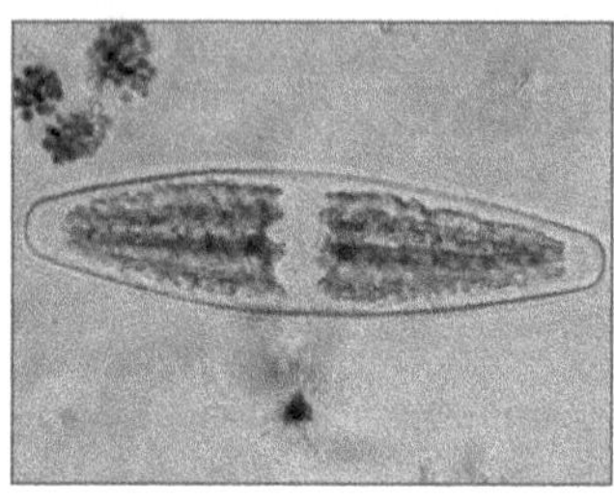

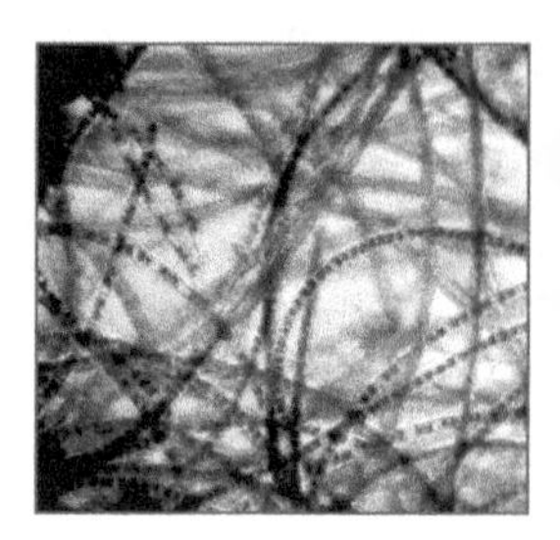

Kuva 15. Viherleviä *Pediastrum* ja *Netrium*, sekä rihmamaisia viherleviä (kuvat Hannu Eskonen).

Levien määritysmenetelmät vaihtelevat riippuen tutkimuksen tai vesistötarkkailun tavoitteista. Veden irtoleville on useita menetelmiä, kuten perustuotannon ja klorofylli-*a*:n mittaaminen sekä mikroskooppimääritykset. Näyte otetaan yleensä pintavesikerroksesta. Levien biomassa voidaan määrittää suodatusmenetelmällä tai määrittämällä tuore- ja/tai kuivapaino. Lajimääritykset tehdään mikroskooppia käyttäen. Pohjaleviä voidaan kartoittaa linjasukelluksen avulla tai tutkimalla tietyt ruudut litoraalista. Perifytonin kasvua määritetään pitämällä kasvualustoja tietyn ajan pintavedessä ja määrittämällä sitten niistä kiintoaineen ja klorofylli-*a*:n pitoisuudet. Kasviplanktonopas: http://www.jyu.fi/bio/kasviplankton/uusin/index.php (opasta päivitetään).

3.4 Eläinplankton

Eläinplankton koostuu yksisoluisista ja monisoluisista eläimistä. Siima- ja ripsieliöt ovat yleisimpiä yksisoluisia planktoneliöitä, monisoluisista yleisimpiä ovat planktonäyriäiset ja rataseläimet. Eläinplankton käyttää ravintonaan vedessä olevia bakteereita ja kasviplanktonia, ja eläimet syövät myös toisiaan. Planktoneläimet ovat tehokkaita planktonlevien laiduntajia. Niukkatuottoisissa vesistöissä ne voivat käyttää ravinnokseen lähes kaiken kasviplanktonin. Ylijäävä ainesosa vajoaa pohjaan, missä osan siitä hajottavat bakteerit ja osa sedimentoituu.

Eläinplankton siirtää energiaa ja ravinteita vesiekosysteemin ravintoverkossa. Eläinplanktonia syövät kalojen nuoruusvaiheet ja useat aikuiset kalat sekä halkajalkaisäyriäiset eli massiaiset. Eläinplankton vapauttaa ravinteita takaisin levien ja bakteereiden käyttöön. Eläinplanktonlajisto myös ilmentää veden ravinteisuutta, likaantuneisuutta ja suolapitoisuutta, sillä kukin laji elää sille ominaisessa ympäristössä.

Eläinplanktoniin kuuluu lajeja kolmesta eläinkunnan pääjaksosta:

- yksisoluiset alkueläimet (ripsieläimet ja juurijalkaiset)
- rataseläimet
- niveljalkaiset (äyriäisiin kuuluvat vesikirput ja hankajalkaiset).

Vesikirpuilla *(Cladocera)* ja hankajalkaisilla *(Copepoda)* on rehevissä järvissä merkitystä paitsi kalojen tärkeänä ravintona, myös siksi, että ne käyttävät ravintonaan kasviplanktonia. Koska ne ovat isoja ja usein runsaslukuisia, ne pystyvät rajoittamaan kasviplanktonin määrää ja siten estämään sen massaesiintymiä. Jos vesistössä on runsaasti kaloja ja kalanpoikasia, jotka käyttävät vesikirppuja ja hankajalkaisia ravintonaan, ne vähentävät näiden suurikokoisten eläinplanktonlajien määrää tai rajoittavat niiden kokoa niin, että lähinnä vain pienikokoista planktonia esiintyy. Kun eläinplanktonin määrä vähenee, seurauksena on kasviplanktonin runsastuminen.

Eläinplankton on siis ravintoketjussa eräiden kalojen ja isompien vesieläinten ravintoa. Jos järvessä on liian runsas eläinplanktonia syövä kalakanta tai esimerkiksi paljon sulkasääsken *(Chaoborus flavicans)* toukkia, leviä ravinnokseen käyttävän eläinplanktonin tiheys vähenee. Siitä seuraa edellä kuvattu kasviplanktonin lisääntyminen.

Eläinplanktonmääritysten tarve riippuu tutkimuksen tavoitteista. Näytteet otetaan yleensä 50 mikrometrin (µm) planktonhaavilla. Määritykset tehdään mikroskoopilla. Ravintoketjukunnostuksia varten määritetään tiheyden ja biomassan lisäksi vesikirppujen ja hankajalkaisten kokoluokat, jolloin nähdään, koostuuko populaatiot suuri- vai pienikokoisista yksilöistä.
Suomen murtovesialueiden eläinplanktonin määritysopas:
http://www.seili.utu.fi/projects/publications/sarja/seili5.pdf

Sulkasääsken toukilla saattaa olla joissakin järvissä vaikutus ravintoverkon toimintaan. Sulkasääsken toukat ovat planktisia lajeja. Ne kehittyvät neljän vaiheen kautta koteloituen noin 12 kuukauden jälkeen kuoriutumisesta. Koteloista tulevat esiin aikuiset sääsket. Loppukesällä, lyhyen maanpäällisen aikuiselämänsä aikana, *Chaoborus* munii veteen. Ensimmäisen vaiheen toukat ilmaantuvat planktoniin Suomen oloissa heinäkuussa (Liljendahl-Nurminen ym. 2002).

Sulkasääsken toukat voivat vaeltaa vesipatsaassa pystysuuntaisesti eli vertikaalisesti, jos ne havaitsevat vedessä kalakairomoneja (kalojen erittämä yhdiste, joka auttaa saaliin löytämisessä). Näin ne voivat välttää predaatiota, kalojen saalistusta. Tästä syystä sulkasääsken toukat voivat elää järvissä rinnakkain kalojen kanssa.

Päivisin toukat usein hautautuvat sedimenttiin, joten vertikaalista vaellusta tapahtuu lähinnä öisin. Vaeltaessaan vesipatsaassa toukat saalistavat eläinplanktonia, ja hautautuessaan sedimenttiin ne etsivät suojaa kalojen predaatiota vastaan. Rehevissä ja paikoitellen syvissä järvissä, kuten läntisellä Uudellamaalla sijaitsevalla Hiidenvedellä, vain pieni osa toukista kaivautuu keskikesällä sedimenttiin. Näin siksi, että kalojen saalistusta voi siellä välttää myös hyödyntämällä veden sameutta ja vähähappisia vesikerroksia.

Sulkasääsken toukkien ravinto koostuu lähinnä pienikokoisista rataseläimistä, vesikirpuista ja hankajalkaisista. Hiidenvedellä neljännen vaiheen *Chaoborus*-toukkien pääravintoa ovat vesikirput *Bosmina* ja *Daphnia*. Sulkasääsken toukka on väijyvä peto, jonka hyökkäys lähellä olevaa saalista kohti on nykivä liike. Hyökkäystä seuraa ote, joka johtaa joko saaliin kiinni saamiseen tai sen pakenemiseen.

Sulkasääsken toukkien tiheysmaksimit ovat Hiidenveden Kiihkelyksenselällä keväällä ja syksyllä (enimmillään 23 000 yksilöä m^{-2}), kun taas keskikesällä tiheys on alhaisin (500–2 000 yksilöä m^{-2}). *Chaoborus* on monissa järvissä merkittävä osa kalojen ravintoa, ja esimerkiksi Hiidenvedellä se on pasurin, lahnan ja sulkavan ravintoa. Etenkin Kiihkelyksenselän syvänteissä sulkasääsken toukat ovat tärkeää ravintoa kaloille, mutta ainoastaan sulkava saalistaa merkittävissä määrin uuden sukupolven pienikokoisia toukkia elokuussa (Valtonen 2009).

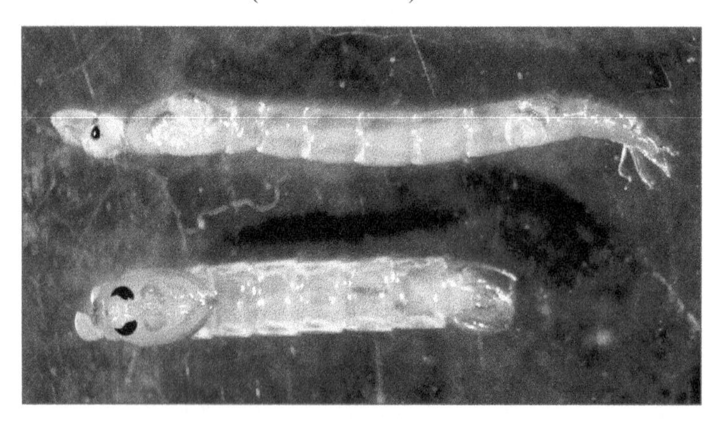

Kuva 16. Sulkasääsken toukka ja sen kotelo *(Chaoborus flavicans)* (kuva Mika Vinni).

Petovesikirppu *(Cercopagis pengoi)* on Mustanmeren ja Kaspianmeren alueelta peräisin oleva äyriäislaji, joka on vieraslajina levinnyt Itämereen ja Pohjois-Amerikan järviin 1990-luvulla. Itämerellä se havaittiin ensimmäisen kerran vuonna 1992. Petovesikirppu lisääntyy tehokkaasti sekä neitseellisesti että lepomunien avulla. Se voi tarttua pitkällä peräväkäsellään kalanpyydyksiin, joten runsaana esiintyessään se limoittaa verkkoja. Se syö muuta eläinplanktonia ja myös osittain samaa lajistoa plaktivorien eli planktonia syövien kalojen kanssa. Petovesikirppu puolestaan on planktonsyöjäkalojen ravintoa. Petovesikirppu on levinnyt useisiin järviin. Siitä on tullut yksi järvien ravintoverkon vaikuttajista.

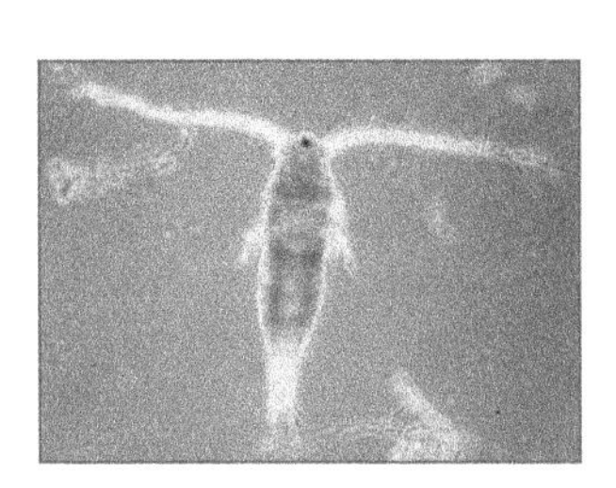
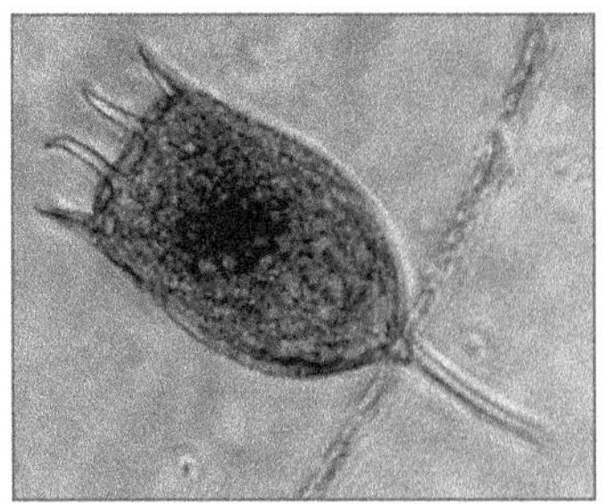

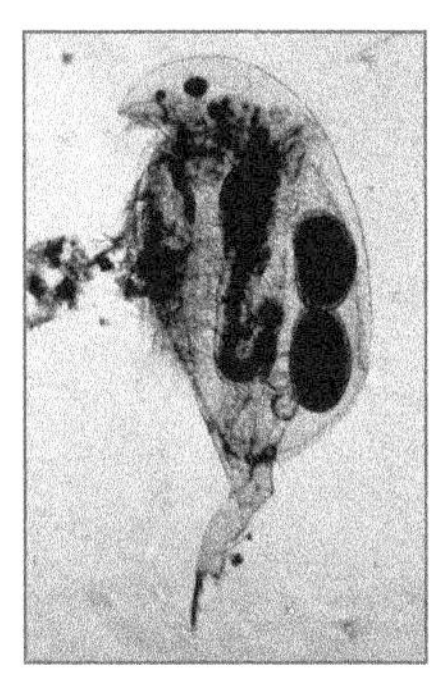
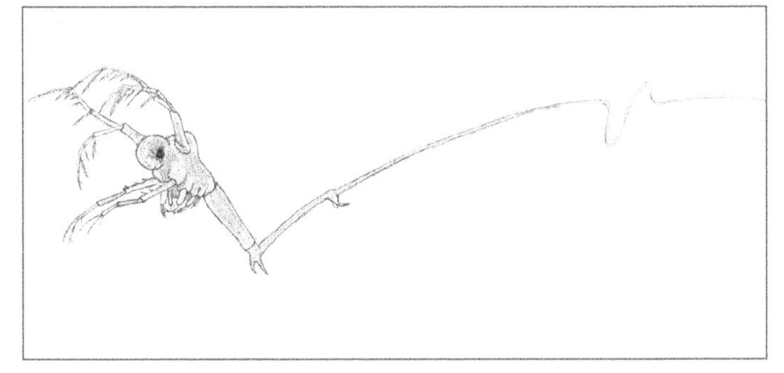

Kuva 17. Eläinplanktoneita. Ylärivi vasemmalta: Hankajalkaisäyriäinen (kuva Tore Lindholm), *Keratella*-rataseläin ja *Polyphemus*-vesikirppu (kuvat Hannu Eskonen).
Alarivi vasemmalta: Alona-vesikirppu (kuva Hannu Eskonen) ja petovesikirppu Cercopagis pengoi (piirroskuva Juha Flinkman).

3.5 Pohjaeläimet ja muut vesieläimet

Vesistöjen pohjalla elää pysyvästi tai ajoittain paljon erilaisia selkärangattomia eläimiä eli pohjaeläimiä. Pohja on eliöille hyvä elinpaikka, koska pohjan kasvuston seasta tai pohjan sedimenteistä löytyy suojapaikkoja. Pohjalle vajoava orgaaninen aines tarjoaa useille pohjaeläimille ravintoa.

Vesiympäristön ominaispiirteet vaikuttavat paljon pohjaeläinten lajimääriin ja runsaussuhteisiin. Esimerkiksi kasvillisuudella, sedimentin koostumuksella, veden ravinnepitoisuudella, suolapitoisuudella, happipitoisuudella, kilpailulla ja saalistuksella on tärkeä merkitys lajien menestymiselle. Litoraalialueiden eli kasvillisuusvyöhykkeiden pohjaeläinmäärä saattaa olla jopa kymmenkertainen profundaalipohjiin eli kasvillisuusvyöhykkeen alapuolisiin alueisiin verrattuna.

Selviytyminen vaatii pohjaeliöstöltä sopeutumista hyvin vaihtelevaan ruokavalioon. Pohjaeläimet käyttävätkin ravintonaan kaikkea mahdollista: bakteereita, planktoneliöitä, pohjalla kasvavia leviä ja kasveja, muita pohjaeläimiä sekä kaikkea elävää ja kuollutta ainesta, jota pohjalle vajoaa.

Pohjaeläinten tuorepainosta määritetty kokonaisbiomassa (g m^{-2}) kuvaa hyvin järven rehevyystasoa, koska keskimääräinen yksilöpaino järven ulappa-alueella kasvaa rehevöitymisen myötä (taulukko 6). Kuitenkin voimakkaasti kuormitetuissa, pilaantuneissa sedimenteissä hapettomuus aiheuttaa sen, että pohjaeläinten kokonaisbiomassa on pieni ja lajiston määrä vähäinen.

Pohjaeläinlajeissa on rehevöitymisen ja erityisesti kuormituksen ilmentäjiä, niitä kutsutaan indikaattorilajeiksi. Esimerkiksi *Chironomus plumosus* -surviaissääsken toukkien lukumäärä on hyvä ravinnekuormituksen indikaattori. Toukkien runsas määrä kertoo korkeasta kuormituksesta ja rehevyydestä.

Myös simpukat ovat pohjaeläimiä. Esimerkiksi järvisimpukka *(Anodonta anatina)* tulee toimeen jopa ajoittain hapettomissa olosuhteissa.

Taulukko 6. Pohjaeläinten kokonaisbiomassan (ulappanäytteiden tuorepaino) ja järven rehevyystason välinen yhteys (Paasivirta 1989).

Rehevyystaso	Kokonaisbiomassa g m^{-2}
Ultraoligotrofia	0,1–0,5
Oligotrofia (karu)	0,5–1,6
Mesotrofia	1,6–6,0
Eutrofia (rehevä)	6,0–17,0
Hypereutrofia	> 17,0
Pilaantunut	< 0,1

Pohjaeläintutkimuksia varten on olemassa standardisoidut näytteenotto- ja määritysmenetelmät. Koskista näytteet kerätään potkuhaavilla, litoraalista eristämällä neliön alue ja avovedestä esimerkiksi Ekman- tai van Veen -näytteenottimella. Näytteet seulotaan 0,5 millimetrin seulan läpi ja määritetään mikroskooppisesti. Näytteet lasketaan ja punnitaan lajeittain. Simpukoista voidaan määrittää myös kokoluokat.

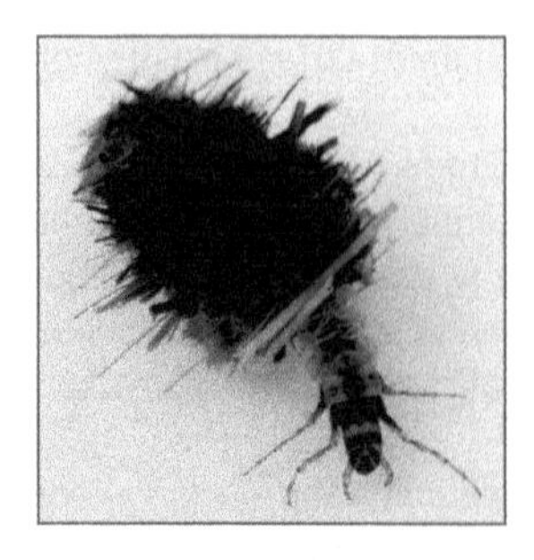

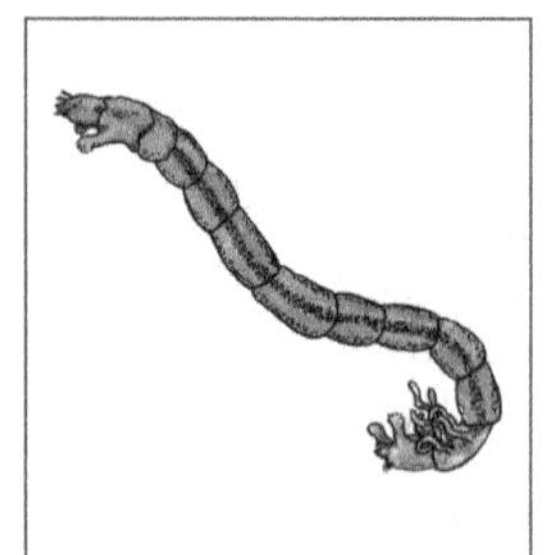

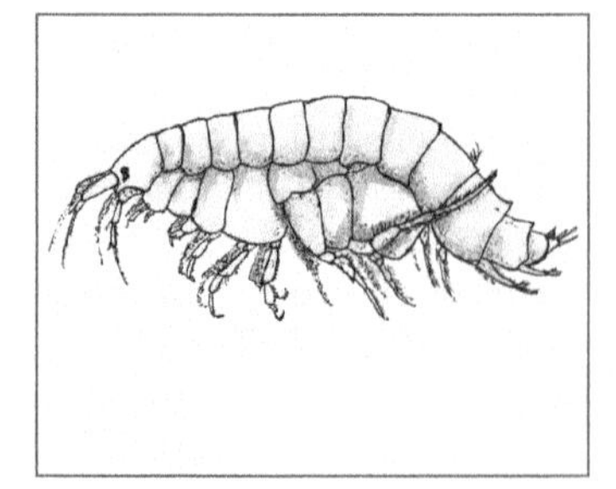

Kuva 18. Vesiperhosen toukka *Limnephilus* (kuva Kari Penttinen), surviaissääsken toukka *Chironomus plumosus* ja valkokatka *Monoporeia affinis* (piirroskuvat Karri Flinkman).

3.6 Kalat

3.6.1 Kutu ja lisääntyminen

Kalojen kutu- ja lisääntymisalueet vaihtelevat lajin mukaan. Toiset lajit kutevat litoraalialueilla (esimerkiksi hauki, ahven, särki ja lahna), toiset avoimemmilla vesialueilla (kuha, made, muikku) ja toiset virtapaikoilla (taimen, vaellussiika, säyne, seipi, toutain). Myös lisääntymisajankohta on vaihtelee lajeittain, ja siihen vaikuttavat esimerkiksi valoisuus, veden lämpötila ja virtaukset.

Kalat jaetaan kutuajankohdan mukaan yleensä kolmeen ryhmään: talvikutuiset (made), kevät- ja kesäkutuiset (monet särkikalat) sekä syyskutuiset (muikku, siika, taimen). Huolimatta kutuaikojen eroista useiden lajien mätimunat kuoriutuvat samoihin aikoihin keväällä. Mädin kehitysaikojen pituuksissa onkin paljon vaihtelua. Lämpimässä vedessä kehitysaika on usein lyhyt ja kylmässä vedessä pitkä. Lämpösumma, eli mädin haudonta-ajan päivien veden lämpöasteiden summa, vaikuttaa mädinkehitysajan pituuteen.

Suurin osa kaloista kutee huhti-kesäkuussa, jolloin poikaset ehtivät ennen kylmien ilmojen tuloa kasvaa riittävän isoiksi selviytyäkseen ensimmäisestä talvesta. Jotkut kalat lisääntyvät kuitenkin syksyllä, kun vedet ovat jäähtyneet 2–7 asteeseen. Silloin vesissä on vähemmän kutua syöviä eläimiä. Rehevien järvien kalojen kutuaikoja on esitetty taulukossa 7.

Särkikaloilla ja kiiskellä saattaa olla useita kutujaksoja viikon tai kahden välein, joten mädistä kehittyy kerrallaan vain osa poikasiksi.

Taulukko 7. Eräiden järvikalojen kutuaikoja.

Kalalaji /kk	Tammi	Helmi	Maalis	Huhti	Touko	Kesä	Heinä	Elo	Syys	Loka	Marras	Joulu
Made	xxx	xxx	x									x
Kuore			x	xxx	x							
Säyne			x	xxx	x							
Hauki			x	xxx	xx							
Seipi			x	xxx	xxx							
Toutain			x	xxx	xxx	x						
Kiiski				xxx	xxx							
Ahven				xxx	xxx	x						
Särki				x	xxx	x						
Kuha				x	xxx	xxx						
Sorva					xxx	xxx						
Sulkava					xxx	xxx						
Karppi					xxx	xxx						
Ruutana					xx	xxx	x					
Pasuri					xx	xxx	x					
Salakka					xx	xxx	xxx					
Suutari					x	xxx						
Lahna						xxx	xxx					
Muikku									x	xxx	xxx	x
Järvisiika										xxx	xxx	
Taimen										xxx	xxx	

Mädistä kuoriutuneet kalanpoikaset kehittyvät aluksi ruskuaispussiin varastoituneen vararavinnon turvin. Tämä vaihe kestää runsaasta vuorokaudesta muutamaan viikkoon. Tällöin poikaset eivät vielä muistuta aikuisia kaloja, vaan ne ovat läpikuultavia ja pitkulaisia. Vasta, kun poikaselle on kehittynyt suu, se pystyy itse hankkimaan ravintonsa. Parin kolmen senttimetrin mittaisena kalanpoikanen on jo metamorfoitunut, eli se alkaa muistuttaa ulkomuodoltaan aikuista kalaa ja on helposti tunnistettavissa.

Kalanpoikaset elävät rannan läheisyydessä, koska siellä on paljon niiden ravinnoksi soveltuvaa eläinplanktonia. Lisäksi rantavesi on sopivan lämmintä, ja litoraalialueilla vesikasvit tarjoavat suojaa vihollisia vastaan. Useiden lajien poikaset liikkuvat parvissa, mistä on hyötyä esimerkiksi petokalojen hyökätessä. Kalanpoikaset varoittavat toisiaan lähestyvistä petokaloista.

Petokalat kasvavat ja kehittyvät nopeimmin, noin 10 senttiä vuodessa. Suomalaisista kaloista hitaimmin kasvavat yleisimmät särkikalat, noin 3–5 senttiä vuoden aikana. Erityisesti lahna on hidaskasvuinen ja pitkäikäinen. Kasvunopeuteen vaikuttaa ratkaisevasti ravinnon määrä.

Useat kalalajit tuottavat mätiä, josta kuoriutuu poikasia huomattavasti enemmän kuin niitä kehittyy aikuisiksi asti. Kutukannan koko saattaa vaikuttaa tulevan vuosiluokan kokoon, mutta suotuisissa olosuhteissa voi pienestäkin kudusta kehittyä vahva vuosiluokka. Se edellyttää, että kudun jälkeen olosuhteet, kuten lämpötila ja pikkupoikasten ravintotilanne, ovat suotuisat ja poikaset välttyvät saaliiksi joutumiselta. Ratkaisevin kausi vuosiluokkien kehitykselle on ensimmäinen ikävuosi.

3.6.2 Vesistön rehevöitymisen vaikutus kalastoon

Järven rehevyyttä kuvaava kokonaisfosforipitoisuus ja sisävesien koekalastuksissa käytettävien Nordic-yleiskatsausverkkojen yksikkösaaliin (saalis/verkkoyö) suhde on yleensä positiivisesti lineaarinen eli suoraviivainen, tietyin varauksin (kuva 19). Hypereutrofisissa olosuhteissa kalaston biomassa ja yksilömäärä voivat jälleen pienentyä. Järvissä, joissa tällainen kehitys on mahdollista, yksikkösaaliin indikoima vesistön tila täytyy arvioida tapauskohtaisesti. Näin on myös, jos on kyseessä talvinen kalakuolema (Tammi ym. 2006).

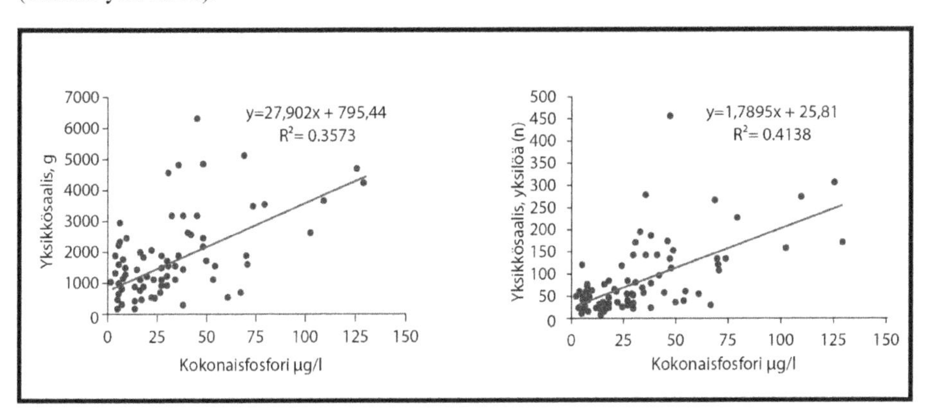

Kuva 19. Järven kokonaisfosforipitoisuuden ja verkkokoekalastuksen yksikkösaaliin regressiosuhde. Vasemmalla yksikkösaalis biomassana, oikealla yksilömääränä (kuva Tammi ym. 2006).

Kun järven kokonaisfosforipitoisuus on alle 100 µg l^{-1}, mikä on tyypillistä valtaosalle suomalaisia järviä, niin kuvan 19 mukaan yksikkösaaliiden hajonta on suurta. Tämä tarkoittaa sitä, että yksittäistapauksissa kokonaisfosforipitoisuus ei välttämättä anna oikeaa kuvaa järven kalaston määrästä. Hajontaa voi olla myös yli 100 µg l^{-1} fosforipitoisuuksissa. Yleistä on kuitenkin se, että fosforipitoisuuden ja rehevyysasteen kasvu lisää särkikalojen biomassaa, yksilömääriä ja osuutta kalastossa.

Särkikalojen biomassaosuuden kasvu on keskeisin rehevöitymisen seurausvaikutus vesissä, joissa särkikaloja esiintyy. Särkikalojen biomassaosuuden (%) mediaani kalarekisterin vertailujärvissä oli 46,1 prosenttia, kun vastaava luku kuormitetuissa järvissä oli 61,8 prosenttia (kuva 20). Vastaavat luvut särkikalojen yksilömääräiselle osuudelle olivat 34,7 prosenttia ja 60,6 prosenttia. Jakaumavertailujen perusteella yksilömääräosuus näyttää erottavan kuormitetut järvet vertailujärvistä jopa biomassaosuutta paremmin (Tammi ym. 2006).

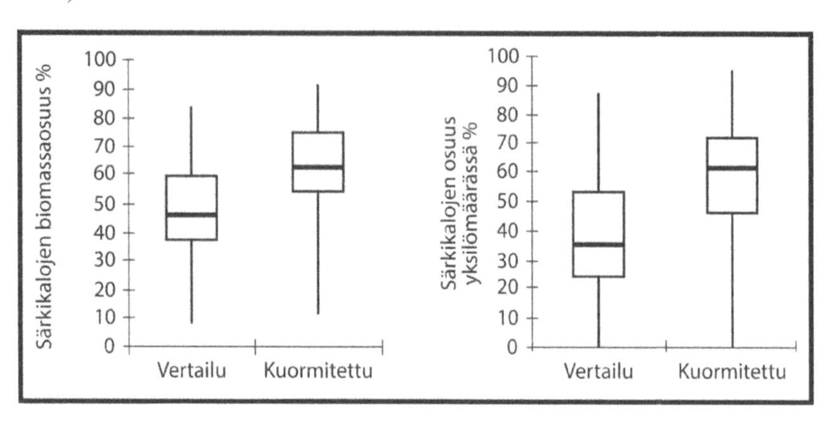

Kuva 20. Särkikalojen biomassaosuuden (vasen) ja yksilömääräosuuden (oikea) jakaumat vertailujärvissä ja kuormitetuissa järvissä (kuva Tammi ym. 2006).

Särkikalojen yksikkösaalis kasvaa kokonaisfosforipitoisuuden kasvaessa (kuva 21). Kuormitetuissa järvissä kasvu on jyrkempää kuin vertailujärvissä.

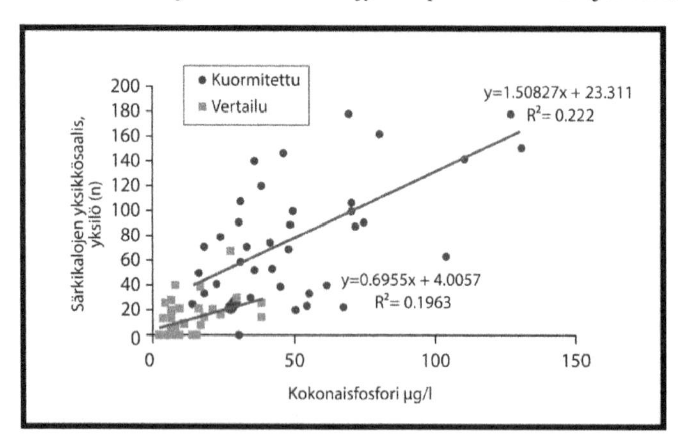

Kuva 21. Särkikalojen yksikkösaaliin ja järven kokonaisfosforipitoisuuden välinen suhde vertailujärvissä ja kuormitetuissa järvissä (kuva Tammi ym. 2006).

Kalarekisterin kuormitetuissa järvissä ahvenen ja kuhan biomassaosuus yksikkösaaliista on selvästi alhaisempi kuin vertailujärvissä siinäkin tapauksessa, että 15 sentin kokorajaa ei oteta huomioon (kuva 22).

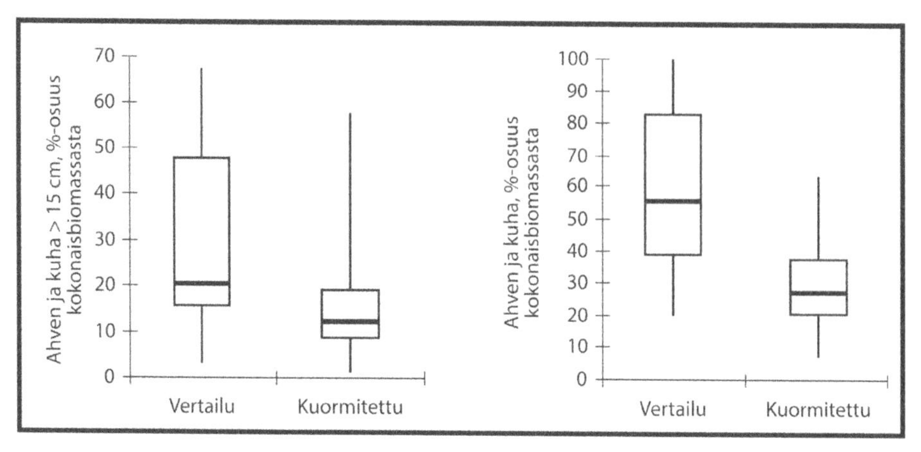

Kuva 22. Ahvenen ja kuhan biomassaosuuden (%) jakaumat vertailujärvissä ja kuormitetuissa järvissä. Vasemmassa kuvassa on huomioitu vain yli 15 sentin pituiset yksilöt, oikeassa kuvassa on huomioitu kaikki yksilöt (kuva Tammi ym. 2006).

Kun rehevissä järvissä tehdään ravintoketjukunnostusta hoitokalastuksen avulla, vähennettäviä kalalajeja ovat lähinnä särki, salakka, pasuri, lahna ja toisinaan myös ahven ja kiiski. Tavanomainen kalastus ei yleensä kohdistu näihin lajeihin tai ainakaan niiden nuoriin yksilöihin, joten kalastuskulttuuri osaltaan vääristää kalaston koostumusta.

Vahvistettavia lajeja taas voivat olla hauki, kuha, made ja joskus ankerias, siika ja taimen. Viimeksi mainitut eivät ankeriasta lukuun ottamatta yleensä viihdy kovin rehevissä järvissä.

Rehevöityminen vaikuttaa myös moniin veden kemiallisiin ominaisuuksiin, joita kalat, niiden mäti ja poikaset puolestaan sietävät vaihtelevasti. Taulukossa on esitetty kalanviljelyaltaissa suositeltuja arvoja, joita myös luonnossa kalojen kannalta voi soveltaa kuitenkin lajista riippuen (Kalavesi Konsultit Oy 2010).

Taulukko 8. Eräitä kalanviljelyaltaille suositeltuja arvoja.

Ammoniakki NH_3-N (vapaa)	< 0,01 mg l^{-1}
Nitriitti NO2-N	< 0,5 mg l^{-1}
Hiilidioksidi CO_2	< 20 mg l^{-1}
pH-arvo	6,5–7,2
Kiintoaine	mahdollisimman vähän
Alkaliniteetti	> 0,2 mmol l^{-1}
Happi O_2	> 7 mg l^{-1} eli noin 70–80 %:n happikyllästys

Kun pitoisuudet ylittyvät (tai alittuvat), se vaikuttaa herkimpien kalalajien menestymiseen. Tappavia pitoisuuksia sanotaan letaaliarvoiksi.

3.6.3 Ravinnon käyttö

Kalat vaikuttavat järven ravinteiden kiertoon sekä suoraan että epäsuorasti. Suoria vaikutuksia aiheutuu kalojen ulosteista ja eritteistä sekä sedimentistä sinne varastoituneiden ravinteiden vapautumisesta kalojen toimesta (Vanni 2002). Epäsuorat vaikutukset johtuvat siitä, että kalat ravinnonkäytöllään muuttavat eliöyhteisön rakennetta, esimerkiksi eläinplankton- ja pohjaeläinbiomassoja (Griffiths 2006). Suomen rehevöityneiden järvien ravintoketjuihin vaikuttavat petokaloista usein iso ahven, hauki ja kuha, pohjaeläinten syöjistä lahna ja pasuri sekä planktonin syöjistä ja moniruokaisista lajeista särki, salakka ja kiiski, joista särki ja kiiski syövät myös pohjaeläimiä. Särkikalat saattavat muodostaa enemmistön sekä lukumääräisesti että biomassasta.

Yleensä kalat käyttävät sitä lajille tyypillistä ravintoa, jota on helpoiten saatavissa. Siksi samankin lajin ravinto eri vesistöissä saattaa vaihdella.

Järven rehevöityminen lisää yleensä särkikalojen (mm. särki, salakka, lahna, pasuri, sulkava, sorva) osuutta ja määrää kalastossa. Särkikalat käyttävät ravinnokseen pääasiassa eläinplanktonia. Toisaalta pohjia tonkiessaan ne siirtävät ravinteita sedimentistä veteen. Siten liian suuri särkikalakanta lisää järven ravinnekiertoa ja sisäistä kuormitusta. Vastaavia ominaisuuksia on ahvenkaloihin kuuluvilla lajeilla, kiiskellä ja ahvenella.

Kalastoa voidaan tarkastella esimerkiksi esiintymisalueiden ja ravinnonkäytön mukaan tai kalakantakohtaisesti, esimerkiksi:

- pelagiset ulapoilla, rantavesissä tai pohjien tuntumassa viihtyvät lajit
- petokalat, planktonsyöjät, pohjaeläinsyöjät, kasvissyöjät ja kaikkiruokaiset
- ahvenkalat, särkikalat ja muut
- kokoluokkien mukaan, esimerkiksi poikasvaihe/aikuisvaihe, pikkuahven/iso ahven.

Myös pelagiset kalat viettävät usein poikasvaiheen rantavesissä. Monet lajit, kuten hauki, ahven, särki ja lahna, vaeltavat ulapan ja rantavesien suojaisten kasvustoalueiden väliä. Liikkumiseen vaikuttavat muun muassa elämänvaihe ja vuoden- ja vuorokaudenaika. Esimerkiksi ahvenen saman kesän poikaset (0+) siirtyvät melko varhain ulapalle käyttämään eläinplanktonravintoa, kun taas särjen poikaset pysyttelevät mieluiten litoraalialueilla kasvillisuuden suojassa.

Petokalat ovat poikasena planktonsyöjiä, ja ne siirtyvät kalaravintoon vasta tietyn kokoisiksi kasvettuaan. Esimerkiksi ahven alkaa syödä kalaa noin 15-senttisenä – mikäli järven ravintotilanne on sellainen, että ahven ylipäänsä kasvaa tämän kokoiseksi. Jos ravintoa on niukasti ja ahventiheys on suuri, saattaa kanta jäädä pysyvästi plankton- ja pohjaeläinsyöjäksi.

Monet kalalajit syövät hyvin vaihtelevaa ravintoa sen mukaan, mitä milloinkin on saatavissa. Esimerkiksi särkikalat voivat käyttää ravinnokseen levää, eläinplanktonia, pohjaeläimiä, kasvinosia, mahdollisesti mätiä ja myös kalanpoikasia.

Kalojen ravinnonkäyttö ja ravintokilpailu vaikuttavatkin merkittävästi lajien välisiin suhteisiin ja kalaston esiintymiseen. Paitsi että kalat voivat syödä toisten lajien mätiä ja poikasia, ne voivat syödä myös oman lajinsa yksilöitä.

Esimerkiksi muikku käyttää ravintonaan eläinplanktonia. Jos särkikalat ja pieni ahven muodostavat vahvoja kantoja, ne saattavat syrjäyttää muikun ravintokilpailussa. Kun särki- ja ahvenkantoja on vähennetty hoitokalastuksilla, taantunut muikkukanta on usein saatu elpymään.

Litoraaliekosysteemin vakauteen vaikuttaa voimakkaasti yhteisön rakenne, ensisijaisesti uposlehtisen vesikasvillisuuden ja kasviplanktonia syövien vesikirppujen määrä. Nämä lisäävät ekosysteemin kykyä sietää ravinnekuormitusta, mikä näkyy vähäisenä plankton- ja päällyslevästönä. (Vakkilainen 2005).

Vesijärvellä havaittiin, että litoraalialueilla kalojen saalistus sääteli eläinplanktonyhteisön rakennetta voimakkaammin kuin tuottavuus. Särki suosi ravinnossaan vesikirppuja huolimatta niiden vähenemisestä, mutta käytti ravinnokseen myös kasvimateriaalia sekä kuollutta eloperäistä ainesta. Nämä litoraalin vaihtoehtoiset ravintokohteet vakauttavat kaikkiruokaisten, planktonia suosivien kalojen populaatioita. Ne saattavat siten voimistaa kalojen ja eläinplanktonin välisiä vuorovaikutussuhteita. Kun kalojen määrä oli kohtalaisen pieni (korkeintaan 4 g m^{-2} tai korkeintaan 2,5–4 yks. m^{-2}), uposlehtinen vesikasvillisuus tarjosi suojapaikan vesikasveilla eläville vesikirpuille. Suojaa saivat myös pienikokoiset vapaasti uivat vesikirput, jotka puolestaan säätelivät kasviplanktonin biomassaa (Vakkilainen 2005).

3.6.3.1 Kasvinsyöjät

Monet kalat ovat kasvinsyöjiä, mutta saattavat käyttää myös muuta ravintoa, kuten pohjaeläimiä. Osin kasvinsyöjiä ovat muun muassa suutari, karppi, ruutana ja särki.

Varsinaisia kasvinsyöjiä (herbivorit) vesistöissä ja ravintoverkoissa ovat eräät eläinplanktonryhmät, kuten vesikirput ja hankajalkaiset. Erityisesti niiden suurikokoiset yksilöt syövät kasveja.

3.6.3.2 Eläinplanktonin syöjät

Eläinplanktonia käyttävät ravintonaan monet kalalajit (planktivorit) ainakin nuoruusvaiheessaan. Joillekin lajeille, kuten muikulle, planktonsiialle, salakalle, pienelle ahvenelle ja särjelle, ne saattavat olla pääasiallinen ravintolähde. Eläinplanktonia voivat syödä myös muut vesieliöt, kuten sulkasääsken toukat ja petovesikirput.

Kalat vaihtavat ympäristöään ravinnon sijainnin mukaan. Esimerkiksi monet särkikalojen poikaset syövät planktonia, ja ne oleskelevat siksi avovesialueella. Kun poikaset kasvavat ja alkavat hakea ravintoa pohjasta, ne siirtyvät litoraalialueille. Ne voivat myös vaeltaa päivittäin eri habitaattien välillä. Jotkut planktonsyöjät viettävät päivät rannan lähellä ja siirtyvät yöllä avoveteen syömään planktonia (Lambert & Sommer 2010).

3.6.3.3 Pohjaeläinsyöjät

Tyypillisin pohjaeläinten syöjä on lahna, joka torvimaisella suullaan seuloo pohjaeläimet pohjalietteen joukosta. Monet muutkin kalalajit syövät ainakin osittain pohjaeläimiä. Tällaisia ovat muun muassa ahven, pasuri ja särki.

3.6.3.4 Petokalat

Petokalojen pääravintona ovat muiden kalalajien ja jopa oman lajin pienemmät yksilöt. Tyypillisiä petokaloja ja kalansyöjiä ovat iso ahven, hauki, kuha ja taimen. Ilmeisesti myös monet muut lajit käyttävät pieniä samankesäisiä (0+) kalanpoikasia ravintonaan, samaan tapaan kuin eläinplankton. Tästä on vähän tutkimustietoa, mutta havaintoja on muun muassa särkikalojen pikkupoikasiin kohdistuvasta predaatiosta (Kari Kinnunen, suullinen tieto).

Laboratoriotutkimuksessa todettiin, että särjet syövät omia poikasiaan myös silloin, kun vaihtoehtoista ravintoa on tarjolla. Alle 12-milliset poikaset olivat optimaalisen kokoisia 10–15 sentin pituisille aikuisille särjille. Tämän kokoiset poikaset olivat jo tarpeeksi nopeita uimaan ja hyviä välttelemään aikuisia särkiä. Tulokset viittasivat siihen, että kannibalismi voi vaikuttaa särkikannan palautumiseen hoitokalastuksen loputtua (Airaksinen 2005).

Kun petokaloja järvessä on riittävä määrä, esimerkiksi yli 30 prosenttia biomassasta, ne voivat säädellä planktonsyöjäkalojen runsautta. Kun petokalojen saalistus kohdistuu riittävästi lajeihin, jotka aiheuttavat ravintoketjussa ongelmia plantonsyöjinä tai pohjien tonkijoina, silloin petokalat pitävät ravintoverkon tasapainossa eikä leväongelmia synny.

3.6.3.5 Moniravintoiset

Useat kalalajit ovat moniravintoisia. Ne käyttävät hyödykseen niitä ravintovaroja, jotka ovat helpoiten saatavissa ja johon ne ovat tottuneet. Tällaisia ovat muun muassa ahven ja särki. Ravinto saattaa muuttua myös kasvun vaiheiden mukaan. Esimerkiksi ahvenet siirtyvät eläinplankton- ja pohjaeläinravinnosta pääosin kalaravintoon, kun ne ovat kasvaneet yli 15-senttisiksi.

3.7 Vesikasvit

Järvissä esiintyy vesikasveja lähinnä ranta- eli litoraalialueella, jossa valoa riittää pohjaan asti ja pohjan laatu on kasvustoille sopiva. Vesikasvustojen esiintymiseen vaikuttavat muun muassa pohjan materiaali ja laatu, veden ravinteikkuus ja kirkkaus. Mitä kirkkaampi on vesi, sitä syvemmällä kasvustoja voi esiintyä.

Vesikasvustot voivat sitoa maalta huuhtoutuvia ravinteita, mutta toisaalta ne hajotessaan kuluttavat happea ja päästävät ravinteita veteen. Vesikasvustot tarjoavat suojaa, lisääntymisalueita ja ravintoa monille kalanpoikasille, joillekin aikuisille kaloille sekä monille vesieliöille ja vesilinnuille. Vesikasvustot ovat järven ravintoketjujen kannalta tärkeitä varsinkin, jos kasvustoja on runsaasti. Vesikasvustot vähentävät tuulten ja virtausten aiheuttamaa resuspensiota pitäen siten veden saman syvyistä avovettä kirkkaampana.

Rehevöityminen lisää vesikasvustojen tiheyttä, mutta vähentää lajiston määrää. Liialliset kasvustot, kuten tiheät ruovikot, voivat rajoittaa järven käyttömahdollisuuksia ja liikkumista siellä. Tiheät kasvustot saattavat vähentää myös vesilintujen elinmahdollisuuksia ja rajoittaa kalojen liikkeitä.

Vesikasvit voidaan ryhmitellä esiintymisympäristönsä mukaan seuraavasti:

Ilmaversoiset	Järvikorte, Järviruoko, Järvikaisla, Ratamopalpakko, Haarapalpakko, Ratamosarpio, Sarat, Sarjarimpi, Isosorsimo, Kapeaosmankäämi, Leveäosmankäämi, Keltakurjenmiekka
Kelluslehtiset	Lumme, Kaitapalpakko, Siimapalpakko, Uistinvita, Ulpukka, Vesitatar
Irtokellujat	Isolimaska, Pikkulimaska, Kilpukka
Irtokeijujat	Karvalehti, Vesiherneet
Uposlehtiset	Ahvenvita, Heinävita, Järvisätkin, Rentovihvilä, Tylppälehtivita, Vesirutto, Ärviät
Pohjaversoiset	Lahnaruohot, Nuottaruohot, Rantaleinikki
Vesisammalet	Vesisammal

Vesikasvit vaikuttavat järven tilaan monin tavoin:

- Rantavyöhykkeen putkilokasvit (makrofyytit) lisäävät vesiekosysteemin energiaa perustuotannon kautta.
- Kasvillisuusvyöhyke on tärkeä monille kalalajeille lisääntymisalueena, poikasten elinympäristönä ja saaliseläinten tuotantoalueena.
- Rantakasvillisuus suodattaa valuma-alueelta tulevaa kuormitusta.
- Makrofyyttien juuriston kautta kulkee happea sedimenttiin, mikä parantaa pohjan tilaa.
- Vesikasvillisuus on kasvualusta päällysleville ja muille epifyyteille.
- Eräät kasvit tuottavat kasviplanktonin kasvua estäviä aineita (kilpailu esimerkiksi ravinteista ja valosta).

Järven rehevöityminen vaikuttaa litoraalialueiden vesikasvustoihin seuraavasti:

- Osmankäämikasvustot lisääntyvät.
- Järviruokokasvustot leviävät ja tihenevät.
- Ulpukka- ja lummekasvustot tihenevät ja yksittäisten lehtien koko kasvaa.
- Irtokellujat, kuten limaskat, lisääntyvät.
- Pohjaversoiset kasvit, kuten nuottaruoho, häviävät (näkösyvyys pienentynyt, pohja liettynyt).

Rehevöitymiskehityksen edetessä järvessä ja vesikasvillisuudessa tapahtuu muutoksia:

- Kasvillisuuden määrä kasvaa, lajisto muuttuu, alussa lajimäärä kasvaa (myöhemmin voi olla yhden lajin monokulttuureita), yksittäisten kasvien koko ja kasvustojen tiheys kasvavat, koska ravinteita on runsaasti.
- Vesikasvillisuuden esiintymisen alaraja nousee eli litoraalivyöhyke supistuu (veden sameus).

Järven mataluus lisää rehevöitymiskehitystä. (Hämeen ympäristökeskus 2003, täydennetty: SATAVESI/Lounais-Suomen ympäristökeskus 2005)

Litoraaliekosysteemi säätelee osaltaan järven ravinnedynamiikkaa. Se puskuroi valuma-alueelta tulevaa kuormitusta ja kytkeytyy ulappaekosysteemiin esimerkiksi kalojen välityksellä (Vakkilainen 2005).

Vesikasvillisuuden kehitys on hyvä ja helposti havaittava järven rehevöitymisen tai rehevyysasteen indikaattori. Litoraalin kasvittumisaste korreloi voimakkaasti järven yleisen rehevyystason kanssa (kuva 23).

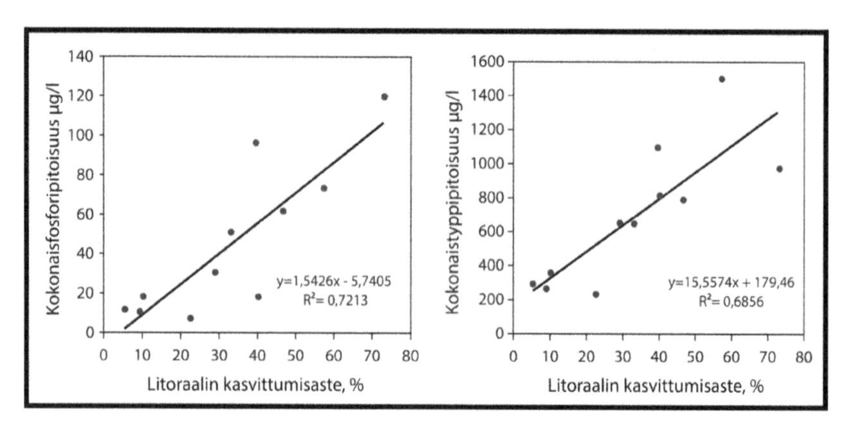

Kuva 23. Litoraalin kasvittumisaste suhteessa järvien kokonaisravinnepitoisuuksiin: a) kokonaisfosfori, b) kokonaistyppi. Ravinnepitoisuudet ovat tuotantokauden loppupuolen (1.–31.8.) pintaveden mediaaniarvoja (kuva Lema ym. 2003).

Vaikka ravinnepitoisuudet olisivat melko korkeitakin, vesikasvit edistävät veden pysymistä kirkkaana erilaisin biologisin, fysikaalisin ja kemiallisin puskurimekanismein. Yksi vesikasvien tärkeimmistä positiivista vaikutuksista vedenlaatuun on se, että ne ehkäisevät sedimentin resuspensiota ja eroosiota (Vakkilainen 2002).

Esimerkiksi vesirutto *(Elodea canadensis)* ehkäisi syanobakteerien (sinilevien) kasvua ja myrkkytuotantoa sekä sääteli kasvi- ja eläinplanktonin välisiä vuorovaikutussuhteita. Litoraaliyhteisön rakenteessa, ja siten myös ravinnekuormituksen vaikutuksissa, havaittiin suurta vuosien välistä vaihtelua, mikä oli paljolti seurausta ilmastollisista tekijöistä. Olosuhteiden voimakas vaihtelu litoraalissa voi heijastua ulappa-alueelle muun muassa kalojen lisääntymis- ja ravintokäyttäytymisen kautta (Vakkilainen 2005).

Rehevöitymisen myötä kirkasvetinen järvi saattaa muuttua sameavetiseksi, mikä johtaa myös vesikasvustoalueiden supistumiseen ja lajiston yksipuolistumiseen. Sopivin hoitotoimin järvi saatetaan saada uudelleen kirkasvetiseksi. Siitä seuraa vesikasvustoalueiden laajeneminen, kun valo taas ulottuu syvemmälle ja laajemmille pohja-alueille.

4 Ravinteiden kierto vesistöissä

4.1 Sisään ja ulos

Ravinteet, kuten fosfori ja typpiyhdisteet, tulevat vesistöön yleensä pääosin valuma-alueelta. Fosfori esiintyy sekä liuenneena fosfaattifosforina että partikkeleihin kiinnittyneenä fosforina. Hetkelliset vaihtelut voivat olla hyvin suuria, kuten Savijoen valuma-alueella tehdyt nitraattipitoisuuden mittaukset osoittavat (kuva 24). Osa ravinteista saattaa tulla myös suoraan ilmasta. Vesistöihin tulevan fosforin vuodenaikaisvaihtelut ovat usein suuria, mikä johtuu valunnan vaihteluista ja suurten valuntojen aiheuttamasta eroosiosta.

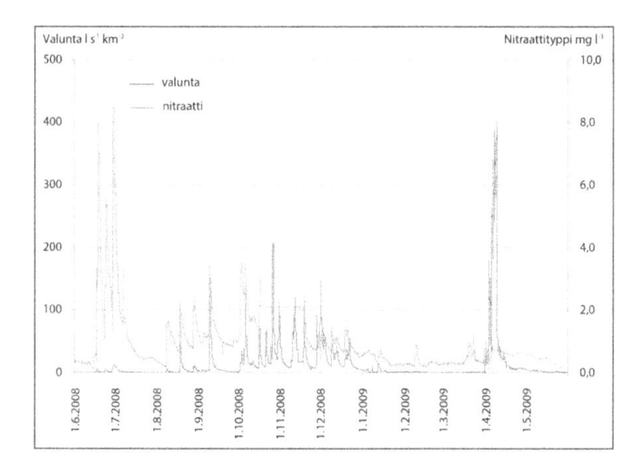

Kuva 24. Valunta ja nitraattipitoisuus 1.6.2008–31.5.2009 Savijoen valuma-alueella (kuva Väisänen & Puustinen 2010).

Vesialueelta (järvestä) myös poistuu ravinteita, kuten fosforia, ulosvirtaavan veden mukana. Poisvirtauksessa pitoisuus- ja määrävaihtelut eivät ole vuodenajoittain niin suuria kuin sisään virtauksessa, ellei kysymyksessä ole hyvin lyhyt viipymä. Veden ulosvirtaaman ja ravinnepitoisuuksien perusteella voidaan laskea vesialueelta tiettynä aikana poistuvan ravinteen määrä, kun havaintoja on riittävästi.

Jos esimerkiksi tulevan ja lähtevän fosforin määrät ovat vuositasolla yhtä suuret, järven fosforivarasto ei muutu. Jos tulevan fosforin määrä on lähtevää suurempi, fosforivarasto kasvaa. Tämä varasto on pääosin sedimentissä, mutta sitä on myös vesimassassa, vesieliöstössä ja vesikasvustossa. Vesimassan fosforimäärä voi silti muuttua, jos fosforia sitoutuu sedimenttiin enemmän kuin sieltä vapautuu tai päinvastoin.

Järveen tuleva ravinnemäärä on siihen kohdistuva kuormitus tai bruttokuormitus. Tulevan ja lähtevän ravinnemäärän erotus on nettokuormitus.

Sisäisellä kuormituksella taas tarkoitetaan vesistössä jo olevien, pohjasedimenttiin tai eliöihin varastoituneiden ravinteiden palautumista vapaan veden kiertoon (Sarvala 2010).

4.2 Fosforitase

Vesistöön tulee ravinteita useista eri lähteistä, ja niitä myös poistuu eri teitä. Vesialueen ravinnevarastot ovat lähinnä sedimentissä ja vesimassassa, mutta ravinteita on myös sitoutuneena eliöihin ja kasvustoihin.

Esimerkkinä on Köyliönjärven fosforitase (kuva 25). Järven sedimenttiin varastoitunut fosforimäärä on laskelman mukaan noin 125-kertainen vesimassan sisältämään fosforimäärään verrattuna.

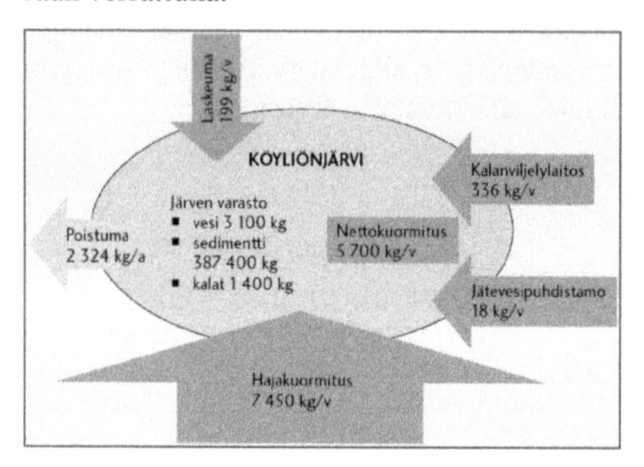

Kuva 25. Köyliönjärven fosforitase vuonna 1991 (mukaeltu Paloheimo 2007, Wright ym. 1993).

Vesijärven fosforitase on esitetty kuvassa 26. Suurimmat Vesijärven ulkoiset kuormittajat ovat maatalous, haja-asutus ja luonnon huuhtouma.

Kalastuksen mukana poistui fosforia lähes yhtä paljon kuin ulosvirtauksessa. Kuitenkin järveen jäänyt fosforimäärä oli yli nelinkertainen sieltä poistuvaan fosforiin nähden.

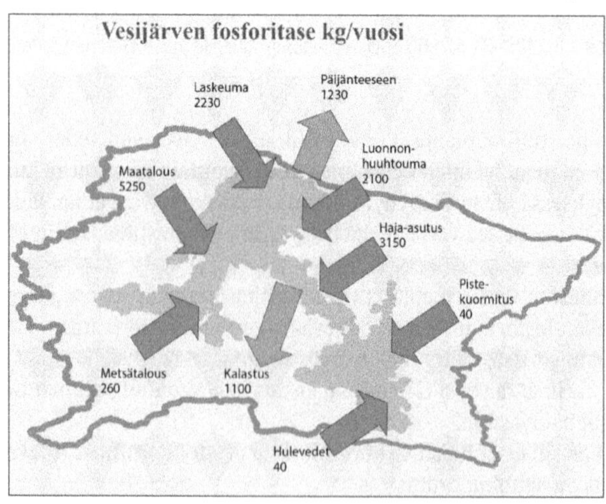

Kuva 26. Vesijärven fosforitase. Luvut kuvaavat fosforimääriä (kg a^{-1}) (Malin 2011).

Lappajärven kesäinen ja talvinen fosforitase on esitetty taulukossa 9. Järven sisäinen fosforikuormitus on kesä-elokuussa laskelman mukaan noin 5–10-kertainen verrattuna samanaikaiseen ulkoiseen kuormitukseen.

Taulukko 9. Lappajärven kokonaisfosforitase vuosina 1988 ja 1997 (Palomäki 2001).

Vuosi	Kesä-elokuu 1988	Kesä-elokuu 1997	Talvi 1988	Talvi 1997
Tulot kg P d^{-1}				
Ulkoinen kuorma	99	59	80	47
Sisäinen kuorma	480	569	70	–15
YHTEENSÄ	579	628	150	32
Menot kg P d^{-1}				
Vesimassa sitoo/luovuttaa *	–93	–23	8,8	–88
Bruttosedimentaatio	630	630	100	100
Luusuasta poistuva	40	17	40	17
Kalansaalis	2	4	2	4
YHTEENSÄ	579	628	150	32
Nettosedimentaatio	151	62	29	114

*Positiivinen lukuarvo – vesimassan fosforisisältö (pitoisuus) kasvaa, negatiivinen lukuarvo – fosforitaso pienenee.

4.3 Sedimentin ja vesimassan välillä

Pääosa sedimentoituvasta orgaanisesta aineksesta hajoaa hapellisissa olosuhteissa aerobisena soluhengityksenä *(respiraatio)*. Hajotus jatkuu tämän jälkeen hapettomana eli anaerobisena respiraationa, käymisenä *(fermentaatio)* ja lopulta arkkibakteerien hajotuksena *(metanogeneesi)* (kuva 27).

Orgaanisen aineen hajotusprosessit liittyvät miltei kaikkiin ainesten kiertoihin sedimentissä. Erityisen merkittävää on leville käyttökelpoisen liukoisen fosfaatin vapautuminen sedimentistä orgaanisen aineen hajoamisen lopputuloksena (Sinke ym. 1990). Sedimentissä olevan fosforin määrä, sitoutuneisuus ja liukenemisherkkyys vaikuttavat keskeisesti fosforin vapautumiseen sedimentistä huokosveteen ja edelleen järven vesimassaan (Väisänen 2009).

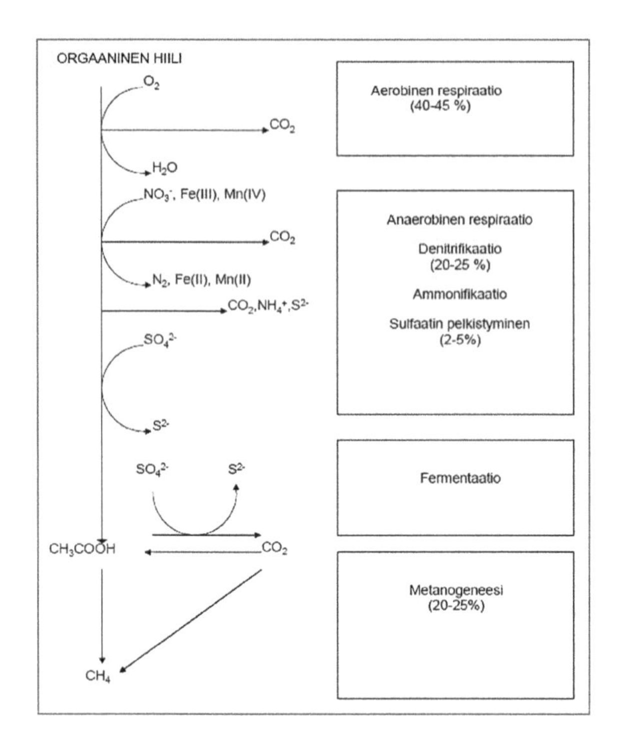

Kuva 27. Orgaanisen aineen hajotusprosessit ja niiden suhteelliset osuudet rehevän järven sedimentissä. Kuva on mukaeltu Jones & Simonin (1980) sekä Jones & Simonin (1981) mukaan (Väisänen 2009).

Sedimentin pintakerroksessa on pääosin helposti liukenevia, epäorgaanisia fosforijakeita ja orgaaniseen ainekseen sitoutunutta fosforia. Fosforin kokonaismäärä yleensä pienenee syvempiin sedimenttikerroksiin mentäessä, mutta samalla niukkaliukoisten fosforijakeiden osuus kasvaa (Håkanson & Jansson 1983). Kuvassa 28 on esitetty fosforin esiintymistä sedimentissä yleensä. Pitoisuus kasvaa pintasedimentissä orgaanisen ja rautaan sitoutuneen fosforin vuoksi. Oligotrofisissa järvissä kuitenkin kokonaisfosforipitoisuus on pintasedimentissä pienempi kuin syvemmällä (kuva 29).

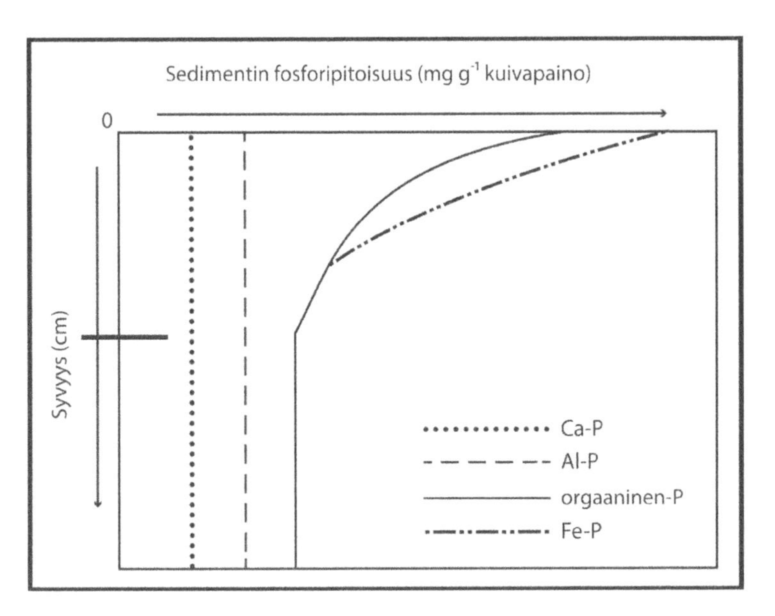

Kuva 28. Tyypillinen sedimentin fosforiprofiilin koostuminen eri P-yhdisteistä kuten kalsium (Ca-P), alumiini (Al-P), orgaaninen (organic-P) ja rauta (Fe-P) fosforifraktioista. Niiden summa on kokonaisfosforipitoisuus (mukaeltu Boström ym. 1982, Carey & Rydin 2011).

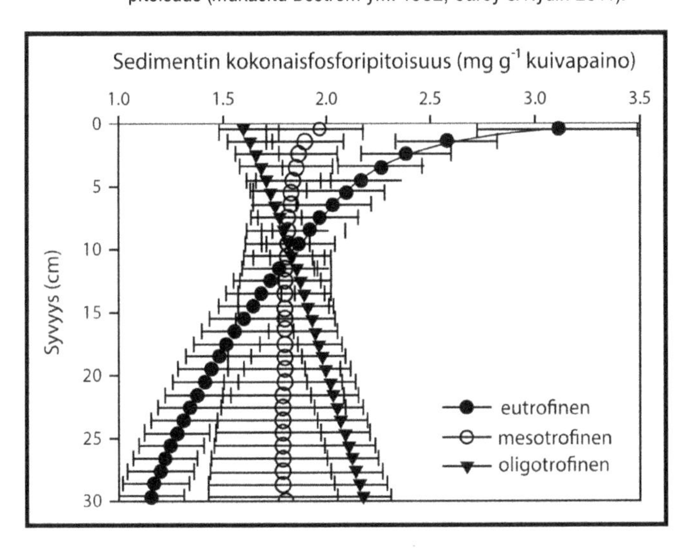

Kuva 29. Keskimääräinen sedimenttien kokonaisfosforipitoisuus ja standardipoikkeamat eutrofisissa (veden kokonaisfosforipitoisuus TP > 30 µg l^{-1}), mesotrofisissa (TP 10-30 µg l^{-1}) ja oligotrofisissa (TP < 10 µg l^{-1}) järvissä. Tutkimus käsitti 26 oligotrofista, 19 mesotrofista ja 49 eutrofista järveä (Carey & Rydin 2011).

Ulostaessaan kalat erittävät veteen fosforia ja typpeä. Pienet kalat erittävät fosforia suhteellisesti enemmän kuin suurikokoiset yksilöt (kuva 30, Tarvainen 2007).

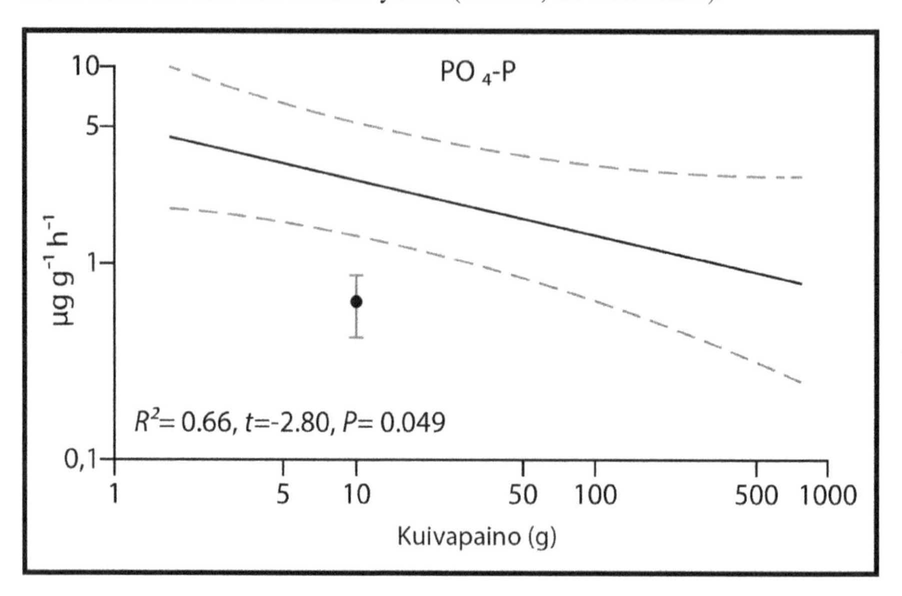

Kuva 30. Kalan yksilöpainon ja liukoisen fosforin päästöjen (µg PO_4-P g^{-1} h^{-1}) riippuvuus kalan painosta Tarvaisen (2007) kirjallisuudesta kokoamien tulosten mukaan; 95 prosentin luottamusväli.

Sedimentin huokosveden fosforivaranto on 1–2 prosenttia sedimentin kokonaisfosforimäärästä (Lean 1973). Huokosveden fosforipitoisuus on kuitenkin 5–20-kertainen yläpuoliseen vesimassaan nähden, tyypillisesti 20–2 000 µg l^{-1}.

Huokosvedellä on sedimentin fosforinkierrossa tärkeä roolia. Se toimii välittäjänä sedimentistä vapautuvan fosforin kulkeutuessa yläpuoliseen vesimassaan (kuva 2, kappale 2.4.1) (Väisänen 2009). Huokosveden fosforipitoisuus kuvaa Ohlen (1964) mukaan huomattavassa määrin järven rehevyystasoa. Vuodenaikainen vaihtelu on kuitenkin suurta erityisesti sedimentin pintakerroksessa (Vahtera 1991).

4.4 Ravinteet ravintoverkon eri osissa

4.4.1 Kasveissa ja levissä

Kasvit ja levät sisältävät ravinteita. Eräät kasvit siirtävät ravinteet talveksi juuriinsa. Jos järvestä halutaan poistaa kasvien mukana ravinteita, kuten fosforia, kasvit täytyy niittää ja kerätä talteen kasvukauden lopussa, heinä-elokuussa. Uposkasvien ravinnesisältöä on esitetty taulukossa 10.

Taulukko 10. Havaintoja haittaa aiheuttaneiden uposkasvilajien typpi- ja fosforipitoisuuksista suomalaisissa järvissä, prosentteina kuivapainosta (Laita ym. 2007). Tiedot on kerätty eri lähteistä.

Laji	Vesistö (kuukausi)	Fosfori % kuivapaino	Typpi % kuivapaino
Vesirutto	Littoistenjärvi (V-IX)	0,1–0,4	1,5–3,5
	Ruutinlampi (V)	0,5	2,7
	Vesijärvi (VII)	0,3–0,4	0,9–1,4
Karvalehti	Tuusulanjärvi (IX)	0,45	3,2
	Matalajärvi (VII)	0,45	3,3
Tähkä-ärviä	Morsfjärden (VIII)	0,27	2,3
Vesisammal	Otajärvi (IX-XI)	0,1–0,2	1,3–2,3

Vesikasvien kuivamassa on noin 5–15 prosenttia märkäpainosta.

Levien ravinnepitoisuudet lienevät samaa tasoa kuin uposkasvien. Kun levät sedimentoituvat tai hajoavat, ravinteet siirtyvät niistä sedimenttiin tai vesimassaan. Kun levä tulee eläinplanktonin tai kalan syömäksi, myös ravinteet siirtyvät niihin ja osa palautuu ulostuksen ja eritteiden kautta vesimassaan.

4.4.2 Eliöissä

Eläinplanktonin ravinnepitoisuus sijoittunee levien ja kalojen välille. Fosforia voi olla noin 0,3– 0,5 prosenttia ja typpeä 2–2,5 prosenttia tuorepainosta. Hajoamisprosessissa ravinteet joutuvat joko sedimenttiin tai vesimassaan. Kun eläinplankton tulee syödyksi, ainakin osa ravinteesta siirtyy ketjun seuraavalle tasolle, esimerkiksi kalaan. Tästä osa siirtyy kalan ulosteen mukana vesimassaan ja sedimenttiin.

4.4.3 Kaloissa

Kalat tarvitsevat elintoimintojensa ylläpitämiseen tietyn määrän fosforia ja typpeä. Ne saavat niitä ravinnosta.

Kalojen fosforipitoisuus vaihtelee lajeittain, eri lähteiden mukaan se on 3–7 promillea (‰) tuorepainosta. Jos järven kalabiomassa on 100 kg ha^{-1} ja fosforipitoisuus 7 promillea, kaloihin on sitoutunut 0,7 kiloa fosforia vesihehtaarilla.

Typpeä kaloissa on noin 2,5–3 prosenttia, eli 100 kilossa kalamassaa on 2,5–3 kiloa typpeä.

Ulostaessaan kalat erittävät veteen fosforia ja typpeä. Pienet kalat erittävät fosforia suhteellisesti enemmän kuin suurikokoiset yksilöt (kuva 30, Tarvainen 2007). Jos vesistöstä halutaan poistaa fosforia kalastuksella, pyynti kannattaa kohdistaa ensisijaisesti pienikokoisiin yksilöihin.

4.4.4 Vesiekosysteemissä yleensä

Seuraavassa taulukossa (taulukko 11) on arvioitu kuvitellun keskirehevän 1 000 hehtaarin järven fosforimääriä ravintoverkon eri osissa.

Taulukko 11. Esimerkkilaskelma: keskirehevän järven teoreettiset, hetkelliset kokonaisfosforipitoisuudet ja -määrät (järvi 1 000 ha, keskisyvyys 5 m, vesitilavuus 50 milj. m³, sedimentti 0–10 cm, sedimentin tilavuus 1,0 milj. m³).

Järvi 1 000 ha	Pinta-ala milj. m²	Tilavuus milj m³	Pitoisuus Fosfori	Fosfori t	Fosfori %
Vesimassa, keskisyvyys 5,0 m	10	50	40 mg/m³	2	0,8
Vesikasvit 10 %, biomassa 3 000 kg ha⁻¹	1	3	0,04 % tp	0,12	0,0
Levät, sisältyy vesimassan pitoisuuksiin	10	7			
Eliöt, biomassa 800 kg ha⁻¹	10	1	0,5 % tp	4	1,6
Kalat, biomassa 150 kg ha⁻¹	10	50	0,7 % tp	1,05	0,4
Sedimentti 0–10 cm (ka 20 %, om.p 1,2)	10	1	0,2 g/kg tp	240	97,1
Kaikki yhteensä	**10**	**50**		**247,17**	**100,0**

Tässä laskelmassa 97 prosenttia fosforivarastosta on sitoutuneena sedimentin pintakerrokseen. Vedessä liuenneena olevat ravinteet ovat suoraan perustuotannon käytettävissä. Sedimentin merkitys riippuu siitä, pidättyykö sinne ravinteita vai vapautuuko niitä vesimassaan, kuinka runsaasti ja mikä osa ravinteista on leville käyttökelpoisessa muodossa. Ravinteiden hetkellinen määrä vedessä, kasveissa, eliöissä ja sedimentissä ei kuitenkaan kerro, miten ja kuinka nopeasti ravinteet kiertävät eri olomuodoissa.

Fosforin kulkeutumisnopeus tai ravinnekierto ravintoverkossa ja ravintoketjuissa on nopeampaa lämpimän veden aikaan kuin viileässä. Kun esimerkiksi eläinplankton syö kasviplanktonia, siirtyy syödyn kasviplanktonin fosfori eläinplanktoniin, josta osa joutuu veteen ulosteiden mukana ja osa jää eläinplanktonin soluihin. Kun pikkukala syö eläinplanktonin ja iso kala pikkukalan, fosforille käy samoin, osa jää syöjän soluihin, osa poistuu ulosteiden mukana veteen ja osa siirtyy ravintoketjussa eteenpäin. Osa sedimentoituu ja vapautuu sieltä taas vesimassaan. Sedimentoituneesta fosforista osa keräytyy pohjaeläimiin, joista se siirtyy pohjasyöjäkaloihin. Fosfori kulkeutuu ravintoverkossa monia reittejä.

Kanadassa tehtyjen tutkimusten mukaan tutkittujen järvien fosforin pitoisuuksia ja kiertoa neliömetriä kohti sekä prosenttiosuuksia eri trofiatasoilla on esitetty taulukossa 12. Fosforin kierrosta 77,5 % tapahtui kasviplanktonissa, 18,0 % eläinplanktonissa ja vain hieman yli 2 % pohjaeläimissä sekä kaloissa vaikka biomassoissa ja fosforimäärissä ei sinänsä ollut kovin suuria eroja, mutta kiertonopeudet vaihtelivat merkittävästi.

Taulukko 12. Järvien eri trofiatasojen biomassoja, fosforimääriä, kiertoaikoja ja kiertonopeuksia sekä prosenttiosuuksia (Griffiths 2006, Cyr & Peters 1996).

Trofiatasot	Tutkittuja järviä	Biomassa keskimäärin g m^{-2}	Fosforimäärä mg P m^{-2}	Kierto-aika d	Fosforin kiertonopeus mg P m^{-2} d^{-1}	Prosenttia orgaanisen aineen fosforista %
Kasviplankton	24	12,22	10,17	3,2	3,177	77,5
Eläinplankton	24	5,42	5,98	8,1	0,739	18,0
Pohjaeläimet	21	7,05	11,28	128	0,088	2,2
Kalat	12	6,73	34,05	367	0,093	2,3

5 Hiilen kierto

Suurin osa ekosysteemin elävästä aineksesta on vettä ja hiiliyhdisteitä. Hiili siirtyy ekosysteemiin hiilidioksidina ilmakehästä, kun kasvit yhteyttävät. Hiili esiintyy ekosysteemissä monessa muodossa, kuten sokereissa, rasvoissa, valkuaisaineissa ja selluloosassa. Ekosysteemin tasolta toiselle hiili siirtyy saalistuksen ja hajotuksen kautta (kuva 31).

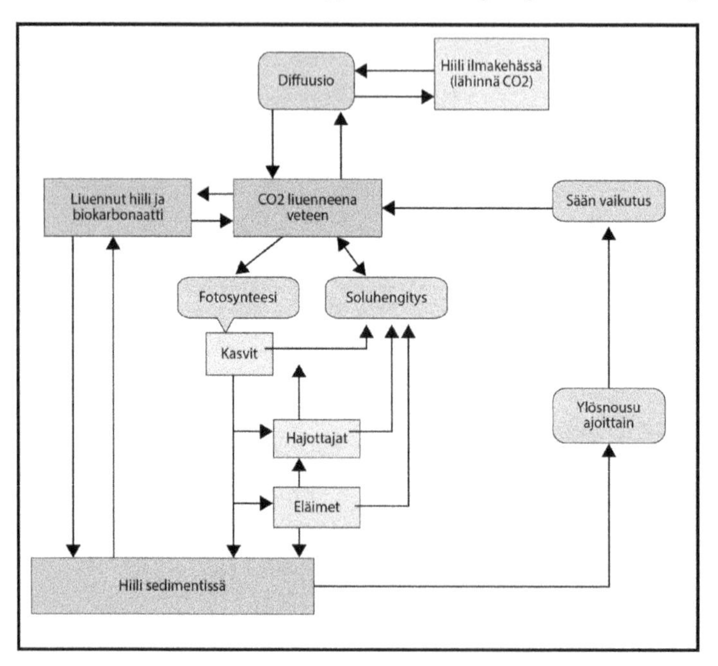

Kuva 31. Havainnekuva hiilen kierrosta vesiekosysteemissä.

Hiili esiintyy vedessä

- liuenneena epäorgaanisena hiilenä *(DIC, dissolved inorganic carbon)*
- liuenneina orgaanisina yhdisteinä *(DOC, dissolved organic carbon)*
- erilaisissa partikkeleissa *(POC, particle organic carbon)* (kuolleet ja elävät veden eliöt).

Kokonaishiili vedessä yhteensä on: DIC + DOC + POC = TOC *(total organic carbon)*
Epäorgaaninen hiili esiintyy veden pH-luvun mukaan erilaisissa ionimuodoissa.
Epäorgaaninen kokonaishiili: TIC (total inorganic carbon) = $CO_2 + HCO_3^- + CO_3^{2-}$
CO_2 = vapaa $CO_2 + H_2CO_3$

Epäorgaanisen hiilen pitoisuuden vertikaalinen ja ajallinen vaihtelu kytkeytyy vahvasti vedessä tapahtuvaan eliötoimintaan:

hiilen sidonta → fotosynteesi
tuotto takaisin veteen → hengitys- ja hajotustoiminta

Vaihtelu on "peilikuva" happipitoisuuden vaihtelusta. Hiilen puute saattaa olla jopa tuotantoa rajoittava tekijä (eri pH-alueet). Järvessä syvemmälle mentäessä tuotanto vähenee ja hengitysreaktiot tulevat vallitseviksi, jolloin epäorgaanisen hiilen pitoisuus kasvaa.

Hiilen kierto järven pelagiaalissa (ulapalla) sisältää sekä epäorgaanisen että orgaanisen hiilen kierron. Orgaanisen hiilen määrä vedessä on yleensä huomattavasti suurempi kuin epäorgaanisen hiilen määrä, koska hiilidioksidia poistuu voimakkaasti ilmakehään. Suurin osa orgaanisesta hiilestä on vedessä liuenneessa muodossa, koska suomalaisissa vesissä on paljon liuenneita humusaineita.

Hiilen kierto sisältää hyvin monimutkaisia tapahtumia, jotka liittyvät kiinteästi vesiekosysteemin toimintaan ja sen energiavirtoihin (ravintoverkot ym.).

Mikrobisilmukka on mikrobien muodostama mikrobiravintoverkko. Sen roolina vesiekosysteemissä on palauttaa orgaanista hiiltä bakteeribiomassan muodossa ylemmille trofiatasoille, laidunnusketjun käyttöön. Näillä mikrobeilla on poikkeuksellinen kyky toimia tuottajina, sillä ne käyttävät ravintonaan liuennutta orgaanista hiiltä (Hirvonen 2003).

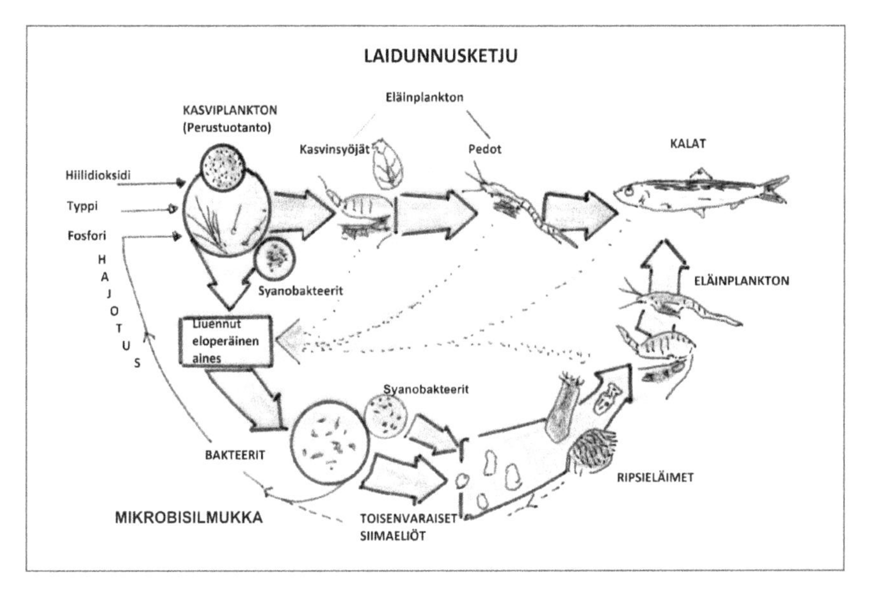

Kuva 32. Havainnekuva laidunnusketjusta kuvaa myös hiilen kiertoa vesiekosysteemissä (Mukaeltu Itämerportaalin kuvasta J. Niinimäki).

Aikaisemmin vesistöalueita luokiteltiin niiden käyttökelpoisuuden perusteella. Euroopan unionin vesipuitedirektiivin (2000) tultua voimaan on siirrytty laatutavoitteita määritteleviin luokituksiin. Erityyppisille vesistöille on määritelty niiden nykyinen tila ja tavoitelaatu.

6.1 Käyttökelpoisuusluokittelu

Järven tila ja vedenlaatu ratkaisevat, onko järvi esimerkiksi uima- ja kalastuskelpoinen ja voiko sen vettä käyttää talousvetenä. Yleisen käyttökelpoisuuden perusteella järviä on myös luokiteltu viiteen luokkaan: I = Erinomainen, II = Hyvä, III = Tyydyttävä, IV = Välttävä ja V = Huono. Luokituksessa käytetyt kriteerit on esitetty taulukossa 13.

Taulukko 13. Pintavesien yleisen käyttökelpoisuuden luokittelussa käytetyt muuttujat ja niiden luokkarajat sisävesissä (Suomen ympäristökeskus 2006).

Muuttuja	Yksikkö	Erinomainen	Hyvä	Tyydyttävä	Välttävä	Huono
a-klorofylli	µg l^{-1}	< 4	< 10	< 20	20–50	> 50
Kokonaisfosfori	µg l^{-1}	< 12	< 30	< 50	50–100	> 100
Näkösyvyys	m	> 2,5	1–2,5	< 1	-	-
Sameus	FTU	< 1,5	> 1,5	-	-	-
Väriluku		< 50	50–100 < 200[1]	< 150	> 150	
Happipitoisuus päällysvedessä	%	80–100	80–110	70–120	40–150	vakavia happiongelmia
Alusveden hapettomuus	µg l^{-1}	ei	ei	satunnaista	esiintyy	yleistä
Hygienian indikaattori-bakteerit	kpl/100 ml	< 10	< 50	< 100	< 1 000	> 1 000
Petokalojen Hg-pitoisuus	mg kg^{-1}	-	-	-	-	> 1
As, Cr, Pb	µg l^{-1}	-	-	-	< 50	> 50
Hg	µg l^{-1}	-	-	-	< 2	> 2
Cd	µg l^{-1}	-	-	-	< 5	> 5
Kokonais-syanidi	µg l^{-1}	-	-	-	< 50	> 50
Levähaitat		ei	satunnaisesti	toistuvasti	yleisiä	runsaita
Kalojen makuvirheet		ei	ei	ei	yleisiä	yleisiä

1) luonnontilaisissa humusvesissä (µg l^{-1} = µg/l)

Järven kunnostus- tai hoitotoimenpiteitä on syytä harkita ainakin silloin, kun järvi kuuluu käyttökelpoisuusluokkaan "huono" tai jos on merkkejä siitä, että järven käyttökelpoisuus on muuttunut tai on vaarassa muuttua aikaisempaa huonompaan laatuluokkaan.

Järviluokituksia on tehty myös muiden tekijöiden, kuten vesikasvustojen tai pohjaeläimistön koostumuksen mukaan. Tietyt lajit menestyvät esimerkiksi vain karuissa, rehevissä tai humuspitoisissa vesissä. Toiset sietävät paremmin vähähappisuutta kuin toiset. Tietyntyyppisissä olosuhteissa viihtyvät lajit ilmentävät vesialueen tilaa.

6.2 Vesipuitedirektiivin mukainen laatuluokittelu

Vesipuitedirektiivin (VPD) (Euroopan parlamentin ja neuvoston direktiivi 2000/60/EY, annettu 23. lokakuuta 2000 yhteisön vesipolitiikan puitteista) perusteella kullekin vesistötyypille osoitetaan häiriintymätön vertailuvesistö tai johdetaan muulla tavoin vertailutila. Direktiivin liitteessä (I) on tarkasteltu pintavesimuodostumatyyppien ominaispiirteitä ja luonnontieteellisiä alueita.

VPD:tä sovellettaessa määritetään ensin erilaisten vesialueiden ekologinen tila kansallisesti määriteltyjen kriteerien perusteella. Maamme on jaettu kahdeksaan vesienhoitoalueeseen, joille on laadittu vesienhoitosuunnitelmat. Suunnitelmat uudistetaan määrävälein.

Vesien ekologinen tila määritellään vertailuvesistöihin nähden. Määrittelyssä käytetään direktiivin liitteessä (V) lueteltuja pakollisia biologisia muuttujia tai niihin vaikuttavia hydromorfologisia tai fysikaalis-kemiallisia tekijöitä. Direktiivin mukaan vesistön ekologinen tila voi olla erinomainen, hyvä, tyydyttävä, välttävä tai huono. Käytännön kannalta merkittävin rajanveto käydään hyvän ja tyydyttävän tilan välillä, koska tavoitteena on hyvä tila. Pintavesien ekologisen luokittelun perusteet ja toteuttaminen ensimmäisellä suunnittelukaudella kuvataan Suomen olosuhteisiin soveltaen ympäristöhallinnon ohjeissa (Vuori ym. 2009).

Ensimmäinen EU:n vesipolitiikan puitedirektiivin ja Suomen vesienhoitolain (1299/2004) edellyttämä pintavesien ekologisen ja kemiallisen tilan arviointi ja luokittelu valmistui vuonna 2008 vesienhoidon ensimmäistä suunnittelukautta (2010–2015) varten. Tämän luokittelujärjestelmän kriteerit julkaistiin Ympäristöhallinnon ohjeita -sarjassa (OH 3/2009), ja luokittelun tulokset on esitetty ympäristöhallinnon sivuilla (www.ymparisto.fi/vesienlaatu).

Vuonna 2012 Suomen ympäristökeskus (SYKE) julkaisi ohjeen: "Ohje pintavesien ekologisen ja kemiallisen tilan luokitteluun vuosille 2012–2013 – päivitetyt arviointiperusteet ja niiden soveltaminen". Pääasialliset muutokset ja uudistukset verrattuna ensimmäiseen suunnittelukauteen ovat:

A. Uudet muuttujat
- Järvissä käytetään kasviplanktonissa uutena muuttujana planktontrofiaindeksi (PTI).
- Järvissä käytetään vesikasvillisuuden lisäksi rantavyöhykkeen päällysleviä.
- Järvissä käytetään syvänteiden lisäksi rantavyöhykkeen pohjaeläimistöä.
- Järvisyvänteissä uusi syvännepohjaeläindeksi (PICM) korvaa BQI-indeksin.

B. Vertailuolojen tarkentaminen

C. Biologisten tekijöiden yhteismitallistaminen
D Tarkasteltava ajanjakso (entinen pääosin vuodet 2000–2007 ja uusi 2006–2012)
E. Haitalliset aineet ja ekologisen tilan luokittelu
F. Vesimuodostumakohtaisen tilaluokan määräytyminen biologisilla laatutekijöillä

Vesimuodostumien riskin luonnehdintaa on tarkennettu esittämällä viisiportainen ekologinen luokittelu ja kaksiportainen kemiallinen luokittelu. Tämä on tehty vesienhoitosuunnitelmien kokoamista varten. Koska erilaisten vesien eliöyhteisöt poikkeavat toisistaan, määritetään luokittelussa ensin vesialueen luontainen tyyppi (Vuori ym. 2006).

Luokittelun vaiheet ovat: 1) tyypittely, 2) tyyppikohtaisten vertailuolojen määrittely, 3) biologisten laatutekijöiden ja vedenlaadun tilaa kuvaavien muuttujien vertailuarvojen määrittely, 4) luokiteltavan pintaveden seurantatietojen kerääminen ja analysointi, 5) havaittujen poikkeamien määrittely (ekologinen laatusuhde, vedenlaadun poikkeamat ja ympäristölaatunormit), 6) biologisten laatutekijöiden yleisluokituksen sekä vedenlaadun yleistilan määrittely ja 7) ekologisen tilan yleisluokan määrittely heikomman yleistilan/-luokan (vedenlaatu >< biologisten tekijöiden tila) perusteella (taulukko 14).

Taulukko 14. Laatutekijät joille, järville ja merialueille (Suomen ympäristökeskus 2012).

Vertailuolot määritetty	Joet	Järvet	Merialue
Biologiset laatutekijät			
Kasviplankton	x	x	x
Vesikasvit	x	x	
Rakkoleväkasvuston esiintymisen alaraja			x
Päällyslevät	x	x	
Pohjaeläimet	x	x	x
Kalat	x	x	
Fysikaalis-kemialliset laatutekijät	x	x	x
Hydrologis-morfologiset laatutekijät	x	x	x
Pintavesien kemiallisen tilan luokittelu	x	x	x

Seuraavassa on esitetty lähinnä fysikaalis-kemiallisten laatutekijöiden eli vedenlaadun luokitusrajat, koska niitä on eri vesistöistä parhaiten saatavilla. Muut luokitusperusteet ja -rajat löytyvät Suomen ympäristökeskuksen (2012) julkaisusta.

6.2.1 Jokien tilan luokittelu

Jokien tilan luokittelussa joet on ryhmitelty yhdeksään tyyppiin (taulukko 15).

6.2.1.1 Jokien vedenlaatuluokittelu

Jokien vedenlaatuluokittelu perustuu kokonaisfosforin ja -typen pitoisuuksien keskiarvojen sekä, savimaiden jokityyppejä lukuun ottamatta, pH:n jaksominimien luokkarajoihin.

Taulukko 15. Jokien vedenlaadun luokittelurajat (E/Hy = erinomainen/hyvä, Hy/T = hyvä/tyydyttävä, T/V = tyydyttävä/välttävä, V/Hu = välttävä/huono). Vertailuoloilla tarkoitetaan vertailuvesistöissä vallitsevaa tilaa.

Tyyppi	Muuttuja	Kausi	Yksikkö	Vertailu-olot	Luokkarajat			
					E/Hy	Hy/T	T/V	V/Hu
St ja Est Suuret ja	kok. P	vuosi	µg/l	<20	20	40	60	90
erittäin suuret	kok. N	vuosi	µg/l	<450	450	900	1500	2500
turvemaiden joet	pH-minimi	vuosi		>5,7	5,7	5,5	5,0	4,8
Sk ja Esk Suuret ja erittäin	kok. P	vuosi	µg/l	<15	15	35	55	85
suuret	kok. N	vuosi	µg/l	<335	335	800	1 400	2 400
kangasmaiden joet	pH-minimi	vuosi		>5,8	5,8	5,6	5,1	4,9
Ssa Savimaiden joet	kok. P	vuosi	µg/l	<40	40	60	100	130
Kt Keskisuuret	kok. P	vuosi	µg/l	<20	20	40	60	90
turvemaiden joet	kok. N	vuosi	µg/l	<450	450	900	1 500	2 500
	pH-minimi	vuosi		>5,7	5,7	5,5	5,0	4,8
Kk Keskisuuret	kok. P	vuosi	µg/l	<15	15	35	55	85
kangasmaiden joet	kok. N	vuosi	µg/l	<335	335	800	1 400	2 400
	pH-minimi	vuosi		>5,8	5,8	5,6	5,1	4,9
Ksa Keskisuuret savimaiden joet	kok. P	vuosi	µg/l	<40	40	60	100	130
Pt Pienet	kok. P	vuosi	µg/l	<20	20	40	60	90
turvemaiden joet	kok. N	vuosi	µg/l	<450	450	900	1 500	2 500
	pH-minimi	vuosi		>5,6	5,6	5,4	5,0	4,8
Pk Pienet	kok. P	vuosi	µg/l	<15	15	35	55	85
kangasmaiden joet	kok. N	vuosi	µg/l	<335	335	800	1 400	2 400
	pH-minimi	vuosi		>5,8	5,8	5,6	5,1	4,9
Psa Pienet savimaiden joet	kok. P	vuosi	µg/l	<40	40	60	100	130

6.2.1.2 Jokien biologinen luokittelu

Biologisia muuttujia ovat päällyslevät, vesikasvit, pohjaeläimet ja kalat.

Jokien pohjaeläinperustainen luokittelu pohjautuu kolmeen eläimistön tilaa kuvaavaan luokittelumuuttujaan, jotka ovat:

- tyypille ominaisten taksonien lukumäärä
- tyypille ominaisten EPT-heimojen *(Ephemeroptera, Plecoptera, Trichoptera)* lukumäärä
- yhteisöjen samankaltaisuuden astetta kuvaavaan PMA-indeksi.

Luokittelu perustuu potkuhaavimenetelmällä (standardi SFS 5077) otettuihin koskien pohjaeläinnäytteisiin.

Jokien kalaperustainen luokittelu tehdään Riista- ja kalatalouden tutkimuslaitoksen (RKTL) kehittämällä kalaindeksillä (Vehanen ym. 2006). Indeksi pohjautuu viiteen ekologista tilaa kuvaavaan luokittelumuuttujaan: lohikalojen 0+ -ikäisten poikasten tiheyteen (kpl 100 m^2 kohden), särkikalojen *(Cyprinidae)* tiheyteen, lajilukumäärään, herkkien lajien osuuteen lajimäärästä sekä kestävien lajien osuuteen lajimäärästä. Luokittelu perustuu koskien sähkökalastusnäytteisiin. Yleisluokittelua varten eri jokityypeille on laskettu suuntaa antavat luokkarajat.

Lohen ja taimenen 0+ -ikäisten poikasten esiintyminen kertoo luontaisen lisääntymisen onnistumisesta alueella, koska kesänvanhoja poikasia käytetään harvoin istutuksissa. Luontainen lisääntyminen osoittaa joen hyvää rakenteellista tilaa ja veden korkeaa happipitoisuutta. Särkikalojen suuri osuus saaliissa kuvastaa erityisesti rehevöitymistä, mutta voi kuvastaa myös muita, esimerkiksi rakenteellisia (virrannopeus, vesisyvyys ym.) muutoksia.

Alhainen lajimäärä voi olla luontaista erityisesti pohjoisille oligotrofisille virtavesille, mutta muualla se yleensä viittaa joen tilassa tapahtuneisiin muutoksiin. Näitä voivat olla esimerkiksi rakenteelliset muutokset (esim. perkaus, vaellusesteet) tai mahdollisesti myrkkyvaikutukset. Myös suuret lajimäärät voivat erityisesti rehevöitymisen alkuvaiheessa olla merkkinä vesistön tilan heikkenemisestä. Lajimäärä lasketaan laskemalla yhteen sähkökalastusnäytteestä saadut lajit.

Ympäristömuutoksille herkät lajit, kuten lohikalat, ilmentävät yleisesti virtajaksojen hyvää rakenteellista tilaa ja myös vedenlaatua. Pohjakalat, kuten simput, ovat herkkiä kemiallisten aineiden kertymille. Myös nahkiainen on herkkä ympäristössä tapahtuville muutoksille, erityisesti happamoitumiselle. Herkkien lajien osuus lajilukumäärästä lasketaan jakamalla saaliksi saatujen herkkien lajien lajiluku kokonaislajiluvulla.

Ympäristömuutoksille kestäviksi (toleranteiksi) lajeiksi luokiteltiin esimerkiksi ruutana, joka kestää alhaisia happipitoisuuksia. Kestäviin lajeihin kuuluu myös "yleislajeja", kuten ahven ja särki. Kestävien lajien osuus lajimäärästä lasketaan jakamalla saaliksi saatujen toleranttien lajien lajiluku kokonaislajiluvulla (Vuori ym. 2009).

Jokien kalastoluokitteluun käytetään päivitettyä FiFI-indeksiä, jonka laskemiseen tarvittavat tiedot saadaan EN-standardin mukaisen sähkökoekalastuksen saaliista. FiFI-indeksi koostuu viidestä muuttujasta:

- kalalajien lukumäärä saaliissa
- ympäristömuutoksille herkkien ja
- niitä kestävien lajien osuudet
- lohikalojen kesänvanhojen poikasten tiheys ja
- särkikalaryhmän tiheys kalastetulla alueella

6.2.1.3 Jokien hydrologis-morfologinen luokittelu

Jokien hydrologis-morfologisten muutosten arviointi perustuu seuraaviin tekijöihin:

- patojen ja muiden rakenteiden aiheuttamat nousuesteet
  - allastuminen eli rakennettu putouskorkeus
  - rakennettu osuus (perkaukset, pengerrykset, uudet uomat, kuivat uomat ja uoman oikaisut) rantaviivan tai uoman pituudesta
  - virtaaman vuorokausivaihtelun suuruus suhteessa keskivirtaamaan normaalissa vesitilanteessa
  - muutos kevään suurimmassa virtaamassa luonnonmukaiseksi palautettuun tai luonnonmukaiseen virtaamaan verrattuna (Vuori ym. 2009).

6.2.2 Järvien luokittelu

Suomen järvien direktiivin mukaiseen tyypittelyyn on kehitetty aktiivisesti arviointimenetelmiä, ja niiden perusteella tehty tila-arvioita (Lepistö ym. 2003, Suomen ympäristökeskus 2006, Tammi ym. 2006). Järvityypit ja tyypittelyperusteet on esitetty taulukossa 16.

Taulukko 16. Suomalaisten järvien tyypittelyperusteet. A = pinta-ala, z = keskisyvyys (Suomen ympäristökeskus 2007).

Koodi	Nimi	Ominaisuudet
Vh	Keskikokoiset ja pienet vähähumuksiset järvet	A < 4,000 ha, väri < 30 mg Pt/l, z ≥ 3 m
Ph	Pienet humusjärvet	A < 500 ha, väri: 30–90 mg Pt/l, z ≥ 3 m
Kh	Keskikokoiset humusjärvet	A: 500–4 000 ha, väri: 30–90 mg Pt/l, z ≥ 3 m
SVh	Suuret vähähumuksiset järvet	A > 4 000 ha, väri < 30 mg Pt/l
Sh	Suuret humusjärvet	A > 4 000 ha, väri > 30 mg Pt/l
Rh	Runsashumuksiset järvet	väri > 90 mg Pt/l, z ≥ 3 m
MVh	Matalat vähähumuksiset järvet	väri < 30 mg Pt/l, z < 3 m
Mh	Matalat humusjärvet	väri 30–90 mg Pt/l, z < 3 m
MRh	Matalat runsashumuksiset järvet	väri > 90 mg Pt/l, z < 3 m
Lv	Hyvin lyhytviipymäiset järvet	Viipymä enintään noin 10 päivää
PoLa	Pohjois-Lapin järvet	(männyn) metsänrajan yläpuolella
Rr	Runsasravinteiset järvet	Valuma-alue luontaisesti runsasravinteinen
Rk	Runsaskalkkiset järvet	Suuri kalkkipitoisuus

Järvet luokitellaan järvityyppeihin aineiston saatavuudesta riippuen kasviplanktonin, vesikasvien, pohjaeläimistön, kalojen sekä fysikaalis-kemiallisten ja hydrologis-morfologisten tekijöiden perusteella (Vuori ym. 2009).

6.2.2.1 Järvien vedenlaatuluokittelu

Eri järvityyppien vedenlaadun luokkarajat ilmenevät taulukosta 17. Vedenlaatu on melko keskeinen luokitteluperuste. Tietoa vesistöjemme ominaisuuksista ja vedenlaadusta tarjoaa muun muassa ympäristö- ja paikkatietopalvelu OIVA/Hertta (http://wwwp2.ymparisto.fi/scripts/oiva.asp). Tietoa järvistä löytyy myös Järviwiki-sivustolta (http://www.jarviwiki.fi/wiki/Etusivu).

Taulukko 17. Eri järvityyppien vedenlaadun luokkarajat Suomessa. TotP = kokonaisfosfori, TotN = kokonaistyppi, (E/Hy = erinomainen/hyvä, Hy/T = hyvä/tyydyttävä, T/V = tyydyttävä/välttävä, V/Hu = välttävä/huono). Vertailuoloilla tarkoitetaan vertailuvesistöissä vallitsevaa tilaa.

Tyyppi	Muuttuja	Kausi		Vertailuolot	E/Hy	Hy/T	T/V	V/Hu
Vh Keskikokoiset ja pienet vähähumuksiset järvet	TotP (0-2m)	kasvukausi	µg/l	8	10	18	35	70
	TotN (0-2m)	VI–IX	µg/l	320	400	500	750	1 000
Ph Pienet humusjärvet	TotP (0-2m)	kasvukausi	µg/l	13	18	28	45	90
	TotN (0-2m)	VI–IX	µg/l	430	510	700	1 000	1 500
Kh Keskikokoiset humusjärvet	TotP (0-2m)	kasvukausi	µg/l	13	18	28	45	90
	TotN (0-2m)	VI–IX	µg/l	400	540	660	1 000	1 500
SVh Suuret vähähumuksiset järvet	TotP (0-2m)	kasvukausi	µg/l	8	10	18	35	70
	TotN (0-2m)	VI–IX	µg/l	350	400	500	700	900
Sh Suuret humusjärvet	TotP (0-2m)	kasvukausi	µg/l	12	15	25	40	80
	TotN (0-2m)	VI–IX	µg/l	400	460	600	900	1 300
Rh Runsashumuksiset järvet	TotP (0-2m)	kasvukausi	µg/l	22	30	45	65	120
	TotN (0-2m)	VI– IX	µg/l	520	590	750	1 100	1 800
MVh Matalat vähähumuksiset järvet	TotP (0-2m)	kasvukausi	µg/l	11	15	25	45	80
	TotN (0-2m)	VI-IX	µg/l	380	480	600	1 000	1 500
Mh Matalat humusjärvet	TotP (0-2m)	kasvukausi	µg/l	20	25	40	65	100
	TotN (0-2m)	VI-IX	µg/l	510	600	750	1 100	1 800
MRh Matalat runsashumuksiset järvet	TotP (0-2m)	kasvukausi	µg/l	20	30	45	60	75
	TotN (0-2m)	VI-IX	µg/l	510	580	800	1 000	1 200
Lv Hyvin lyhytviipymäiset järvet	TotP (0-2m)	kasvukausi	µg/l	12	25*	40*	70*	90*
	TotN (0-2m)	VI-IX	µg/l	360	450*	610*	900*	1 400*
PoLa Pohjois-Lapin järvet	TotP (0-2m)	kasvukausi	µg/l	5	9	12	15	20
	TotN (0-2m)	VI-IX	µg/l	170	190	300	400	600
Rr Runsasravinteiset järvet	TotP (0-2m)	kasvukausi	µg/l	30	40	55	75	120
	TotN (0-2m)	VI-IX	µg/l	670	780	930	1 200	1 800
Runsaskalkkiset järvet (Rk)	TotP (0-2m)	kasvukausi	µg/l	10	20	30	50	80
	TotN (0-2m)	VI-IX	µg/l	400	550	750	1 100	1 600

6.2.2.2 Järvien kasviplankton- ja vesikasviluokittelut

Järvien kasviplanktoniin perustuva luokittelu toteutetaan kolmen luokittelumuuttujan avulla:

- kasviplanktonin kokonaisbiomassa märkäpainona
- *a*-klorofyllipitoisuus ja
- apumuuttujana haitallisten sinilevien eli syanobakteerien prosenttiosuus kokonaisbiomassasta. Tämä sisältää vain kukintoja muodostavat ja mahdollisesti myrkylliset sinilevät.

Vesikasvi- eli makrofyyttiluokittelun kehittämisessä käytetty aineisto perustuu noin 770 järven, lammen tai järven osan vesikasvitutkimuksiin. Suomen ympäristökeskus on kehittänyt järvityypeittäin vertailuarvoja ja luokkarajoja seuraaville muuttujille:

- lajimäärä
- tyyppilajien määrä
- tyyppilajien suhteellinen osuus
- suhteellinen mallinkaltaisuus
- referenssi-indeksi.

6.2.2.3 Järvien pohjaeläinluokittelu

Järvien pohjaeläinten tilaluokittelussa käytetään toistaiseksi syvänteiden surviaissääskitoukkien esiintymiseen *(Chironomidae)* perustuvaa pohjanlaatuindeksiä (BQI, Benthic Quality Index) sekä pohjaeläinten lajiston koostumuksen ja runsaussuhteiden samankaltaisuutta kuvaavaa PMA-indeksiä. Suomen ympäristökeskus on kehittämässä myös litoraalipohjaeläimistöön perustuvaa luokittelua. Aineisto perustuu Ekman-noutimella syyskaudella otettuihin, standardin SFS 5076 mukaisiin näytteisiin.

6.2.2.4 Järvien kalastoluokittelu

Järvien kalastoluokitusmenetelmä on ELS4, jossa on neljä muuttujaa:

- painoyksikkösaalis g/verkko
- lukumääräyksikkösaalis kpl/verkko
- särkikalojen paino-osuus koekalastussaaliissa sekä
- herkkien indikaattorilajien esiintyminen.

Menetelmä mittaa vain rehevöitymisen vaikutusta järvien tilaan. Koekalastuksissa käytetään NORDIC-yleiskatsausverkkoja eri syvyysvyöhykkeiltä arvotuilla paikoilla. Säännöstelyjärvien kalastoluokitteluun on lisäksi kehitetty kivikkorantojen sähkökoekalastukseen perustuva menetelmä (Rask ym. 2014).

Kalaindeksin arvo on näiden viiden muuttujan keskiarvo. Ekologinen tila esitetään ekologisena laatusuhteena vertailualueiden ja vaikutusalueiden indeksiarvojen suhteella (Vehanen ym. 2010).

Biomassa-muuttujan arvot perustuvat standardinmukaisen verkkokoekalastuksen (sisävesillä Nordic- ja merialueella Coastal-verkot) kokonaisyksikkösaaliin painoon.

Yksilömäärä-muuttujan arvot perustuvat standardinmukaisen verkkokoekalastuksen kokonaisyksikkösaaliin lukumäärään.

Särkikalojen biomassaosuus-muuttujan arvot perustuvat särkikalojen (mutua lukuun ottamatta) osuuteen (%) standardinmukaisen verkkokoekalastuksen kokonaisyksikkösaaliin painosta. Muuttujan arvot kasvavat ihmistoiminnan vaikutuksesta.

Petomaisten ahvenkalojen biomassaosuus-muuttujan arvot perustuvat yli 15-senttisten ahventen ja kuhien osuuteen (%) kokonaisyksikkösaaliin painosta. Muuttujan arvot pienenevät ihmistoiminnan vaikutuksesta.

Indikaattorilajit-muuttujan arvot perustuvat kaikesta saatavilla olevasta kalayhteisöaineistosta tehtävään asiantuntija-arvioon. Indikaattorilajien esiintyminen tuottaa ELS-arvoja (vertailuarvo/havaittu arvo) seuraavasti (Vuori ym. 2009):

Erinomainen 0,8	Järvessä esiintyy luonnolliseen lisääntymiseen perustuva kanta jostakin (yhdestä) seuraavista lajeista: nieriä, siika, mutu, kivennuoliainen, härkäsimppu eikä kannoissa ole havaittavissa lisääntymishäiriöitä. Useamman lajin esiintyminen lisää pistemäärää. Kukin lisälaji antaa 0,05 pistettä lisää.
Hyvä 0,6	Järvessä esiintyy luonnolliseen lisääntymiseen perustuva kanta jostakin (yhdestä) seuraavista lajeista: made, taimen, muikku, harjus, kivisimppu, kirjoeväsimppu, kymmenpiikki, eikä kannoissa ole havaittavissa lisääntymishäiriöitä. Kukin lisälaji antaa 0,05 pistettä lisää. Alle 200 ha järvet: järvessä esiintyy luonnolliseen lisääntymiseen perustuva kanta ahvenesta ja/tai hauesta ja/tai särjestä eikä kannoissa ole havaittavissa lisääntymishäiriöitä.
Tyydyttävä 0,4	Järvessä esiintyy luonnolliseen lisääntymiseen perustuva kanta ahvenesta ja/tai hauesta ja/tai särjestä eikä kannoissa ole havaittavissa lisääntymishäiriöitä. Alle 200 ha järvet: em. määre antaa pistemääräksi 0,6.
Välttävä 0,6	Järvessä esiintyy luonnolliseen lisääntymiseen perustuva kanta ahvenesta ja/tai hauesta ja/tai särjestä. Populaatiorakenteen selviä muutoksia, vuosiluokkia puuttuu, pienikokoisten nuoruusvaiheiden osuus poikkeuksellisen alhainen.

6.2.3 Rannikkovesien tilan arviointi

Rannikkovesien ekologinen luokitus perustuu kasviplanktonin *a*-klorofylliin, rakkolevän esiintymisen alarajaan ja Suomen rannikkovesialueille kehitettyihin pohjaeläinindekseihin. Rannikkovesien ekologinen luokittelu noudattaa samoja periaatteita kuin sisävesien luokittelu. Veden laadusta tehdään kokonaisarvio, jossa yhdistetään kaikkien laatutekijöiden antama tieto veden tilasta. Mikäli kokonaisravinteet luokittuvat eri tavoin, painotetaan fosforituloksia. Luokituksessa käytetään apuna myös muita vedenlaatutietoja, esimerkiksi pohjanläheistä happipitoisuutta ja hapen kyllästysastetta.

Rannikkovesien ekologisessa luokittelussa käytetään makrofyyttien osalta rakkolevän *(Fucus vesiculosus)* esiintymistä ja yhtenäisen rakkolevävyöhykkeen kasvusyvyyttä.

Rannikon pehmeiden pohjien pohjaeläimistön tilaa kuvaamaan on kehitetty luokitteluindeksi, jonka olettamuksena on se, että lajiston monimuotoisuus pienenee ympäristöstressin kasvaessa. Indeksi on sovitettu Itämeren olosuhteisiin, ja se ottaa huomioon ympäristötekijöiden rajoittaman luonnostaankin alhaisen eläindiversiteetin samoin kuin syvyyden vaikutuksen lajikoostumukseen. Kehitetty luokitteluindeksi BBI (Brackish Water Benthic Index) perustuu kvantitatiivisiin pehmeiden pohjien pohjaeläinnäytteisiin, jotka otetaan yleensä Ekman- tai van Veen -näytteenottimilla.

Fysikaalis-kemiallisia tekijöitä käytetään tukemaan rannikkovesien ekologista luokitusta. Näkösyvyyden luokitus tukee hyvin rakkolevän esiintymisen alarajan luokitusta, mutta ei sovellu tukemaan *a*-klorofyllin luokitusta (taulukko 18). Tammi-maaliskuun kokonaisravinnepitoisuuksia käytetään ekologista luokittelua tukevina muuttujina, mutta itse luokittelu tehdään biologisten muuttujien perusteella.

Taulukko 18. Rannikkovesien vedenlaadun luokkarajat. Vertailuarvo tarkoittaa häiriintymättömän vertailuvesialueen tilaa.

Tyyppi	Muuttuja	Kausi		Vertailu-arvo	E/H y	Hy/T	T/V	V/H u
Ss Suomenlahden sisäsaaristo	TotP TotN Näkösyvyys	VII-VIII VII-VIII VII-VIII	µg/l µg/l m	16 260 5,4	20 305 4,5	24 350 3,5	30 440 2,3	48 570 1,1
Su Suomenlahden ulkosaaristo	TotP TotN Näkösyvyys	VII-VIII VII-VIII VII-VIII	µg/l µg/l m	13 240 6,7	16 280 5,5	20 325 4,4	26 400 2,8	40 520 1,3
Ls Lounainen saaristo	TotP TotN Näkösyvyys	kasvu- kausi VI–IX	µg/l µg/l m	15 225 5,5	19 270 4,5	23 325 3,6	32 430 2,3	52 575 1,1
Lv Lounainen välisaaristo	TotP (0-2m) TotN (0-2m)	VII-VIII VII-VIII VII-VIII	µg/l µg/l m	13 230 7,0	16 270 5,8	20 310 4,6	29 410 3,0	48 550 1,4
Lu Lounainen ulkosaaristo	TotP TotN Näkösyvyys	VII-VIII VII-VIII VII-VIII	µg/l µg/l m	12 215 8,9	15 250 7,3	18 290 5,8	28 390 3,8	45 530 1,8
Ses Selkämeren sisemmät rannikkovedet	TotP TotN Näkösyvyys	VII-VIII VII-VIII VII-VIII	µg/l µg/l m	13 230 7,0	16 270 5,3	20 315 3,3	26 380 2,4	39 490 1,4
Seu Selkämeren ulommat rannikkovedet	TotP TotN Näkösyvyys	VII-VIII VII-VIII VII-VIII	µg/l µg/l m	9 190 8,7	11 230 6,5	14 275 4,1	23 360 2,9	35 470 1,7
Ms Merenkurkun ulkosaaristo	TotP TotN Näkösyvyys	VII-VIII VII-VIII VII-VIII	µg/l µg/l m	11 240 4,8	14 280 3,6	17 325 2,3	22 410 1,6	33 550 1,0
Mu Merenkurkun ulkosaaristo	TotP TotN Näkösyvyys	VII-VIII VII-VIII VII-VIII	µg/l µg/l m	8,5 210 7,8	11 245 5,9	13 280 3,7	17 360 2,6	26 490 1,6
Ps Perämeren sisemmät rannikkovedet	TotP TotN Näkösyvyys	VII-VIII VII-VIII VII-VIII	µg/l µg/l m	9 260 5,1	11 305 3,8	14 340 2,4	18 370 1,7	27 420 1,0
Pu Perämeren ulommat rannikkovedet	TotP TotN Näkösyvyys	VII-VIII VII-VIII VII-VIII	µg/l µg/l m	7,5 225 6,9	9 270 5,2	11 315 3,3	15 350 2,3	20 400 1,4

Hydrologis-morfologiset tekijät tukevat ekologista luokitusta. Rannikkovesien hydrologis-morfologisen muuttuneisuuden arvioinnissa käytetään seuraavia tekijöitä (Vuori ym. 2006):

- muutetun / rakennetun rantaviivan osuus (esim. asutus, teollisuus ja satamatoiminnot)

rantaviivan kokonaispituudesta
- muutetun alueen pinta-ala (satama-alueet, ruoppaus- ja läjitysalueet, laiva- ja veneväylät)
- siltojen ja pengerteiden vaikutusalueen pinta-ala
- luontainen yhteys mereen / padotut merenlahdet.

6.2.4 Voimakkaasti muutettujen vesimuodostelmien arviointi

Vesistön nimeäminen voimakkaasti muutetuksi on vesienhoitoa koskevan lain (22 §) perusteella mahdollista seuraavien edellytysten vallitessa:

- Vesimuodostumaa on rakentamalla tai säännöstelemällä muutettu, ja siitä on seurannut vesiekosysteemin tilan huonontuminen.
- Hyvää ekologista tilaa ei voida saavuttaa aiheuttamatta merkittäviä haitallisia vaikutuksia vesistön tärkeille käyttötavoitteille (esim. tulvasuojelu, vesivoimatuotanto, virkistyskäyttö)
- tai ympäristön tilaan laajemmin.
- Vesistön rakentamisella saatua hyötyä ei voida saavuttaa muilla teknisesti ja taloudellisesti toteuttamiskelpoisilla, ympäristön kannalta merkittävästi paremmilla keinoilla.

Voimakkaasti muutetuissa vesimuodostumissa ei voida suoraan soveltaa luonnonvesien vertailuarvojen ja biologisten tekijöiden vasteiden perusteella määritettyjä luokittelukriteereitä. Voimakkaasti muutettujen vesimuodostumien tilan arvioinnissa on otettava huomioon seuraavat seikat:

- Voimakkaasti muutetuksi voidaan nimetä vain vesistö, jonka ekologinen tila on huonompi kuin hyvä. Jos esimerkiksi alustavasti voimakkaasti muutetuksi nimetyn vesimuodostuman tilan arvioidaan olevan hyvä, niin silloin nimeäminen voimakkaasti muutetuksi ei edellisen perusteella ole mahdollista.
- Ekologisen tilan arviointi tehdään ensimmäisellä suunnittelukaudella suuressa osassa vesimuodostumia vajavaisen biologisen aineiston perusteella.
- Luonnonvesien luokittelujärjestelmä ei riittävästi ota huomioon hydrologis-morfologisten paineiden vaikutusta. Kasvillisuus, pohjaeläimistö ja kalasto reagoivat hydrologis-morfologisiin muutoksiin yleensä vedenlaatua, kasviplanktonia ja piileviä voimakkaammin. Tämän takia voimakkaastikin säännöstellyt järvet voivat tällä järjestelmällä luokittua hyvään tilaan. Siksi niiden arvioissa on tarpeen ottaa huomioon paineiden suuruus. Lopullinen arviointi tapahtuu asiantuntijoiden kokonaisarvioinnin perusteella.
- Saavutettavissa olevan tilan luokittelu vaatii tapauskohtaista harkintaa, ja siinä otetaan huomioon sekä vesimuodostuman nykyinen tila että mahdollisuudet parantaa sitä.

Muutettujen vesien luokittelussa keskeinen kysymys on, kuinka paljon tilaa on mahdollista parantaa hydrologis-morfologisilla toimenpiteillä. Tämä on otettava huomioon luokittelussa, vaikka voimakkaasti muutetuissa vesissä ympäristötavoitteet hydrologis-morfologisille paineille herkemmille tekijöille ovatkin lievemmät kuin luonnonvesissä.
Vaikutusten suuruusluokkaa voidaan arvioida seuraavilla periaatteilla:

Vähäinen vaikutus: Jos muutokset laatutekijöiden arvoissa ovat alle 10 prosenttia, niin silloin vaikutukset ekologiseen tilaan voidaan arvioida vähäisiksi.

Melko suuri tai suuri vaikutus: Jos muutokset laatutekijöiden arvoissa ovat 10–40 prosenttia, niin silloin vaikutukset ekologiseen tilaan voidaan arvioida melko suuriksi tai suuriksi. Jos vain yhdessä tekijässä tapahtuu 20–40 prosentin muutos, niin silloin lopputulos riippuu siitä, noudatetaanko luokittelussa keskiarvoistamista (lopputulos on vähäinen vaikutus) vai heikoin lenkki -periaatetta (lopputulos on melko suuri vaikutus).

Erittäin suuri vaikutus: Jos muutokset laatutekijöiden arvoissa ovat yli 40 prosenttia, niin silloin vaikutukset ekologiseen tilaan voidaan arvioida erittäin suuriksi.

Mikäli toimenpiteistä yhdessä aiheutuu merkittävää haittaa vesistön käyttömuodoille, toimenpiteitä karsitaan siten, ettei yhteisvaikutus ylitä merkittävää haittaa. Jos toimenpiteitä joudutaan karsimaan, niin vähentäminen aloitetaan toimenpiteistä, joista syntyvät ekologiset hyödyt suhteessa käyttömuodoille aiheutuvaan haittaan ovat suhteessa pienimmät. Kolmannessa vaiheessa ekologisten yhteisvaikutusten perusteella vesistö määritetään johonkin seuraavista ryhmistä:

Ryhmä 1: HyMo-toimenpiteillä (hydrologis-morfologinen toimenpide) ei ole vaikutusta tai on vain vähäisiä ekologista tilaa parantavia vaikutuksia. Ryhmään kuuluvat vesimuodostumat, jotka ovat jo vähintään hyvässä saavutettavissa olevassa tilassa.

Ryhmä 2: HyMo-toimenpiteillä on melko suuria tai suuria ekologista tilaa parantavia vaikutuksia. Ryhmään kuuluvat vesimuodostumat, jotka eivät ehkä vielä ole hyvässä saavutettavissa olevassa tilassa.

Ryhmä 3: HyMo-toimenpiteillä on erittäin suuria ekologista tilaa parantavia vaikutuksia. Ryhmään kuuluvat vesimuodostumat eivät ole hyvässä saavutettavissa olevassa tilassa.

Lähtökohtana voimakkaasti muutettujen vesien luokittelussa on, että kasviplankton ja piilevät sekä vedenlaatu luokitellaan samalla tavalla kuin ei-muutetuissa vesissä. Näiden laskennallista luokitustulosta ei sovelleta sellaisenaan, vaan tilaluokan painoarvoa korjataan. Se tehdään arvioimalla, missä määrin kasvillisuuden, pohjaeläimistön ja kalaston tilaa on mahdollista parantaa kunnostustoimenpiteillä tai erilaisilla säännöstelykäytännöillä (Savolainen ym. 2006, Vuori ym. 2006).

7 Ravintoketjut erilaisissa vesistöissä

Seuraavassa kuvataan erityyppisissä vesistöissä esiintyvien ravintoketjujen yhteisiä piirteitä perinteisen rehevyysasteluokituksen pohjalta. Mitkä tekijät vaikuttavat ravintoketjuihin ja siten koko vesistön tai ainakin sen kalaston tilaan?

7.1 Matala kerrostumaton järvi

Matalalle, avovesiaikana lämpötilan suhteen kerrostumattomalle järvelle ovat tyypillisiä laajat kasvustoalueet, elleivät pohjien laatu ja veden sameus rajoita kasvustojen esiintymistä. Jos järvi on hyvin rehevä, saattavat eräät vesikasvit, kuten vesirutto, vesikuusi, vesisammal tai ärviät, valloittaa koko järven. Tämä johtaa siihen, että vedessä on talvisin runsaasti hajoavaa materiaalia, joka saattaa kuluttaa jään alla happivarannot loppuun.

Matalan järven tuotanto voi olla optimiolosuhteissa suuri, koska koko vesimassa saattaa olla tuottavaa kerrosta. Rehevöitynyt, matala ja runsaskasvinen järvi saattaa talvisin kärsiä hapen puutteesta ja jopa happikadosta runsaan orgaanisen aineen hajotustoiminnan takia.

Matalien, kerrostumattomien järvien ominaispiirteitä on esitetty taulukossa 19.

Taulukko 19. Kesällä yleensä kerrostumattomien matalien järvien ominaisuuksia järvityypeittäin.

	Oligotrofinen	Dystrofinen	Eutrofinen	Hypereutrofinen
Perustuotanto	Alhainen	Alhainen tai kohtalainen	Korkea	Hyvin korkea
Vesikasvustot	Lajistolta monipuolinen	Melko suppea lajisto	Ruovikot yleisiä	Ruovikot yleisiä
Kasviplankton	Niukka	Niukka	Runsas	Runsas, usein kukintoja
Eläinplankton	Runsas	Melko runsas	Niukka	Niukka
Pohjaeläimistö	Monipuolinen	Melko monipuolinen	Vähähappisuutta suosiva	Suppea lajisto
Kalasto	Monipuolinen lajisto	Ahvenvoittoinen	Särkikalavoittoinen	Särkikalavoittoinen
Veden väri	Kirkasvetinen	Ruskeavetinen	Sameavetinen	Hyvin sameavetinen
Happitilanne	Talvellakin hyvä	Talvellakin melko hyvä	Talvella hapenvajausta	Talvella happi saattaa loppua
Pohjien laatu	Terve, yleensä melko kova	Muta, pehmeä	Lieju ja savi, osin hapeton	Lieju, pehmeä, osin hapeton

7.2 Kerrostuva järvi

Lämpötilan mukaan kerrostuvaan järveen muodostuu avovesiaikanakin toisistaan erillään olevat päällysvesi- ja alusvesikerrokset. Järven muoto ja syvyyssuhteet vaikuttavat siihen, miten laaja alusvesikerros on alaltaan ja tilavuudeltaan verrattuna päällysveteen. Tuotanto tapahtuu päällysveden tuotantokerroksessa. Vedenlaatu ja valonläpäisevyys ratkaisevat kerroksen paksuuden.

Voimakas perustuotanto päällysvedessä tuottaa runsaasti levää, joka vajotessaan ja samalla hajotessaan saattaa aiheuttaa alusvedessä hapen kulumista, vajausta tai loppumista. Sen seurauksena sedimentistä saattaa purkautua ravinteita alusveteen. Sieltä ne siirtyvät diffuusion johdosta osittain ylempään vesikerrokseen. Viimeistään täyskierron aikana ravinteet sekoittuvat muuhun vesimassaan.

Myös kesällä pysyvästi kerrostuvan järven ominaispiirteitä on esitetty taulukossa 20.

Taulukko 20. Kesällä yleensä kerrostuvien järvien ominaisuuksia järvityypeittäin.

	Oligotrofinen	Dystrofinen	Eutrofinen	Hypereutrofinen
Perustuotanto	Alhainen	Alhainen tai kohtalainen	Korkea	Hyvin korkea
Vesikasvustot	Monipuolinen lajisto	Melko suppea lajisto	Ruovikot yleisiä matalilla rannoilla	Ruovikot yleisiä matalilla rannoilla
Kasviplankton	Niukka	Niukka	Runsas	Runsas, usein kukintoja
Eläinplankton	Runsas	Melko runsas	Niukka	Niukka
Pohjaeläimistö	Monipuolinen lajisto	Melko monipuolinen	Vähähappisuutta suosiva	Suppea lajisto
Kalasto	Monipuolinen lajisto	Ahvenvoittoinen	Särkikalat yleisiä	Särkikalat vallitsevia
Veden väri	Kirkasvetinen	Ruskeavetinen	Sameavetinen	Hyvin samea
Happi	Hyvä happitilanne alusvedessäkin	Syvänteissä saattaa olla hapen vajausta	Syvänteissä hapen vajausta	Syvänteissä hapen puute
Pohjien laatu	Terve, yleensä melko kova	Muta, pehmeä	Lieju, savi osin hapeton	Lieju, yleensä hapeton

7.3 Oligotrofinen järvi

Vähäravinteiset oligotrofiset järvet ovat tyypillisesti kirkasvetisiä, jolloin tuottava kerros on paksu. Usein planktonsyöjäkalat, kuten muikku ja siika, menestyvät näissä järvissä, ja lajien tuotanto voi olla huomattava. Oligotrofinenkin järvi saattaa muodostaa voimakkaita leväkukintoja, jos ravintoketjussa on häiriöitä ja muut olosuhteet ovat leville sopivat. Särkikalat eivät viihdy järvissä, joissa on alhainen pH-arvo eli vesi on hapanta. Myöskään rapu ei menesty happamissa järvissä.

7.4 Dystrofinen järvi

Dystrofiselle järvelle on tyypillistä veden ruskea väri, joka johtuu valuma-alueelta järveen kulkeutuvista humusaineista. Humus on orgaanista, mutta hyvin hitaasti hajoavaa ainesta. Dystrofisen järven pH-arvo saattaa olla alhainen, yleensä alle 7, ja kalasto muita järviä niukkalajisempaa. Ahven menestyy myös näissä järvissä.

7.5 Eutrofinen järvi

Eutrofisessa eli rehevässä järvessä on runsaasti ravinteita, ja järven sisäinen kuormitus on merkittävä. Perustuotanto on suurta ja leväesiintymät yleisiä, ellei ravintoketju toimi tasapainoisesti. Jos planktonsyöjäkaloja ei ole liikaa ja eläinplankton pystyy laiduntamaan kasviplanktonia riittävästi, ei haitallisen runsaita levämääriä esiinny lainkaan tai vasta myöhään syksyllä, jolloin eläinplanktonia ei enää ole vesien jäähtymisen takia. Joka tapauksessa: mitä rehevämpi järvi, sitä yleisempiä ovat runsaat leväesiintymät.

Eutrofisen järven sisäisen kuormituksen aiheuttajana voi olla alusveden hapen puute ja siitä seuraava ravinteiden liukeneminen sedimentistä veteen, kalojen aiheuttama bioturbaatio tai matalilla alueilla myös resuspensio tuulten ja virtausten takia. Myös voimakas perustuotanto ja siitä johtuva nopea ravinteiden kierto ravintoketjussa aiheuttaa sisäistä kuormitusta, joka taas voimistaa perustuotantoa.

7.6 Hypereutrofinen järvi

Hypereutrofinen järvi kärsii yleensä hapen puutteesta pitkinä talvina, ja alusvedessä happi käy vähiin myös kesäisin. Järvellä on erittäin voimakas perustuotanto ja levähaitat ovat yleisiä. Myös vesikasvillisuus saattaa olla runsasta ja jopa koko järven kattavaa. Kalalajisto saattaa olla köyhä ajoittaisten happivajausten takia. Särkikalat ovat yleensä vallitsevia.

7.7 Matalien järvien kaksi tasapainotilaa

Matalat järvet voivat asettua joko kirkasvetiseen tai sameavetiseen tasapainotilaan ilman, että ravinnepitoisuus muuttuu (Scheffer ym. 2007). Tästä ovat poikkeuksena ravinneköyhät, oligotrofiset vesistöt ja toisaalta hypereutrofiset, ylirehevät vesistöt. Erittäin ravinneköyhien järvien tasapainotila on aina kirkasvetinen ja hypereutrofisten järvien samea (Scheffer ym. 1983).

Kasvillisuudella on tärkeä osa tasapainotilan määräytymisessä. Kun matalan järven koko pohjan peittää uposlehtinen kasvillisuus, järvi pysyy kirkasvetisessä tasapainotilassa. Schefferin mukaan kasvillisuus vähentää aaltojen aiheuttamaa resuspensiota. Kasvillisuus myös suojaa eläinplanktonia planktonsyöjäkalojen predaatiolta. Kun suurempi osuus suurikokoisia eläinplanktoneita jää henkiin, ne pystyvät laiduntamalla pienentämään kasviplanktonin määrää ja vesistö pysyy kirkkaana.

Pohjan kasvit ja kasviplankton myös kilpailevat samoista ravinteista. Jos pohjan kasvillisuus on runsasta, se kuluttaa kasvaessaan paljon ravinteita ja kasviplanktonille jää vähemmän, mikä hillitsee kasviplanktonpopulaation kasvua. Pohjan kasvit saattavat myös erittää aineita, jotka ovat kasviplanktonille haitallisia.

Jos pohjan kasvit puuttuvat tai ainoastaan pieni osa pohjasta on kasvillisuuden peitossa, kasviplanktonilla ovat käytössään kaikki vapaan veden ravinteet. Eläinplanktonilla ei ole suojapaikkoja ja se joutuu planktonsyöjäkalojen saaliiksi. Paljas pohja on myös altis aaltojen vaikutukselle. Resuspension vuoksi sedimentin ravinteet palaavat kiertoon.

Kahden tasapainotilan teorian mukaan tasapainotilan voi muuttaa kahdella tavalla: Toisaalta voidaan voimakkaasti pienentää planktonsyöjäkalojen populaatiota ja mahdollistaa eläinplanktonin voimakas laiduntamisvaikutus kasviplanktoniin. Kun tätä muutostilaa ylläpidetään niin kauan, että vesistö kirkastuu, uposkasvit saavat riittävästi valoa ja mahdollisuuden pohjan peittämiseen. Vesistö siirtyy kirkasvetiseen tasapainotilaan (Scheffer ym. 1983).

Toinen mahdollisuus muuttaa tasapainotilaa on vesistön syvyyden pienentäminen niin, että valo tunkeutuu pohjaan asti. Kun valaistus on riittävä, pohjakasvillisuus leviää koko pohjan alueelle.

Näitä kumpaakin tapaa on Schefferin mukaan mahdollista käyttää myös järven kunnostuksessa. Planktonsyöjäkalojen kantojen pienentäminen on useassa matalan järven kunnostuksessa johtanut samean järven muuttumiseen kirkasvetiseen tasapainotilaan. Jos poistettavana kalana on ollut lahna, suuri osa muutoksesta johtuu eläinplanktonkantojen voimistumisen lisäksi resuspension vähentymisestä. Tiheät lahnakannat tonkivat sedimenttejä, mikä aiheuttaa voimakasta samentumista ja ravinteiden liukenemista pohjasta.

Vedenpinnan keinotekoisen laskun vaikutusta matalan järven limnologiaan on tutkittu hyvin vähän, mutta Ruotsista on Schefferin mukaan havaintoja muutaman järven luonnollisista muutoksista. Krankesjön- ja Tåkern -järvissä tasapainotila on 40–50 vuoden aikana vaihtunut useamman kerran vedenkorkeuden muutoksen seurauksena ilman, että ravinnepitoisuus olisi oleellisesti muuttunut. Kun vesi on ollut matalalla, järvet ovat muuttuneet kirkasvetisiksi ja pohjat ovat peittyneet kasvillisuudella. Veden syvyyden taas kasvaessa pohjan kasvillisuus on kuihtunut ja vesistö on muuttunut sameaksi (Andersson ym. 1990).

Toisessa ruotsalaisessa esimerkissä matalan, alle 2 metriä syvän Tämnaren-järven vedenpintaa nostettiin puoli metriä rakentamalla pato. Pohjakasvillisuuden peittoaste laski 80 prosentista 14 prosenttiin. Vesistö oli aikaisemmin ollut kirkasvetinen, mutta pohjakasvillisuuden tuhoutumisen jälkeen aaltojen aiheuttama resuspensio ja kasviplanktonin lisääntyminen samensivat veden (Wallsten & Forsgren 1989).

Vesistön muuttaminen sameasta tasapainotilasta kirkkaan veden tilaan on lähes mahdotonta pelkästään ravinteita vähentämällä. Matalissa järvissä on kumpikin tasapainotila mahdollinen erittäin laajalla ravinteiden vaihteluvälillä. Muutoksen käynnistämiseen ei riitä pelkkä ravinnetason lasku (Scheffer ym. 1983).

Kukaan tuskin pystyy hallitsemaan vesistöjen ravintoverkkoja täydellisesti. Niihin vaikuttaa niin monta tekijää, kuten edellä on kuvattu. Ymmärrys vesien hydrologiasta, kemiasta ja biologiasta kuitenkin auttaa löytämään oikeat ratkaisut vesien kunnostamiseksi.

Elinympäristö määrää esimerkiksi kalalajien menestymismahdollisuudet, mutta on tärkeää ottaa huomioon myös lajien vuorovaikutukset. Tämä usein unohdetaan. Yhteen kalakantaan vaikuttaminen saattaakin muuttaa kalayhteisön tasapainoa, eli vaikutukset heijastuvat myös muihin lajeihin ja jopa koko ravintoketjuun.

Ravintoketjukunnostus on vesieliöstöön kohdistuvia toimia, joilla pyritään parantamaan lähinnä rehevöityneiden vesistöjen vedenlaatua. Ravintoketjukunnostuksella tarkoitetaan yleensä hoitokalastusta (biomanipulaatiota), jolla vaikutetaan kohdevesistön kalakantoihin ja sitä kautta ravintoverkkoon. Tavoitteena on parantaa vesistön tilaa ja muuttaa särkikalavaltaistunutta kalastoa sekä sitä kautta hillitä sisäistä kuormitusta. Kunnostus voi kohdistua myös kalavesien tai -kantojen hoitoon.

Laajasti ottaen kaikki vesistöjen kunnostustoimet vaikuttavat myös vesieliöstöön. Siksi tässä kuvataan hoitokalastuksen lisäksi lyhyesti myös muita kunnostusmenetelmiä, joilla vaikutetaan ainakin välillisesti ravintoverkkoihin.

8.1 Ulkoiseen kuormitukseen vaikuttaminen

Yleensä kunnostuksella pyritään siihen, ettei vesistöön kohdistuva ulkoinen kuormitus ylittäisi vesialueen sietokykyä. Liian korkea ulkoinen ravinnekuormitus, esimerkiksi jos fosforia tulee vesialueelle 0,5–1 g m^{-2} a^{-1} (Benndorf 1987), saattaa rajoittaa ravintoketjukunnostuksen mahdollisuuksia. Tämä johtuu osittain siitä, että särkikalat suosivat rehevöitymistä. Siksi onkin tärkeää, että ulkoinen ravinnekuormitus pyritään saattamaan tasolle, jonka vesialue kykenee vastaanottamaan. Toisaalta kyky vastaanottaa kuormitusta riippuu järven ravintoverkosta. Ravintoverkko saattaa hyvin toimiessaan pystyä ottamaan vastaan suuremman ulkoisen kuormituksen kuin se pystyy, jos ravintoketjuissa on häiriöitä.

Perustuotannon taso riippuu paljolti ravinnepitoisuuksista (P ja N). Ulkoisen kuormituksen tason ja järvien sietokyvyn suhdetta voidaan tarkastella muuan muassa Vollenweiderin (1976) kriittisen kuormitustason laskentakaavalla tai Lake Load Respond (LLR) -mallilla. Nämä mallit perustuvat lukuisiin järvistä tehtyihin kuormituksen ja rehevyystason määrityksiin. Näistä malleista kerrotaan lisää luvussa 10.

Toisaalta ulkoisen kuormituksen voimakaskaan vähentäminen ei välttämättä tai ainakaan kovin nopeasti johda järven rehevyystason laskuun. Tähän vaikuttavat sedimenttiin varastoituneet ravinteet, sisäinen kuormitus ja vallitseva ravintoverkko. Muutos parempaan tapahtuu hitaasti, ja aikaa voi kulua jopa 10–15 vuotta tai enemmän. Rehevöitymisen myötä syntynyt runsas särkikalasto ei aina vähene itsestään, vaan se voi osaltaan pitää yllä voimakasta sisäistä kuormitusta ja sen kautta korkeaa rehevyystasoa hyvinkin pitkään.

8.2 Sisäisen kuormituksen hillitseminen

Kuten edellä todettiin, ravintoketjukunnostus perustuu osaltaan siihen, että ylitiheä särkikalasto lisää toiminnallaan järven kokonaisfosforipitoisuutta. Lappalaisen & Matinveden (1990) mukaan tämä kuormituslisäys voi olla kesäkuukausina 0,003–0,05 g fosforia/kalakilo/vuorokausi. Talvella kuorma voi olla vain noin 10 prosenttia kesäisestä kuormasta. Kalabiomassan suuruutena Lappalainen käytti arviossaan rehevän esimerkkijärven biomassaa 150 kg ha^{-1}. Kalojen aiheuttama kuormitus johtuu niiden tuottamista ulosteista ja eritteistä sekä pohjilta bioturbaation kautta veteen siirtyvistä ravinteista.

Kun Köyliönjärven särkien fosforipäästöjä arvioitiin bioenergisellä mallilla, todettiin päästöjen riippuvan kalojen iästä: Kokonaisfosforipäästö (uloste ja erite) oli biomassaa kohti korkein 0+ -vuotiailla, 0,36–0,54 mg P g^{-1} d^{-1}. Keskimääräinen päästö 1+ -vuotiailla oli 0,16 mg P g^{-1} d^{-1} ja 2+ -vuotiailla 0,07 mg P g^{-1} d^{-1} (Tarvainen 2007). Siten kaloilla on merkittävä vaikutus järven sisäiseen kuormitukseen, pienillä kaloilla suhteessa biomassaan suurempi kuin isoilla. Useissa tapauksissa siihen voidaan vaikuttaa kalakantoja säätelemällä.

8.3 Selvitys vesialueen tilasta ja kalastuksesta

Ennen hoitokalastukseen ryhtymistä on syytä selvittää vesialueen tila ja kalakanta, jotta tiedetään, mitkä kunnostus- ja hoitotoimet ovat tarpeen ja mitkä ovat mahdollisia. Parhaiten tämä onnistuu tekemällä vesialueelle kunnostus- ja hoitosuunnitelma. Siinä tulisi selvittää vesialueelle kohdistuva ulkoinen ja sisäinen kuormitus, vedenlaatu, pohjien tila, vesikasvillisuus, kalasto ja alueen käyttökelpoisuus. Suunnitelma tulee tehdä useammalle vuodelle, esimerkiksi 5–10 vuodeksi, mutta sitä on tarkistettava aina tilanteen kehittymisen mukaan. Kunnostussuunnitelman sisältörungon malli on esitetty liitteessä 3.

Suunnitelman sisältö voi olla esimerkiksi seuraava:

Järvien perustiedot ja nykytilan tarkastelu: Tarkastellaan hydromorfologia, valuma-alueet, ulkoinen ja sisäinen kuormitus, vedenlaatu, järvien ekologia, kalasto ja kalastus, istutukset sekä toteutetut kunnostustoimet ja niiden tulokset.

Kunnostussuunnitelman laatiminen: Tarkastellaan tilanteeseen soveltuvat kunnostustoimenpiteet ja tehdään vesialuekohtaiset suositukset, esimerkiksi kunnostusmenetelmät, aikataulut, kustannusarviot, rahoituslähteet ja toteutusmahdollisuudet. Kalastusalueelle hyväksytty alueen käyttö- ja hoitosuunnitelma tulee ottaa huomioon. Paikallinen "hiljainen tieto" on myös tärkeää. Kunnostustoimenpiteille tarvitaan ainakin vesialueen omistajan hyväksyntä ja lupa. Myös vesilain mukainen vesilupa tai ympäristönsuojelulain mukainen ympäristölupa saatetaan tarvita.

8.3.1 Kalastuksen säätely

Vesistöjen särkikalavaltaistuminen johtuu paitsi rehevöitymisestä, myös valikoivasta kalastuksesta. On tavallista, että kalastus kohdistuu pääasiassa petokaloihin ja niistäkin usein liian nuoriin yksilöihin. Petokalojen menestymistä voidaan lisätä erilaisin pyyntirajoituksin. Sellaisia ovat rauhoitukset, alamittasäädökset ja pyyntirajoitukset, kuten verkon silmäkoon suurentaminen.

8.3.2 Kalakantojen vahvistaminen

Luontaisten kalakantojen vahvistaminen paikallisia tarpeita vastaavaksi tulisi aina olla ensisijainen toimenpide. Kalojen istuttaminen on aina riski, ja siksi sitä vaihtoehtoa tulisi käyttää harkitusti. Taudit, loiset ja vesistöön sopimattomat geeniperimät voivat aiheuttaa pysyviäkin vahinkoja. Aina istutukset eivät myöskään kannata taloudellisesti.

Hoitokalastuksilla pyritään välillisesti vahvistamaan petokalakantoja ja, ellei luontaista lisääntymistä ole riittävästi, kantoja vahvistetaan lisäksi kutu- ja lisääntymisalueita kunnostamalla sekä myös istutuksin. Reheviin vesiin istutetaan usein kuhia, jos niiden luontainen lisääntyminen ei ole riittävää. Kuha sopiikin harventamaan avovesialueilla oleskelevia särkikaloja ja kuoreita. Hauki taas sopii harventamaan litoraalialueiden kalastoa. Vähemmän rehevillä vesialueilla saattaa myös taimen sopia istutuskalaksi. Vaellussiikakin saattaa joissakin tapauksissa kilpailla menestyksellisesti särkikalojen kanssa elintilasta, ja siten se voi parantaa järven kalastuksen arvoa (Kari Kinnunen, suullinen tieto).

Istutettava kalakanta on pyrittävä hankkimaan siitä vesistöstä, johon istutus on tarkoitus tehdä. Silloin istukkaat ovat perimänsä puolesta kyseiseen vesistöön sopeutuneita. Istutuksia parempi vaihtoehto on kannan kasvattaminen luontaisia lisääntymis- ja kasvumahdollisuuksia parantamalla. Jos siihen on mahdollisuus, sitä tapaa kannattaa käyttää.

8.3.3 Hoitokalastus ja sen tarpeen selvittäminen

Onnistuessaan hoitokalastuksella on monia myönteisiä vaikutuksia: se vähentää särkikalojen osuutta kalastossa, lisää kasviplanktonia syövien eläinplanktonien tiheyttä, vähentää leväkukintoja, vähentää pohjaeläimiä syövien kalojen aiheuttamaa kiintoaineen ja ravinteiden siirtymistä sedimentistä veteen sekä parantaa kalastuksen kannalta arvokkaampien kalalajien elinolosuhteita ja kasvua.

Hoitokalastuksen avulla voidaan elvyttää esimerkiksi taantuneita ahven-, muikku- ja siikakantoja, koska niiden ravinnonsaanti paranee särkikalojen vähenemisen johdosta. Hitaasti kasvavia ylitiheitä ahvenkantoja harventamalla saadaan ahvenyksilöt kasvamaan suuremmiksi. Ylipäänsä kalaston laji- ja kokojakautumat voivat monipuolistua. Vaikutukset sisäiseen kuormitukseen, ravintoverkkoihin ja ravintoketjuihin vähentävät leväesiintymiä, lisäävät näkösyvyyttä ja samalla lisäävät vesialueen käyttökelpoisuutta. Rinnalle tarvitaan usein myös muita kalakantojen hoitotoimia, kuten lisääntymisolosuhteiden parantamista, kalastuksen säätelyä sekä kalojen ja rapujen istutuksia.

Myös isot särjet saattavat olla hyödyksi estäessään uusien runsaiden särkikalaikäluokkien muodostumista. Tämä havainto perustuu pitkään hoitokalastuksia tehneen iktyonomi Kari Kinnusen kokemuksiin. Särjen vaikutusta kalastoon ei ole tässä mielessä juuri tutkittu tieteellisesti. Särjen tiedetään syövän kalanpoikasia, mutta sen vaikutus kalakantoihin vaatisi lisää tutkimusta. Joka tapauksessa särki syrjäyttää rehevissä vesissä muita lajeja. Särjen vähentäminen taas saattaa johtaa muiden särkikalojen, kuten lahnan, määrän kasvuun. Kinnunen onkin omissa hoitokalastuksissaan pyrkinyt säästämään osan isoista särjistä, ja yleensä näin hoidetuissa järvissä on vältytty pahoilta levähaitoilta.

Kun tiedostetaan tarve ryhtyä kunnostamaan vesialuetta hoitokalastuksella, tarvitaan taustaksi riittävät tiedot kalaston koostumuksesta ja määrästä. Lisäksi on syytä selvittää järven rehevyysaste ja ulkoisen kuormituksen määrä suhteessa järven sietoon. Vaellusyhteydet muihin vesistöihin voivat vaikuttaa kalastoon.

8.3.3.1 Rehevöitymisaste

Kalabiomassoja ja hoitokalastuksen saalistavoitteita on arvioitu epäsuorasti muun muassa kokonaisfosforipitoisuuksien (TP) perusteella. Jeppesenin & Sammalkorven (2002) mukaan biomassan ja fosforipitoisuuden suhde on seuraava:

Kalojen kokonaisbiomassa $y = 9{,}42\ TP^{0{,}62}$ jossa

y = kalabiomassa kg ha^{-1}

TP = kokonaisfosfori µg l^{-1} tai mg m^{-3}

Plankton- ja pohjaeläinsyöjäkalojen biomassa $y = 1{,}46\ TP^{0{,}93}$

Tämän mukaan: jos kokonaisfosforipitoisuus on luokkaa 100 µg l^{-1}, kalojen kokonaisbiomassa (y) olisi 163 kg ha^{-1} ja plankton- ja pohjaeläinsyöjäkalojen biomassa 106 kg ha^{-1}. Vastaavasti, jos kokonaisfosforipitoisuus on 50 µg l^{-1}, ovat vastaavat arvot 107 ja 56 kg ha^{-1}. Tämä on tilanne, jos kalabiomassaa ei ole pienennetty tehopyynnillä.

Edellä kuvatut yhtälöt biomassojen määrittämiseksi ovat yleensä vain suuntaa antavia. Hajonta saattaa eri järvillä olla huomattava. Hoitokalastuksen saalistavoitteen tulee kuitenkin olla riittävä, jotta kalaston lajisuhteet korjaantuvat – mutta ei liian suuri, jotta vältytään haitallisilta jälkiseurauksilta.

Vesialueen rehevyysasteen ja hoitokalastustarpeen määrittelyyn on myös käytetty Nordic-koeverkkojen yksikkösaaliita (g/verkko, kpl/verkko). Lähtökohtana on oletus, että mitä suurempi on saalis ja/tai särkikalojen osuus, sitä rehevämpi on vesialue ja sitä korkeampi sen kalabiomassa. Yhteys on tutkimusten mukaan tämänsuuntainen, mutta vaihtelu eri vesialueiden välillä on suurta. Aina tehokaskaan hoitokalastus ei näy yksikkösaaliiden pienenemisenä, mikä johtuu esimerkiksi siitä, että pyydettyjen kalojen tilalle on tullut runsaita nuoria ikäluokkia.

8.3.3.2 Kalaston koostumuksen selvittäminen

Kalaston koostumusta voidaan tutkia eri menetelmin. Luotettavin menetelmä on selvittää tärkeimpien lajien eri ikäluokkien runsaus populaatioanalyysin (VPA) avulla. Siihen tarvitaan useita vuosia aikaa. Menetelmä onkin käytännön tarpeisiin yleensä liian kallis.

Populaatioanalyysiä on käytetty esimerkiksi Tuusulanjärven särki- ja lahnakantojen määrittämiseen (kuva 33).

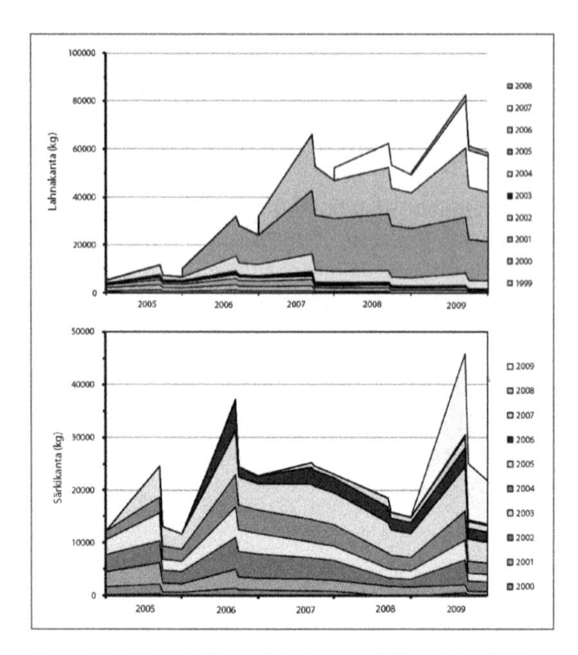

Kuva 33. Tuusulanjärven lahnakannan (yläkuva) ja särkikannan (alakuva) eri vuosiluokkien biomassan kehitys vuosina 2005–2009 populaatioanalyysin tuloksena (Malinen ym. 2011).

EU:n vesipuitedirektiivin mukaisessa kalastoluokittelussa käytetään yleensä sisävesillä Nordic-koeverkkoja ja meren rannikolla Coastal-koeverkkoja. Menetelmä ei välttämättä sellaisenaan sovellu kovin hyvin hoitokalastustarpeen määrittämiseen, mutta jos järven kalastoa ei ole lainkaan tutkittu, koeverkkokalastuksella saadaan karkea yleiskuva järven kalakannoista.

Hoitokalastusmenetelmistä nuotta, kurenuotta ja isorysä antavat hyviä viitteitä kalaston koostumuksesta, kun rinnalle lisätään kaikuluotaimella tehdyt kalaparvien ja -tiheyksien tarkastelut. Koska hoitokalastus kohdistuu yleensä vain tiettyjen kalalajien pyyntiin, pitäisi koekalastusluonteinen pyynti toteuttaa erillään varsinaisesta hoitopyynnistä (esim. Savola 2001).

Lähes kaikissa edellä kuvatuissa menetelmissä jää kasvillisuusalueen kalasto osin määrittämättä. Tietoa ei aina saada myöskään sulkasääsken *(Chaoborus flavicans)* toukkien runsaudesta, jolla myös on joissain tapauksissa ollut vaikutusta ravintoketjuun. Runsailla vesikasvustoalueilla saattaa olla suurikin merkitys, koska kasvustojen suojassa viihtyvät monet kalat ja kalanpoikaset ainakin osan ajastaan.

8.3.3.2.1 Koeverkkopyynti

Nordic-koeverkkokalastus ei kuitenkaan aina anna riittävän oikeaa kuvaa kalaston rakenteesta. Esimerkiksi hauen ja lahnan osuudet kalastossa saattavat jäädä selvästi aliarvioiksi. Myös parvikalat, kuten kuore, muikku ja salakka, saattavat olla koekalastussaaliissa aliedustettuina. Näitä puutteita voidaan osin yrittää paikata korjauskertoimilla. Myös biomassa-arvoissa, eli pyydysyksikkösaaliiden suhteessa todellisiin biomassoihin, saattaa olla niin suurta hajontaa, että koekalastustulosten pohjalta tehdään vääriä johtopäätöksiä järven kalaston määrästä ja rakenteesta. Hoitokalastukset on syytä aloittaa varovasti, jotta kuva kohteen kalaston rakenteesta ehtii tarkentua.

8.3.3.2.2 Koeluontoinen hoitokalastus

Jos hoitokalastuskokeiluja tehdään nuottapyydyksillä, kuten hoitopyyntinuotalla tai kurenuotalla, saadaan samalla otoksia järven kalastosta avovesialueilla, kunhan saaliiden rakenne selvitetään riittävän tarkasti. Jos järvi ei sovellu nuottaukseen, voidaan pyynnissä käyttää tiheäsilmäisiä isorysiä. Niiden saalis on valikoituneempaa, mutta se kuvastaa ehkä paremmin myös niiden lajien osuutta, jotka ovat ajoittain vesikasvustojen joukossa, tulevathan ne sieltä ajoittain ruokailemaan avoveteen.

Eräillä järvillä kalastoa onkin selvitetty kalastamalla hoitokalastusnuotalla ja -rysillä alku- ja loppukesästä. Saaliiden otantanäytteistä on selvitetty eri lajien kappale- ja painomäärät ja niiden suhteet sekä tärkeimpien lajien pituusjakaumat.

Nuotta- ja rysäsaaliit antavat yleensä toisistaan jonkin verran poikkeavia saaliita, sillä toisia lajeja on helpompi pyytää nuotalla ja toisia rysillä. Menetelmässä on kuitenkin se etu, että kalaston rakennetta voidaan selvittää osin samaan aikaan, kun toteutetaan itse hoitokalastusta. Näin säästetään kustannuksista. Kalastoa arvioitaessa pitää kuitenkin ottaa huomioon, että varsinaisessa hoitokalastuksessa pyritään pyynnin ajoituksella ja sijoittelulla tavoittelemaan juuri tiettyjä kaloja tai kalaparvia.

Varsinkin nuotta- ja kurenuottapyynnillä tehtävät koekalastukset on syytä tehdä loppukesällä ja syksyllä, mieluummin yöaikaan, kun kalat ovat mahdollisimman hajallaan. Kun nuotattu ala tiedetään, voidaan saalismääristä päätellä kalabiomassojen ja -tiheyksien määriä (kg ha^{-1} ja kpl ha^{-1}), kuitenkin vain nuottaan jäävien kokoluokkien osalta.

Jos järven arvellaan olevan hoitokalastuksen tarpeessa, kalastus on hyvä aloittaa koepyynnillä tai hoitokalastamalla varovasti esimerkiksi nuotalla ja/tai muutamalla isorysällä. Jokaisesta nuottauksen ja rysien päiväsaaliista otetaan edustavat saalisnäytteet, jotka lajitellaan, lasketaan ja punnitaan lajeittain. Tärkeimmistä lajeista tehdään myös pituusmittaukset kokojakaumien selvittämiseksi. Malli saalisnäytteiden kirjaamiseen tarvittavasta kenttäkortista on esitetty liitteenä 4. Mallia voi muunnella tarpeen mukaan.

Saalisnäytteet suhteutetaan päiväsaalisiin. Nämä tiedot yhdistämällä saadaan tietoa vuosisaaliiden lajikohtaisesta koostumuksesta (kpl ja kg tai kpl ha^{-1} ja kg ha^{-1}), nuottauksessa myös kappale- ja kilomääristä vetoaluehehtaaria kohti, keskipainoista (g kpl^{-1}) sekä tärkeimpien lajien vallitsevista kokoluokista

Lisäksi tulee kirjata takaisin järveen laskettujen arvokalojen lukumäärät lajeittain ja kokoluokittain. Näin voidaan seurata pois päästettyjen kalojen lukumäärien kehitystä vuosittain esimerkiksi pyydysyksikköä kohti. Saalisnäyte voidaan ottaa ylös nostetusta hoitokalastussaaliista, jolloin otetaan erikseen huomioon takaisin lasketut kalat. Näytteen voi ottaa myös siitä saaliista, josta ei vielä ole päästetty kaloja takaisin järveen. Tärkeintä on, että näyte edustaa saalista hyvin.

8.3.3.2.3 Kalaparvien kaikuluotaus

Kaikuluotauksella voidaan kartoittaa avovesialueen ja myös jääpeitteen alla olevia kalaparvia. Sen perusteella voidaan arvioida kalaston määriä ja pyydystettävyyttä. Kalastotutkimuksissa tarvitaan rinnalla usein muuta kalastusta lajien ja kokoluokkien määrittämiseksi. Siihen sopivat trooli, kurenuotta tai nuotta.

Avovesiaikana voidaan käyttää pystykaikuluotausta ja myös viistoluotausta ja horisontaalista luotausta (Setälä ym. 2012). Talvella kyseeseen tulee lähinnä avannosta tehtävä horisontaalinen luotaus, jolla suuret kalaparvet voidaan havaita muutaman sadan metrin etäisyydeltä.

Luotaustulosten tulkitseminen vaatii harjaantumista ja kokemusta. On tunnettava luotainten sopivuus tarkoitukseen, hallittava tehoarvojen säätäminen sekä lajien tunnistaminen kalaparvien muodon ja sijainnin perusteella. On myös osattava arvioida parvien suuruutta. Tottunut luotaaja pystyy tekemään havaintoja, jos veneen nopeus on 10–20 kilometriä tunnissa. Tarvittaessa voidaan käyttää myös kaikukuvan rekisteröivää ja sijainnin GPS:n avulla määrittävää luotainta. Joidenkin lajien kalaparvilla on taipumus keräytyä vuodesta toiseen samoille alueille (Kari Kinnunen, suullinen tieto).

8.3.3.3 Muut selvitystarpeet ja -menetelmät

Kalastoselvitysten rinnalla on syytä selvittää, millaista kalastusta, kuinka tehokkaasti ja millä pyydyksillä järvellä on harjoitettu. Myös eri lajien vuosisaaliista tarvitaan tietoa. Selvittäminen onnistuu parhaiten kalastustiedustelulla, joka lupien perusteella kohdistetaan järvellä kalastaneille. Lisäksi aktiivisimmat kalastajat voivat pitää kalastuspäiväkirjaa, joka antaa tietoja normaalin pyynnin yksikkösaaliista ja niiden vaihteluista. Tosin kalastaja lakkaa pyytämästä, jos saalis käy liian vähiin.

Myös järveen tehdyt vuosittaiset kalojen ja rapujen istutukset on syytä selvittää vähintään kymmenen viimeisen vuoden ajalta.

Kalaston koostumusta ja määrää voidaan selvittää myös esimerkiksi merkintä- ja takaisinpyyntiä ja kalojen värjäysmenetelmää käyttäen. Menetelmä on kuitenkin melko suuritöinen.

Koekalastuksen petokalaindeksi eli F/C-suhde kertoo, kuinka paljon petokaloja on suhteessa niiden ravintokaloihin. Suhde antaa karkean kuvan järven kalakannasta. Mikäli suhde on yli 7, petokaloja on selvästi liian vähän, jotta ne harventaisivat pikkukaloja kyllin tehokkaasti. Mikäli arvo on 2–7, petokalojen määrä on hyvissä olosuhteissa riittävä. Jos suhde on alle 2, voi petokaloja olla jopa liikaa. Petokalaindeksi ei kuitenkaan ota huomioon petokalojen ja niiden ravintokohteiden sopivuutta toisilleen. Mikäli petokalat ja ravintokohteet ovat järven eri osa-alueilla tai ravinto on petokaloille väärän kokoista, niin hyväkään F/C-suhde ei tuo toivottua lopputulosta – luontaisesti tasapainoista kalakantaa (Savola 2011).

9 Kalojen käyttäytyminen ja ravintoketjukunnostus

Hoitokalastusta toteuttavien henkilöiden on hyvä perehtyä pyynnin ja hoidon kohteena olevien kalojen peruskäyttäytymiseen eri vesistöissä ja eri vuodenaikoina. Hoitokalastuksissa pyynnin kohteina ovat usein särki, salakka, lahna, pasuri ja toisinaan sulkava sekä ahven ja kiiski. Särkikalavaltaistuneiden vesialueiden ravintoketjuihin voivat lisäksi vaikuttaa muikku, siika, kuha, hauki ja myös muut lajit.

Kalojen käyttäytymiseen vaikuttavat lähinnä ravinnon saanti, puolustautuminen ja lisääntyminen. Muut kalat, ravintoeläimet, valaistus, päivän pituus ja lämpötila ovat tärkeimpiä käyttäytymiseen liittyviä tekijöitä. Kaloilla on runsaasti myös vaistomaista käyttäytymistä.

Kalojen käyttäytyminen on lajikohtaista, mutta lajit voivat sopeutua erilaisiin ympäristöihin, myös käyttäytymiseltään. Esimerkiksi taimen on sopeutunut elämään puroissa, joissa, järvissä ja murtovesialueilla. Parhaita erilaisiin ympäristöolosuhteisiin sopeutujia ovat ahven ja särki, joista ahven sietää myös happamia olosuhteita, särki ei.

Vapaan veden ja ulapan eläinplanktonia syövät aikuisinakin muun muassa ahven, kuore, salakka, sulkava ja särki. Tyypillisiä pohjien tonkijoita taas ovat useat särkikalat, moniruokaisen särjen lisäksi esimerkiksi lahna, pasuri ja ruutana. Jotkut särkikalat, kuten sorva ja särki, voivat olla myös merkittäviä kasviaineksen syöjiä. Särki saattaa syödä jopa sinilevää.

Lahna onkin runsastunut rehevöitymisen myötä monissa järvissä sekä Saaristomerellä että Suomenlahdella, jossa sitä on nykyisin myös ulkosaaristossa. Monissa Etelä-Suomen voimakkaasti rehevöityneissä järvissä tiheä ja huonokasvuinen lahnakanta ylläpitää osaltaan rehevöitymistä. Särjen ohella lahna onkin veden laadun parantamiseen tähtäävän hoitokalastuksen tärkeimpiä kohdelajeja. Myös pasuri on lisääntynyt vesien rehevöitymisen myötä niin sisävesissä kuin Itämeren rannikkovesissä aina ulkosaaristoon saakka.

Petokalat vaikuttavat vedenlaatuun välillisesti, ja pääasiassa se tapahtuu särkikalojen saalistuksen kautta. Hauki on tyypillinen rantavyöhykkeellä väijyvä saalistaja, kun taas kuha ja ahven ovat enemmän ulappavesien saalistajia.

9.1 Nuoruusvaihe ja aikuiset kalat

Lämpötila mädin kehitysaikana ja sen jälkeen usein määrää sen, syntyykö runsaita vai heikkoja vuosiluokkia. Kun poikasen ruskuaispussin ravinto on käytetty, saatavilla pitää olla poikasille sopivaa ravintoa. Poikasten kehittyminen riippuu rantavesien lämpötilasta. Useat kalat viettävät nuoruusvaiheen järvissä kasvustojen suojassa. Varttuessaan ne siirtyvät enemmän myös avoveteen, ainakin siinä tapauksessa, että ravinto on avovesialueilla.

9.1.1 Särki

Särki kutee kasvillisuusalueilla toukokuun alun ja kesäkuun alun väillä, veden lämmettyä 10-asteiseksi. Ne kutevat järvien rantavesissä ja merenlahdissa tai nousevat kudulle jokiin ja puroihin. Kudun jälkeen särjet ovat nälkäisiä, ja ne saattavat syödä jopa omaa mätiään, ehkä poikasiaankin.

Vastakuoriutuneet poikaset pysyttelevät matalissa rantavesissä oleskellen parvina, joihin voi kuulua myös ahvenia, etsien sopivaa ravintoa. Särjenpoikaset, jotka ensimmäisenä kesänä kasvavat noin 4–6-senttisiksi, siirtyvät syvempiin vesiin vasta syksyllä, kun vedet ovat viilenneet. Hoitokalastuksissa särjen 0+ -vuotiaita poikasia saadaan jonkin verran syksyn pyynnissä, mutta sillä ei liene vielä merkitystä tulevan vuosiluokan kokoon.

Jatkossa särkien kasvu riippuu ravintotilanteesta ja -kilpailusta. Kun sopivaa ravintoa on runsaasti saatavissa, 5-vuotiaat särjet voivat olla jo 20-senttisiä, mutta huonoissa ravinto-oloissa ne kasvavat samana aikana vain 10-senttisiksi. Samankin vesistön särjet voivat kasvaa eri nopeudella. Särki kelpaa ravinnoksi hauelle, kuhalle, ahvenelle ja ankeriaalle.

Rehevöityneissä vesissä särkien osuus biomassasta ja lukumäärästä saattaa nousta reilusti yli puoleen. Valtaosa kalastosta saattaa olla särkiä. Silloin särkien osuutta kalakannasta on syytä pyrkiä vähentämään.

9.1.2 Salakka

Salakka kutee matalassa vedessä kovalle pohjalle, kutu tapahtuu parvissa kesä-heinäkuun aikana useassa jaksossa. Vastakuoriutuneet 6-millimetrin mittaiset poikaset kasvavat jo ensimmäisenä vuonna 3–6-senttisiksi. Jatkossa kasvu hidastuu ja on 1–1,5 senttiä vuodessa. Tavallisesti salakat ovat 10–15-senttisiä. Salakka on melko lyhytikäinen. Se on tyypillinen planktonsyöjä ja parvikala. Salakan ravintoa ovat vesikirput, hankajalkaiset, muut planktoneliöt ja veden pinnalle putoavat hyönteiset.

Salakka on valoa rakastava pintaparvikala. Se karttaa sameaa vettä ja tiheää kasvillisuutta. Talven se pysyttelee syvemmällä kuin muut särkikalat. Salakka on kuhan, ahvenen ja järvitaimenen tärkeä ravintokala.

Rehevöityneissä vesissä salakka saattaa syrjäyttää särjen ravintokilpailussa. Näin voi käydä esimerkiksi särkien tehokkaan poistopyynnin seurauksena. Toisinaan salakoiden osuus kalastosta voi olla särkiä suurempi, ne voivat muodostaa huomattavan osuuden kalaston biomassasta ja kappalemäärästä.

9.1.3 Lahna

Lahna on pitkäikäinen ja suhteellisen hidaskasvuinen laji. Lahnat tulevat sukukypsiksi yleensä vasta 7–11 vuoden ikäisinä, 30–34-senttisinä ja 250–900-grammaisina. Kutu alkaa, kun vesi on lämmennyt noin 12–15 asteeseen matalilla alle metrin syvyisillä kasvillisuusrannoilla. Vilkkainta kutu on 16–18-asteisessa vedessä. Monin paikoin kutu on jaksoittainen, ja se saattaa kestää useita viikkoja. Poikaset kerääntyvät pieniksi parviksi rantavyöhykkeelle ja alkavat syödä planktonia.

Lahnakannat ovat yleensä sitä tiheämmät, mitä rehevämmästä vesialueesta on kyse. Myös lahnojen keskikoko pienenee rehevöitymisen myötä. Poikasina lahnat syövät eläinplanktonia ja oleskelevat mielellään kasvustojen suojassa. Aikuisena lahnat oleilevat yleensä avopohjilla. Niiden pääravintoa ovat pohjalietteessä elävät nilviäiset ja hyönteistoukat, mutta muun ravinnon puutteessa myös suuremmat lahnat voivat joutua tyytymään osin eläinplanktoniin. Kasvunopeus vaihtelee suuresti vesistöstä toiseen. Rehevien vesistöjen tiheiden kantojen lahnayksilöt saattavat olla 15-vuotiaana ainoastaan puolikiloisia.

Paremmissa olosuhteissa kasvaneet lahnat saavuttavat samassa ajassa 1,5–2 kilon painon.

Talveksi lahnat hakeutuvat suppeille syvännealueille tiiviiksi, tuhatpäisiksi joukkioiksi. Silloin niitä voidaan poistokalastaa nuottaamalla jäältä.

9.1.4 Pasuri

Pasuri kutee kasvillisuusrannoilla toukokuun lopun ja heinäkuun alun välisenä aikana. Ensimmäisenä vuotena pasuri kasvaa yleensä 5–6 sentin pituiseksi. Sitten kasvu hidastuu, ja 10 sentin pituuden se saavuttaa 2–4 vuodessa, 20-senttiset pasurit ovat 7–11-vuotiaita. Pasurin ravintoa ovat pääasiassa pohjaeläimet, kuten simpukat, kotilot, äyriäiset, surviaissääsken toukat ja aikuiset hyönteiset, satunnaisesti myös planktoneläimet.

Pasuri viihtyy parhaiten rehevissä ja matalissa, kasvustoisissa järvissä. Talvella se siirtyy syvälle. Rehevöityneissä vesissä on tavallista, että huonokasvuinen lahna ja pasuri kilpailevat ravinnosta ja elävät rinnakkain, muodostaen kumpikin suunnilleen samansuuruisen osuuden kalakannasta.

9.1.5 Ahven

Ahven on levinneisyydeltään yleisin kalalajimme. Se kutee 7–8-asteisessa vedessä huhti-toukokuussa. Kutualueet sijaitsevat matalissa rantavesissä, joissa on paljon juuria, risuja ja havuja tai syvemmällä erityisesti kivikkopohjilla. Kun poikaset ovat käyttäneet ruskuaispussinsa, ne levittäytyvät pintavesikerrokseen syömään planktoneläimiä. Noin 15–20 millin pituisina ne hakeutuvat ranta-alueille muodostaen suuria parvia.

Vuoden ikäisinä ahvenet ovat 4–6 sentin ja kahden vuoden ikäisinä 8–12 sentin pituisia. Kasvu riippuu kannan koon ja ravintotilanteen suhteesta. Ahventen ravintoa ovat hyönteistoukat, katkat, äyriäiset, kalanpoikaset ja silloin tällöin mäti. Suuret, yli 15 sentin pituiset ahvenet syövät muun muassa pieniä särkiä ja salakoita.

Usein ylitiheiden ahvenkantojen ravintotilanne ja kasvu paranevat, kun vesistöstä poistetaan särkikaloja ja ehkä myös osa kitukasvuisista ahvenista. Toisinaan pieni ahven muodostaa valtaosan kalastosta ja aiheuttaa järvessä leväesiintymiä, koska se harventaa tehokkaasti eläinplanktonia. Tällöin ahvenkannan pienentäminen hoitokalastamalla voi olla helppo keino parantaa järven tilaa.

9.1.6 Kiiski

Kiiski elää jokien alajuoksuilla ja järvissä avopohjilla, kesällä se nousee pieniinkin vesistöihin. Kiiski on pohjakala. Se liikkuu päivällä syöden sääsken toukkia ja muita hyönteisiä, katkoja, pieniä hernesimpukoita, kalanmätiä ja poikasia. Yöt se on paikallaan pohjassa. Kutuaikana huhti-toukokuussa kiisket hakeutuvat parviksi. Kutu tapahtuu matalassa 10–15-asteisessa vedessä. Mäti takertuu kiville ja kareille. Kudun jälkeen suuret kiiskiparvet voivat vaeltaa jokiin ja palata vasta syksyllä.

Myös kiisket voivat muodostaa rehevöityneillä järvillä huomattavan vahvoja kantoja, joita saattaa olla tarvetta pienentää hoitokalastuksen yhteydessä.

9.2 Suojautuminen vihollisilta

Kalojen suojautumiskeinoja vihollisilta, kuten petokaloilta, linnuilta ja kaloja syöviltä eläimiltä, ovat ympäristöön sopeutuva väritys eli naamioituminen, esiintyminen parvissa ja hakeutuminen piiloon esimerkiksi kasvustojen joukkoon. Kalaparvet saattavat paeta uhkaavaa saalistajaa sulloutumalla jokiin tai järven lahtiin tiheiksi parviksi.

Tyypillisiä parvikaloja ovat salakka ja muikku. Myös särki ja lahna sekä ahven ja kiiski saattavat ajoittain olla parvissa. Särki muodostaa usein syksyn lähetessä ja syksyllä suuriakin parvia väliveteen. Sieltä niitä on varsin helppo kalastaa nuottaamalla, kun parvet on ensin kaikuluotaamalla paikallistettu. Lahna siirtyy talveksi syvännealueille, jos happitilanne sen sallii. Ne saattavat olla siellä melko tiheästi ja helposti nuotattavissa, vaikka ne eivät muodostakaan varsinaisia parvia.

9.3 Kalojen vaellukset

Lajityypilliset kalojen vaellukset johtuvat yleensä joko kutualueille siirtymisestä tai ravinnon hausta. Kutuvaellukset ovat siirtymistä lajien tyypillisille kutualueille. Syönnösvaellukset taas riippuvat kalojen koosta ja saatavissa olevasta ravinnosta.

Joskus kalat, esimerkiksi särki, saattavat vaeltaa tiheinä parvina pieneenkin jokeen tai puroon, mistä niitä voi pyytää esimerkiksi lipolla suuria määriä. Joukkovaelluksen syynä voi olla kutualueelle siirtyminen tai pakeneminen pois huonontuneista olosuhteista. Tunnettuja esimerkkitapauksia ovat Rokuanjärvi Pohjois-Suomessa ja Loppijärvi Etelä-Suomessa. Näistä järvistä on toisinaan vaeltanut pois hyvinkin runsaita särkiparvia.

Toisinaan särkikalat vaeltavat joukoittain Rokuanjärvestä alas Neittävänjokeen Rokuanojan kautta, mutta eivät välttämättä joka vuosi. Syksyllä 1999, syyskuun viimeisinä päivinä, kalat olivat jälleen liikkeessä. Särkiparvet ahtautuivat Rokuanojaan noin 50 metrin matkalle ja 3–4 metrin leveydelle niin tiheään, että eivät päässeet enää liikkumaan. Osa kaloista joutui tungoksessa rannalle ja menehtyi. Varmaa syytä särkien käyttäytymiseen ei tiedetä. Särkien syksyinen tukkeutuminen on tunnettu ilmiö muualtakin kuin Rokuanojan varrelta. Kalojen elintapoihin liittyvät syksyiset toiminnat ja lintuparvien voimakas kalastus voivat olla syinä joukkovaelluksiin. Koskelot ajavat kaloja rintamassa, jolloin kalat joutuvat pakokauhun valtaan ja pakenevat sinne, mistä piilon löytävät. Rokuanjärvestä kalat eivät ympäristöllisistä syistä joudu pakenemaan, sillä syksyn mittaan ilmojen jäähtyessä järven happitilanne yleensä paranee (Metsähallitus 2006).

Kalat oleskelevat yleensä siellä, missä niille on ravintoa. Eläinplanktonia syövät kalat liikkuvat muun muassa vesikirppujen ja hankajalkaisten perässä.

Talvisin kalojen sijainnin määräävät ravinnon sijasta veden lämpötila ja riittävä happipitoisuus. Kuhat pakkautuvat mielellään tiheiksi parviksi syvänteisiin, ja myös lahnat siirtyvät syvännealueille. Ahvenet ja monet muutkin lajit välttävät pintakerroksen alle

1,5-asteista vettä. Kaloilla ja kalanpoikasilla tulee olla syksyllä riittävä ravintovarasto ja niiden tulee olla siittävän isoja, jotta ne selviävät syömättä talven yli.

Keväällä kalat usein hakeutuvat matalaan veteen, kun aurinko lämmittää veden, kasviplanktonin yhteyttäminen käynnistyy ja talvihorroksessa ollut eläinplanktonkin aktivoituu.

Kalat, jotka päivisin ovat vesikasvustojen suojassa, saattavat öisin lähteä avoveteen ravinnon hakuun. Myös päivällä parvissa esiintyvät kalat saattavat hajautua pimeän turvin. Sekä kasviplankton, eläinplankton että niiden perässä kalat saattavat siirtyä pystysuuntaisesti vuorokauden ajan ja valoisuuden mukaan.

Hoitokalastuksia tehtäessä on huomattu, että jos vesi on muuttunut esimerkiksi runsaiden sateiden takia hyvin sameaksi, särkikalat eivät parveudu samalla tavoin kuin kirkkaammassa vedessä. Yhtenä syynä saattaa olla ravinnon saatavuuden heikkeneminen samentumisen myötä. Myös lajitovereiden löytäminen saattaa vaikeutua.

Kaloilla saattaa olla suuriakin joukkovaelluksia vesistöstä toiseen, jos niillä siihen on mahdollisuus ja jos ravintotilanne sitä edellyttää.

Sulkasääsken toukat käyttäytyvät kuin planktonsyöjäkalat. Jos järvessä esiintyy runsaasti sulkasääsken toukkia, ne saattavat vaikuttaa eläinplanktonia syövien kalojen tavoin eläinplanktonien määriin ja sitä kautta ravintoketjuun.

9.4 Käyttäytyminen erilaisissa vesissä

Kalojen ravinnon valinta perustuu lajikohtaisesti paitsi näköön, myös haju-, maku-, tunto- ja kylkiviiva-aisteihin. Esimerkiksi hauki ja ahven hakevat syötävän pääasiassa näön, made ja kiiski taas tunto- ja hajuaistin avulla. Siten erilaiset vedet, kuten kirkkaat, humuspitoiset, rehevät, syvät tai matalat, kasvillisuusrikkaat tai -köyhät, tarjoavat menestymismahdollisuuksia eri lajeille. Menestyminen riippuu siitä, miten lajit ovat sopeutuneet vallitseviin olosuhteisiin lisääntymisen, ravinnonsaannin ja ravintokilpailun suhteen. Esimerkiksi useat särkikalat menestyvät monenlaisissa vesissä, mutta eivät kuitenkaan happamassa.

9.5 Kalojen ravinto ja sen saanti vaihtelevat

Poikasina kaikki kalamme syövät eläinplanktonia. Siirtyminen muuhun ravintoon tapahtuu yleensä 3–10-senttisenä. Kuitenkin eräät lajit, kuten muikku, salakka ja sulkava, pysyvät eläinplanktonin syöjinä koko ikänsä. Ravinnon koko yleensä kasvaa kalan koon suurentuessa. Näin on etenkin petokaloilla, kuten hauella ja kuhalla sekä kalaravintoon siirtyneellä isolla ahvenella.

Monet kalat syövät sellaista ravintoa, mitä ne helpoiten saavat ja mikä niille sopii. Kalaravintoa ja surviaissääsken toukkia on saatavissa läpi vuoden. Nilviäiset ovat keväällä suuria, ja pienet nilviäiset ilmaantuvat alkukesästä. Eläinplanktonia on runsaasti tuotantokauden aikana, mutta talvella vähän. Kalanmätiä on runsaimmin keväällä ja alkukesällä, samoin kuin vastakuoriutuneita kalanpoikasia.

9.6 Kalojen keskinäinen säätely ja siihen vaikuttaminen

Kalalajit vaikuttavat toistensa menestymiseen vesistössä. Petokalat, kuten hauki ja kuha tai iso ahven, syövät pienempiä kaloja ja joskus jopa oman lajinsa yksilöitä. Kalat säätelevät kantoja myös ravintokilpailun kautta. Särki on tehokas ravinnon käyttäjä ja saattaa rajoittaa esimerkiksi ahvenen ja muikun kantoja. Lahna, pasuri ja kiiski kilpailevat pohjaeläinravinnosta muiden lajien kanssa. Sopivissa olosuhteissa myös siika pystyy kilpailemaan ravinnosta särkien kanssa ja menestyy hyvin.

Jonkin verran väittelyä on käyty siitä, pystyvätkö vanhemmat särkiyksilöt tai -ikäluokat säätelemään nuorempaa kannanosaa esimerkiksi poikasia syömällä. Poikasten syönnistä on tehty havaintoja, ja sitä todettu myös akvaariokokeissa. Suomessa ei ole tutkittu särkien omaan lajiinsa kohdistaman predaation vaikutuksia, mutta jättämällä hoitokalastuksissa isot särjet pyytämättä on joillakin järvillä saatu vähennettyä esimerkiksi leväesiintymiä.

Kalaston keskinäinen ravintokilpailu ja siihen vaikuttaminen ovat keskeisiä ravintoketjukunnostuksen elementtejä. Ravintoketjukunnostusta voidaan tehdä valikoivalla eli tiettyihin lajeihin ja kokoluokkiin kohdistuvalla pyynnillä, toisin sanoen heikentämällä ei-toivottujen lajien kantoja ja vahvistamalla istutuksin tai muulla tavoin petokalojen tai muiden haluttujen lajien kantoja.

Tehokas kalastus vähentää kalojen määrää, mikä parantaa jäljelle jäävien yksilöiden ravinnonsaanti- ja kasvumahdollisuuksia. Isoiksi kasvavat pitkäikäiset kalat kestävät kalastusta huonosti, kun taas lyhytikäiset, nopeasti kasvavat ja nuorina lisääntyvät lajit kestävät melko kovaakin kalastuspainetta. Kokemukset särjistä, muikuista ja siioista osoittavat yhtäpitävästi, että kohtuullinen kalastus parantaa kalojen kasvua ja lisääntymistä lievittämällä lajinsisäistä kilpailua. Toisaalta, sekä ulkomaiset esimerkit että kotimaiset kokemukset vahvistavat, että elinkiertoon nähden liian tehokas kalastus on kalakannoille tuhoisaa. Tämä koskee etenkin kuhaa.

10 Laskentamallit vesistökunnostusten apuna

Vesistöihin liittyviä malleja on kehitetty lukuisia, ja ne käsittelevät muun muassa virtaamia, kuormitusta, kuormituksen sietoa ja vedenlaatua. Kun malli on kalibroitu ja saatu toimimaan asetettujen tavoitteiden mukaisesti, sillä voidaan arvioida ja simuloida erilaisia tilanteita. Vedenlaatumalli on yksinkertaistettu kuva todellisuudesta. Malleihin perehtymisen voi aloittaa vaikkapa julkaisulla "Yksinkertaiset vedenlaatumallit" (Granberg & Granberg 2006).

Seuraavassa eräitä malleihin liittyviä määritelmiä:

Vedenlaatumallilla tarkoitetaan mallia, jolla pyritään kuvaamaan vedenlaatua, esimerkiksi happi- tai fosforipitoisuutta, *a*-klorofyllin määrää ja kasviplanktonbiomassan määrää.

Vesiekologisella mallilla tarkoitetaan mallia, joka kuvaa vesistössä tapahtuvia fysikaalisia, kemiallisia ja biologisia prosesseja. Järveä tarkastellaan tällöin yhtenäisenä ekosysteeminä. Matemaattiset riippuvuudet ilmaistaan yleensä differentiaaliyhtälöiden avulla.

Tilastollisella vedenlaatumallilla tarkoitetaan mallia, jossa laajasta havaintoaineistosta on löydetty tilastollinen riippuvuus järvessä vaikuttavien tekijöiden, kuten järveen tulevan kuormituksen ja järvessä vallitsevan pitoisuuden välille. Tilastollisessa mallissa päädytään usein regressioyhtälöön, ja regressioanalyysiä käytetään yleensäkin tulosten käsittelyssä.

Seuraavassa on lyhyesti kuvattu eräiden mallien käyttötarkoituksia.

10.1 Virtaamamallit

Virtausmalleilla pyritään laskemaan virtausennusteita ja vaikutuksia vedenkorkeuksiin, esimerkiksi tulvariskien tai vesistösäännöstelyjen vaikutuksia.

Vedenkorkeuksien laskentaan uoman poikkileikkauksille voidaan käyttää yksiulotteista virtausmallia (1D) esimerkiksi HEC-RAS-virtausmalliohjelmalla. Monimutkaisempiin virtaustilanteisiin sopii paremmin kaksiulotteinen (2D) virtausmalli, jolla on parempi leviämisen mallinnus sekä virtausten nopeus ja suunta horisontaalisessa tasossa (x ja y). HEC-RAS malli on esitelty englanniksi Hydrologic Engineering Centerin kotisivuilla http://www.hec.usace.army.mil/software/hec-ras/ .

Hydrologinen SYKE-WSFS-malli (Watershed Simulation and Forecasting System) kattaa koko Suomen ja laskee päivittäin vesistöaluekarttojen 3. jakovaiheen tarkkuudella lumen, maankosteuden, pohjaveden, valumat, virtaamat ja vedenkorkeudet sekä joissa että järvissä. Malli laskee hydrologista kiertoa (kuva 34) yhden vuorokauden aika-askeleella. Lisätietoja: http://www.ymparisto.fi.

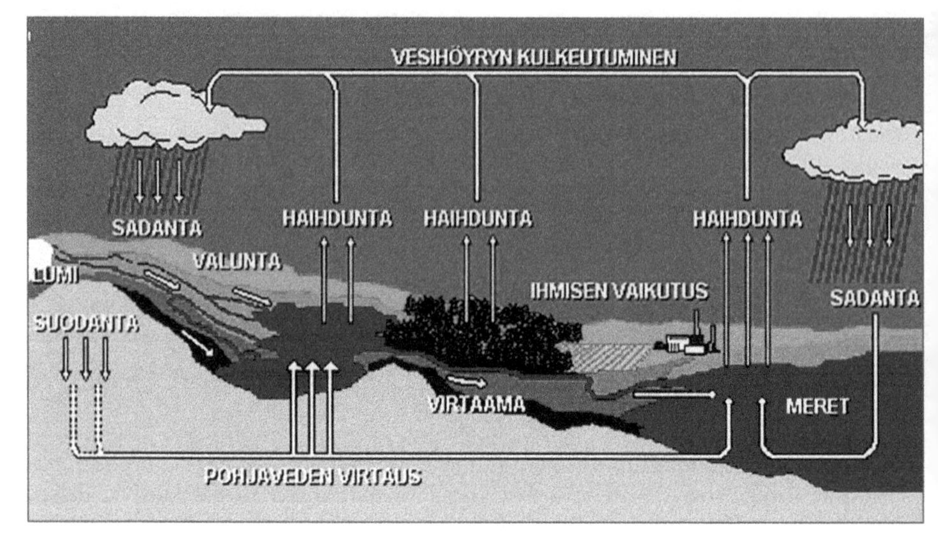

Kuva 34. Hydrologinen kierto.

10.2 Kuormituslaskentamallit

Eroosion ja ravinteiden huuhtoutumien arviointi tulevissa ilmasto-oloissa perustuu mallitarkasteluihin. Käytetyistä malleista COUP ja ICECREAM ovat peltolohkokohtaisia malleja ja INCA-N (Integrated Nutrients from Catchments – Nitrogen model) ja VIHMA valuma-aluemalleja.

VEMALA (Vesistömallijärjestelmä) simuloi hydrologian ja ravinnekuormituksen (N ja P) vaihtelua reaaliaikaisesti päivätasolla kaikilla Suomen jokivesistöalueilla. Malli laskee kuormituksen syntymisen maa-alueilla (pellot/muu alue), huomioi haja-asutuksen, pistekuormitukset, laskeuman ja turvetuotannon. Malli laskee kuormituksen etenemisen vesistössä: joet, järvet, sekoittuminen, sedimentoituminen, eroosio. Malli siis laskee kiintoaineen ja ravinteiden huuhtoutumista ja kulkeutumista.

INCA-N -typpimallin tavoitteena oli selvittää mallintamisen keinoin, 1) miten ilmastonmuutos vaikuttaa maatalousmaan typpihuuhtoumaan viljelytoimenpiteiden jatkuessa muuttumattomina ja 2) missä määrin peltomaan viherkesannointi vähentää valuma-alueen typpihuuhtoumaa nykyilmastossa sekä muuttuneissa ilmasto-oloissa neljän erilaisen ilmastoskenaarion perusteella.

Vesistöalueelle valuma-alueelta kohdistuvan kuormituksen laskentaan on kehitetty malleja, kuten VEPS- ja kehittyneempi VIHMA-kuormituslaskentamalli.

VEPS perustuu valuma-alueen erilaisille alueille, kuten asutukselle, metsille ja pelloille, ja niiden käyttömuodoille esitettyihin ominaiskuormituksiin.

VIHMA:lla (viljelyalueiden valumavesien hallintamalli) on tarkoitus simuloida nykyisten ja teoreettisten toimenpiteiden vaikutuksia kiintoaine- ja ravinnekuormitukseen Malli sisältää pellon ominaisuuksiin (maalaji, kaltevuus, P-luku) ja pellon käyttöön (viljelykasvi/muokkauskäytäntö) perustuvan luokittelujärjestelmän sekä peltoluokkien ominaiskuormitusaineiston.

10.3 Virtaama-vedenlaatumallit

Vedenlaatua tarkastelevissa ennusteissa on käytetty Yhdysvalloissa kehitettyä syvyyssuunnassa integroitua kaksiulotteista (2D) virtausmallia. Mallia on sovellettu vesistöjen virtausten ja vedenkorkeuksien laskentaan luonnontilaisissa ja säännöstellyissä vesistöissä, samoin kuin erilaisten vesistörakenteiden aiheuttamien vaikutusten laskentaan (esim. siltapilarit, padot, vedenotto ja -purku).

Kaksiulotteisuudesta johtuen malli soveltuu parhaiten alueille, joissa virtaus tapahtuu pinnasta pohjaan pääsääntöisesti samaan suuntaan. Vedenlaadun laskenta toteutetaan syvyyssuunnassa integroidulla mallilla RMA4, joka käyttää RMA2:lla laskettuja virtausnopeuksia. Mallilla voidaan laskea aineen kulkeutumista ja sekoittumista vesistössä syvyyssuuntaisena, pinnasta pohjaan tarkasteltavana keskipitoisuutena. Virtaus- ja vedenlaatumallien tulokset havainnollistetaan SMS-esikäsittelijällä ja -jälkikäsittelijällä aikasarjoina, alueellisina jakaumakuvina ja animaatioina.

Ympäristövaikutusten arviointikeskus YVA Oy:n 3D-virtausmalli on hydrostaattisiin Navier-Stokesin yhtälöihin perustuva barokliininen (korkea- ja matalapaineiden vuorottelu) vesialueille soveltuva malli (Koponen ym. 2008). Mallilla voidaan tarkastella esimerkiksi jätevesien leviämistä ja laimenemista purkupaikan ympäristössä, ruoppausten ja läjitysten kiintoainepitoisuuksia sekä öljylauttojen kulkeutumista öljyvahinkoalueilta. Mallia varten tarkastelualue jaetaan horisontaalisesti ja syvyyssuunnassa tietyn kokoisiin alueisiin, hiloihin, joille vaikutukset lasketaan. Vaikutukset ja niiden vaihtelut, esimerkiksi kiintoainepitoisuus, voidaan laskea myös tietyille pisteille.

3D-vesistömalleihin voi tutustua muun muassa julkaisussa Lohjanjärven vesistömallit (Inkala 2005), jossa on monipuolisesti esitelty ja sovellettu virtaus- ja vedenlaatumalleja.

10.4 Kuormituksen sieto

Vesialueen, esimerkiksi järven, kuormituksen sietoon on kehitetty lukuisia malleja, joista tunnetuin lienee Vollenweiderin (1976) laskentakaava fosforin sietokyvylle. Siinä lasketaan sekä sallittava että vaarallinen kuorma fosforia, grammaa neliömetriä kohti vuodessa ($g\ m^{-2}\ a^{-1}$).

LLR (Lake Load Respond) eli LakeState (LS) -malliin perustuvaa Lake Load Response (LLR) -työkalua voidaan käyttää tarvittavan kuormitusvähennyksen vaikutusten arvioimiseen. Tietoa voidaan hyödyntää vesialueella tehtävien hoitotoimenpiteiden mitoituksessa.

LLR:llä päästään parhaisiin ennustetuloksiin silloin, kun käytettävissä on mahdollisimman kattavat lähtötiedot järveen tulevasta kuormituksesta, luusuan virtaamasta sekä järven kokonaisfosfori-, kokonaistyppi- ja a-klorofyllipitoisuuksista. Tarkasteltavan järven tulisi myös olla tasapainotilassa eikä esimerkiksi erittäin sisäkuormitteinen. Malli käyttöohjeineen löytyy osoitteesta: http://lakestate.vyh.fi/cgi-bin/frontpage.cgi

Ekologisista malleista voidaan mainita esimerkkinä COHERENS-malli. COHERENS on tutkimusmalli, jota käytetään kolmiulotteiseen virtauslaskentaan ja ekologiseen mallintamiseen. Mallin on kehittänyt Belgiassa toimiva Management Unit for the Management of Mathematical Models for the North Sea (MUMM, Luyten ym. 1999).

Mallin perusominaisuuksia ovat:

- fysikaalinen malli, jossa on osamallit virtauksia, suolaisuutta ja lämpötilaa varten
- biologinen malli, joka mallintaa biologisten prosessien kiertoa
- sedimenttimalli, joka kuvaa suspendoituneen kiintoaineksen ja epäorgaanisen aineen vajoamista
- moduulit haitallisten aineiden kulkeutumista varten
- haitallisten aineiden vaikutus voidaan ratkaista joko pitoisuutena yhdessä pisteessä tai pistejoukon leviämisenä.

COHERENS-mallia voidaan soveltaa sekä suorakulmaisessa että pallokoordinaatistossa (latitudi, longitudi). Ajoja voidaan tehdä joko yhdessä tai kolmessa ulottuvuudessa. Mallista lisää: http://www.cost869.alterra.nl/Hungary/abs_Liukko.pdf.

11 Ravintoketjukunnostusmenetelmät

Kaikki sellainen vesistökunnostukseen tähtäävä toiminta, joka muuttaa vesistön ekologista tilaa, vaikuttaa myös ravintoverkkoihin ja -ketjuihin. Siten laajasti ottaen kaikki vesistökunnostus on myös ravintoverkkokunnostusta. Seuraavassa pääpaino on kuitenkin kalaston säätelyn avulla tehtävässä kunnostuksessa.

11.1.1 Hoitokalastusmenetelmät

11.1.1.1 Nuottapyynti

Nuotta on sopivissa olosuhteissa tehokkain pyydys suurtenkin kalamäärien talteenottoon. Tämä perustuu särkikalojen ajoittaiseen parveutumiseen. Pohjien pitää olla nuottaukseen sopivia, jotta nuotta ei takerru kiviin tai pojalla lojuviin esineisiin. Yleensä nuotta on tehokas pyydys silloin, kun kalat ovat parveutuneet. Nuotta voidaan helposti siirtää vesialueen eri osiin. Parhaat pyyntiajat ovat loppukesä ja syksy sekä talvi, jolloin kalat kerääntyvät suppealle alalle parviin.

Nuotan korkeus ja pituus voivat vaihdella kalastettavan vesistön mukaan. Korkeus voi olla esimerkiksi 5–12 metriä ja pituus 200–400 metriä. Hoitokalastusnuotan siulojen solmuväli on yleensä 8–10 millimetriä ja perän 5–8 milliä. Hyvän hoitokalastusnuotan tekeminen vaatii kokemusta ja osaamista. Nuotan pitää olla sellainen, etteivät kalat pääse karkaamaan esimerkiksi sen ala- tai yläpuolelta, mutta nuotta kulkee kuitenkin kevyesti pohjaa pitkin.

Nuottapyynti on vanha kalastustapa. Suomessa kalaparvien nuottauksen eli "hautapyynnin" kehitti hoitokalastukseen soveltuvaksi iktyonomi Kari Kinnunen 1980-luvulla. Hän käytti esimerkkinä liikkuvien nuottaporukoiden Lapissa aikanaan käyttämiä pyyntitapoja. Heillä oli Kinnusen mukaan kyky hyödyntää järvien kalastoa siten, että niiden jatkuva tuotto turvattiin. Pyydettyä kalaa kuivattiin merkittäviä määriä myös vientiin. Pyynnillä ja viennillä oli tuolloin huomattava merkitys Lapin taloudelle (Orava 1950, Kinnunen 1991).

11.1.1.2 Avovesinuottaus

Avovesinuottauksen kalustoon kuuluu nuotan ja vetoköysien lisäksi kahteen osaan jaettava nuottalautta, joka on varustettu perämoottorilla, kaikuluotaimella, kahdella polttomoottorikäyttöisellä vetolaitteella ja ankkureilla. Lisäksi tarvitaan erikoisvalmisteinen vene, johon mahtuu esimerkiksi 2–2,5 tonnia kalaa ja joka on varustettu perämoottorilla ja kaikuluotaimella.

Perinteiseen hoitokalastusnuottaukseen tarvitaan vähintään kaksi henkilöä. Aluksi sekä nuottalautta että kalastusvene etsivät luotaimilla kalaparvia ja sopivan nuottauspaikan, ollen yhteydessä toisiinsa puhelimitse. Sitten nuottala lasketaan nuotalautan puolikkaista esimerkiksi puolikaarelle saartaen kalaparven. Lautta ankkuroidaan parinsadan metrin päähän nuotan siuloista, minkä jälkeen nuottaa aletaan vetää vetolaitteilla hiljaa lauttaa kohti.

Kun nuotan siulat saavuttavat lautan, avustetaan nuotan sijoittamista lautalle lappamalla nuottaa alapaulasta lautalle sitä mukaa, kun nuotan perä lähestyy. Perän lähestyessä lauttaa kaloja voidaan estää karkaamasta pelottelemalla niitä esimerkiksi tarpomalla.

Kun perän alaosa saavuttaa lautan, se vedetään ylös ja jatketaan nuotan vetämistä kunnes nuotan perä saavuttaa lautan.

Saalis nostetaan haaveilla nuotasta veneeseen ja samalla erotellaan takaisin järveen päästettävät arvokalat. Nuottausalue on yleensä 1–3 hehtaaria riippuen nuotan pituudesta ja saarretusta alueesta. Vaatii kokemusta ja ammattitaitoa nuotata niin, ettei kaloja pääse karkaamaan.

Kuva 35. Kalaparvien etsintää kaikuluotaimen avulla ennen nuottauksen aloittamista (kuva J. Niinimäki).
Kuva 36. fNuotan toisen siiven lasku nuottalautan puolikkaalta (kuva J. Niinimäki).

Kuva 37. Nuotanvetoa vetolaitteiden avulla (kuva J. Niinimäki).
Kuva 38. Nuotanvedon loppuvaihe (kuva J. Niinimäki).

11.1.1.3 Talvinuottaus

Talvinuottauksessa tarvitaan jäällä liikkumiseen sopivan kaluston lisäksi: nuotta, sen vetolaitteet ja kuljetusreki sekä horisontaalinen kaikuluotain ja moottorisaha. Tarvitaan myös uittolaite, jolla viedään vetoköydet nostoavannosta laskuavantoon ja kaksi levittäjää nuotan uittamiseksi jään alle. Lisäksi on oltava saalisastia ja sen kuljetusreki. Kelistä ja jään kestävyydestä riippuu, miten kalustoa voidaan jäällä kuljettaa. Tarkoitukseen soveltuvat lumikelkka, mönkijä, auto ja traktori. Ensin täytyy varmistua, että jää on tarpeeksi vahvaa kalustojen kuljetukseen.

Kun kalaparven sijainti on paikallistettu, nostoavannosta uitetaan ensin vetoköydet muutaman sadan metrin päässä sijaitsevaan laskuavantoon. Laskuavannosta lasketaan ensin nuotan levittäjät ja niiden jälkeen itse nuotta. Vetolaite alkaa sitten vetää vetoköysiä ja sen jälkeen nuottaa nostoavantoa kohti. Nuotta lapetaan avannon reunalle. Kun perä saavuttaa avannon, saalis voidaan haavia ylös ja erotella takaisin avantoon laskettavat kalat.

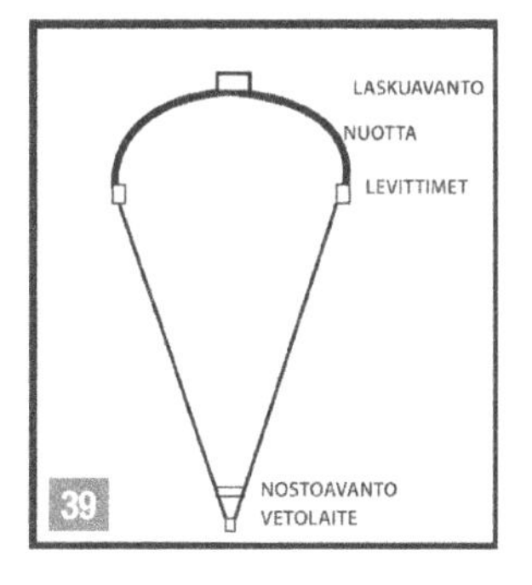

Kuva 39. Nuotta levitettynä jään alle.
Kuva 40. Nuotta-avanto (kuva J. Hevonkoski.

Nuottaus tehdään konevoimalla, mutta käsivoimia tarvitaan nuotan lappamiseen lautalle ja jäälle sekä saaliin haavimiseen. Hoitokalastajan täytyy siis olla myös fyysisesti hyväkuntoinen.

11.1.1.4 Kurenuotta

Kurenuotta muistuttaa nuottaa, mutta siinä on alapaulassa kurenaru (köysi tai vaijeri), jolla pyyntiin lasketun nuotan alapaula kurotaan kokoon. Kurenuottaa voidaan käyttää hoitokalastuksessa edellä esitetyn nuotan tapaan. Yleensä kurenuotan nuottausala on kuitenkin suppeampi, ja siksi kurenuotta sopii paremmin koekalastusluonteiseen pyyntiin.

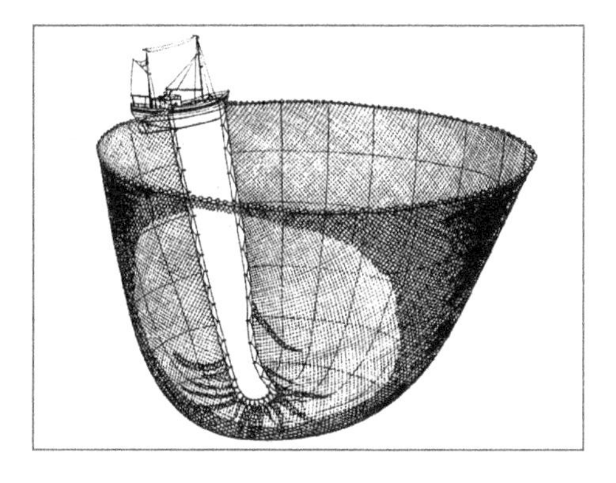

Kuva 41. Kurenuotta (kuva Kalastajan tietokirja 1969).

11.1.1.5 Rysäpyynti

Kun järven hoitokalastusta tehdään rysillä, käytetään tavallisesti avoperärysiä, joiden pesän ja aitaverkkojen solmuväli on yleensä 5–8 millimetriä. Myös vannerysiä käytetään varsinkin talvipyynnissä. Rysät ankkuroidaan 4–5 ankkurilla. Koentavaiheessa vene ajetaan rysän perän alkupään alle. Perää juoksutetaan veneen yli rysän perän loppupäätä kohti siten, että kalat jäävät loppupäähän pussiin, jolloin ne voidaan haavia veneeseen.

Taitava rysäpyytäjä pystyy kokemaan päivittäin esimerkiksi 5–7 rysää. Yksikkösaaliit voivat vaihdella suuresti, mutta ovat usein keskimäärin 20–100 kiloa rysää ja koentaa kohti. Jos yksikkösaalis on keskimäärin 50 kiloa, saadaan 7 rysällä 10 päivässä pyydettyä 3 500 kiloa. Merenrannikolla lahnojen poistopyynnissä käytetään harvempisilmäisiä "push up" -vannerysiä.

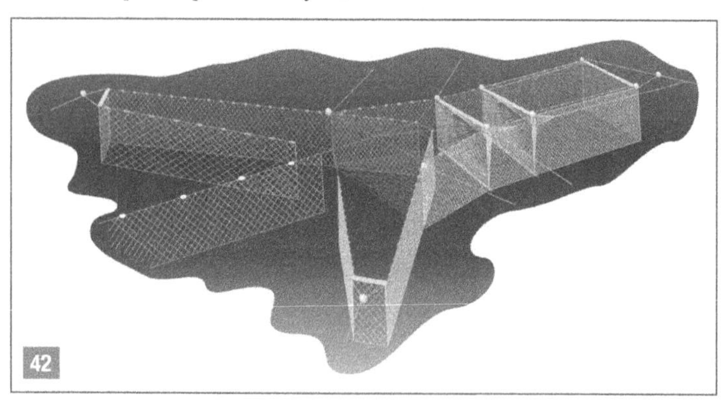

Kuva 42. Hoitokalastusrysä (kuva Kivikangas).

Kuva 43. Rysän kokeminen (kuva J. Niinimäki).
Kuva 44. Hoitokalastussaalista Lapinjärveltä 16.8.2006 (kuva J. Niinimäki).

11.1.1.6 Katiskapyynti

Katiskapyynti ei sovellu kovin hyvin hoitokalastukseen. Pyyntisesonki saattaa olla aika lyhyt, sillä se ajoittuu kevätkutuisten kalojen kutuaikaan. Katiskoita pitää olla paljon, jotta päästään tavoiteltaviin saalismääriin. Kun pyytäjiä on useita, saaliiden laatua on vaikea kontrolloida.

Katiskapyynnin merkitys on usein enemmänkin siinä, että se aktivoi paikallisia ranta-asukkaita ruokakalanpyynnin ohella tekemään työtä vesialueensa hyväksi.

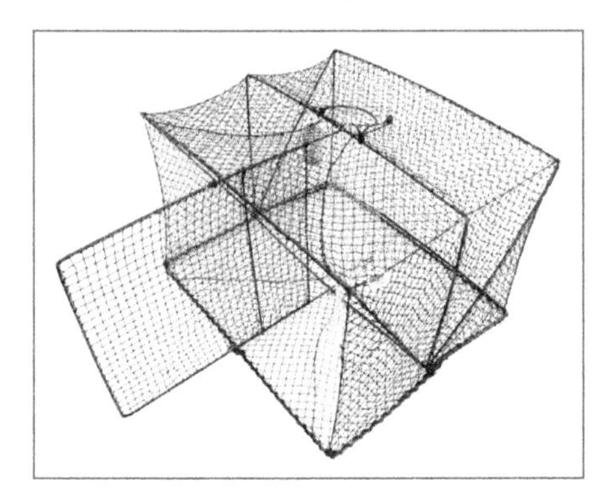

Kuva 45. Hoitokalastuskatiska (kuva Kivikangas Oy Rampo-katiska).

11.1.2 Hoitopyyntiin valmistautuminen

11.1.2.1 Pyyntimenetelmän valitseminen

Hoitopyyntimenetelmän sopivuus riippuu vesialueen luonteesta ja kalojen käyttäytymisestä sekä saaliiksi tavoitelluista lajeista. Jos toimitaan alueella, jossa ei ole aikaisemmin hoitokalastettu, ensimmäinen vuosi on syytä keskittää koeluonteiseen pyyntiin ja pyyntimenetelmien testaamiseen. Näin hoitokalastaja saa samalla tuntumaa vesialueeseen ja sen kalastoon.

11.1.3 Hoitokalastus usean vuoden hanke

Aina ei ole järkevää pyrkiä suuriin saaliisiin lyhyessä ajassa. Tavoitteena on lähinnä särkikalojen osuuden vähentäminen, mutta myös sellainen kalaston koostumus ja tasapaino, ettei kovin pian tarvita uutta tehokalastusvaihetta. Kalastuksella tulee olla positiivisia vaikutuksia ravintoketjuun, mutta kalastus saattaa tehdä tilaa myös tilaa uusille nuorille ikäluokille. Sitä ilmiötä taas tulisi pyrkiä välttämään.

Teoksessa "Lake" Jeppesen & Sammalkorpi (2002) toteavat muun muassa: Tehostunut planktonsyöjien rekrytointi, jäljelle jäävien aikuisten lisääntynyt hedelmällisyys ja korkea eloonjäämisaste sekä 0+ -vuotiaiden tiheys itsessään ovat keskeisiä ongelmia, kun hoitokalastetetaan planktonsyöjiä. Korkeammissa ravinnepitoisuuksissa ongelmat vain pahenevat, koska 0+ -vuotiaiden selviytyminen kasvaa. Näin ollen saalistuspaine eläinplanktonia kohtaan voi myöhemmin olla vielä suurempi kuin tehokas kalojen biomassan poistaminen saalistuspainetta vähentää. Siksi petokalaston kasvattaminen on vaihtoehto hoitokalastukselle.

Teoksessa ”The Biology of Lakes and Ponds” (Brönmark & Hansson 2010) ruotsalaistutkijat käsittelevät laajalti ravintoverkkojen vuorovaikutuksia makeanveden ekosysteemeissä. Monet hoitokalastuskokemukset osoittavat, että lisäämällä eläinplanktonin laidunnusta voidaan selvästi vähentää kasviplanktonbiomassoja. Kuitenkin usein eläinplanktonmäärät vähenevät ja leväkukinnat lisääntyvät. Siten vaikutukset ovat usein ohimeneviä, ja hyvää tilannetta on vaikea pitää yllä pidempään. Suurin syy siihen, että hoitokalastusten positiiviset vaikutukset ovat vain lyhytaikaisia, on lisääntynyt nuorien kalojen lisääntyminen (rekrytointi). Kun särkikaloja on vähennetty hoitokalastamalla, niin eläinplanktoniin kohdistuva saalistus vähenee. Sen johdosta nuorien kalavuosiluokkien ravintotilanne ja eloonjäämismahdollisuus paranevat. Nuoret kalat kasvavat nopeasti. Ne siirtävät ja ulostavat suuren määrän ravinteita. Siten voimakas nuorten kalojen rekrytointi ja niiden eläinplanktoniin kohdistama predaatio saattavat estää tai heikentää hoitokalastuksen tuloksia. Tämä kalojen ”baby boom” on usein todettu 1–4 vuotta hoitokalastuksen jälkeen. Silloin nuoret kalat ovat voimakkaasti vähentäneet kasviplanktonia syövän eläinplanktonin määrää. Tämä vaikutus tulee ottaa huomioon suunniteltaessa hoitokalastuksia (Hansson & Brönmark 2010).

Rehevöityminen on vakava uhka monilla Euroopan järvillä. Monia menetelmiä on käytetty 20–30 vuoden aikana parantamaan järvien vedenlaatua. Tulokset ovat olleet vaihtelevia, eikä pitkäaikaisia vaikutuksia ole riittävästi selvitetty. Söndengaardin ym (2007) tutkimuksessa arvioitiin tuloksia yli 70 kunnostushankkeesta, lähinnä matalista, rehevistä järvistä Tanskassa ja Alankomaissa. Erityinen painopiste oli plankton- ja pohjaeläinsyöjäkalojen poistamisessa, joka oli ylivoimaisesti yleisin järvissä toteutettu toimenpide. Yli puolessa hoitokalastushankkeista näkösyvyys kasvoi ja alle puolessa klorofylli-*a*-pitoisuus laski muutaman ensimmäisen vuoden aikana. Joissakin matalissa järvissä kokonaisfosforin ja kokonaistypen pitoisuudet laskivat selvästi. Selvin vaikutus näkyi 4–6 vuotta kalojen poiston aloittamisen jälkeen.

Pitkän aikavälin vaikutuksia voitiin kuvata vain muutamista järvistä. Useimmissa tapauksissa nämä biomanipuloidut järvet palasivat sameaan tilaan 10 vuoden kuluessa. Yksi syy pitkän aikavälin vaikutusten puutteeseen voi olla sedimenttiin kertyneen fosforin vapautumisessa. Kalojen poisto matalista rehevöityneistä järvistä on ollut ahkerassa käytössä Tanskassa ja Alankomaissa, jossa se on monissa tapauksissa vaikuttanut merkittävästi järven vedenlaatuun. Pitkän aikavälin eli yli 8–10 vuoden positiiviset vaikutukset ovat olleet vähemmän ilmeisiä. Järvi on usein palannut samean veden tilaan, ellei kalojen poistoa ole toistettu. Todennäköisiä syitä tähän ovat riittämätön ulkoisen kuormituksen vähentäminen, sisäinen fosforikuormitus ja kirkkaan veden aikaisen vedenalaisen kasvuston väheneminen (Söndergaard ym. 2007). Fosforipitoisuudet olivat tanskalaissa järvissä keskimäärin 180 $\mu g\ l^{-1}$ ja hollantilaisissa 370 $\mu g\ l^{-1}$, selvästi korkeammat kuin Suomessa yleensä.

11.1.3.1 Tilaajan ja vesialueen omistajan mukanaolo

Usein kunnostuksen toimeenpanija on järven suojeluyhdistys, johon kuuluu vesialueen ranta-asukkaita ja vesialueen omistajia. Vesialueen omistajilla, kuten osakaskunnilla, on velvollisuus hoitaa kalavesiä niiden pysyvän tuoton ylläpitämiseksi. Ranta-asukkaat pitävät usein kalastuksen ohella tärkeimpinä asioina veden kirkkautta, uimakelpoisuutta ja sopivuutta kastelu- ja saunakäyttöön sekä virkistyskäyttöä yleensä. Kunnostuksen toimeenpanijoita voivat olla myös kalastusalue ja osakaskunnat.

Luonnoksessa hallituksen esitykseksi kalastuslaiksi 4.12.2013 todetaan, että "lain tarkoituksena on parhaaseen käytettävissä olevaan tietoon perustuen järjestää kalavarojen ekologisesti, taloudellisesti ja sosiaalisesti kestävä käyttö ja hoito siten, että turvataan kalavarojen kestävä ja monipuolinen tuotto, kalakantojen luontainen elinkierto sekä kalavarojen ja muun vesiluonnon monimuotoisuus ja suojelu."

Kunnostushankkeisiin tarvitaan aina mukaan vesialueen omistajat (osakaskunnat) ja mahdollisesti myös valuma-alueen maanomistajat. Suomessa vesistöt valuma-alueineen ovat pääasiassa yksityisessä omistuksessa ja omistajilla on valta päättää alueella tehtävistä toimenpiteistä. Ilman heidän mukanaoloaan kunnostuksia on vaikea käynnistää.

Hoitokalastusta valvomassa ja samalla kalastusta avustamassa on syytä olla sekä tilaajan että vesialueen tai -alueiden omistajan edustaja, kyseessä voi olla samakin henkilö. Heidän tehtävänään on myös olla mukana arvokalojen takaisin päästelyssä ja valvomassa, että saalismittaukset tehdään asianmukaisesti ja tiedot kirjataan ylös.

11.1.3.2 Varautuminen saaliiden jatkokäsittelyyn

Usein pulmaksi muodostuu se, mihin hoitokalastuksen saaliit sijoitetaan. Varsinkin, jos kohteet ovat melko pieniä, saattaa kertasaaliiden kuljettaminen pitkien matkojen päähän olla kannattamatonta. Toivottavinta on käyttää saalis ruoaksi joko sellaisenaan tai valmistettuna erilaisiksi tuotteiksi. Tämä kuitenkin edellyttää lajittelua, hyvää kalan laatua ja kylmäkäsittelyä heti pyynnin jälkeen. Rehevien järvien kaloissa saattaa lämpimillä säillä olla makuvirheitä, ja silloin kala myös pilaantuu nopeasti.

Hoitokalastuksen saalis on yleensä sekakalaa, joka koostuu useista lajeista ja eri kokoluokista. Prosessointi kalatuotteiksi vaatii yleensä samasta lajista koostuvaa tasalaatuista kalaa, olipa se sitten esimerkiksi särkeä tai lahnaa. Siksi saalis täytyy lajitella erottamalla eri lajit ja jalostukseen kelpaavat kokoluokat. Paras laatu saavutetaan kylmän veden aikaan.

Toinen tapa hyödyntää hoitokalastuksen saaliit on käyttää kalat rehujen valmistukseen. Koska Suomessa ei ole kalajauhoa valmistavaa laitosta, kalasta tehdään tuorerehua esimerkiksi turkistarhoille. Silloinkin kala pakastetaan heti tuoreeltaan tai käsitellään muurahaishapolla, jotta sitä voidaan myöhemmin kuljettaa rehunvalmistuslaitokselle riittävän suurina erinä. Jos lähistöllä on turkistarha, saatetaan kalat toimittaa tuoreina sinne.

Kala on biohajoava materiaali, joten kalamassaa voidaan hyödyntää myös bioenergian tuottamisessa, joko tuottamalla metaanikaasua bioreaktoreissa tai biodieseliä. Yleensä kala sopii tähän tarkoitukseen muiden biohajoavien ainesten lisänä. Tämäkin edellyttää, että bioenergiaa tuottava laitos on niin lähellä, että saaliit voidaan toimittaa sinne melko tuoreena.

Kalaa voidaan myös kompostoida ympäristölle haitattomasti ja hajuttomasti. Tärkeää on huolehtia, että kompostointi tehdään oikein. Kalaa sekoitetaan tietyssä suhteessa kuiva-aineeseen, joka voi olla esimerkiksi humusta, muuta kuiviketta tai vaikkapa kuivikkeen ja lannan seosta hevostallilta.

Viimeisin keino on toimittaa "roskakala" kaatopaikalle, jos se sinne huolitaan. Siitä yleensä peritään kaatopaikkamaksu.

On tärkeää, että ennen hoitokalastukseen ryhtymistä on selvitetty, mihin tuleva saalis on tarkoituksenmukaisinta sijoittaa. Rantaan tarvitaan ainakin vastaanottoastiat ja sieltä tarpeellinen kuljetus eteenpäin.

11.1.3.3 Hoitokalastussaaliiden koostumuksen selvittäminen

Sen lisäksi, että on välttämätöntä selvittää luotettavasti päiväsaaliiden tai yksikkösaaliiden määrät, esimerkiksi nuottasaalis vetoa ja vetopäivää kohti sekä rysäsaaliit rysäpyyntipäivää ja koentapäivää kohti, on myös tarpeen selvittää saaliin lajikoostumus.

Saaliin paino, ellei sitä punnita, voidaan laskea saaliin tilavuudesta. Kertoimena voi olla esimerkiksi 0,8–0,9 riippuen siitä, miten kauan kalat ovat saaneet kuivahtaa. Saaliin paino on tässä tapauksessa saaliin tilavuus (m^3) x 0,8–0,9. Yksi kuutiometri kalaa ylös otettuna painaa siis noin 800–900 kg. Saaliin paino voidaan arvioida myös kuljetuslaatikoiden avulla, kun punnitaan, paljonko kalaa mahtuu yhteen kuljetuslaatikkoon tai saaviin ja lasketaan, montako yksikköä niitä kertyy. Silmämääräinen arvio veneessä olevasta kalamäärästä on liian karkea ja voi johtaa jälkipuheisiin todellisten saaliiden määristä.

Jos ennen pyyntiä on kaikuluodattu kalaparvia, hoitokalastajan on hyvä kirjata esimerkiksi havainnot havaituista kalaparvista, arviot niiden koosta ja lajeista.

Pyynnin yhteydessä saatetaan joutua päästämään osa saaliista takaisin järveen. Näistä kaloista on hyvä tehdä laskelma tai arvio lajeittain ja kokoluokittain, esimerkiksi alle ja yli 15 tai 20 senttiä pitkistä kuhista ja hauista.

Hyvä keino dokumentoida hoitokalastussaalis on ottaa siitä valokuvia. Kuvaan kannattaa laittaa jokin mittatikku, jotta voidaan nähdä, mitä kokoluokkaa saaliskalat ovat.

Kuvaus ei kuitenkaan yksin riitä, vaan saaliista täytyy myös ottaa edustava saalisnäyte. Nuotta- tai päiväsaaliista otetaan hyvin sekoitettu otos, esimerkiksi noin 5–10 kiloa, saaliskalojen koosta riippuen. Jos saaliissa on harvoja suurikokoisia kaloja, kuten isoja lahnoja, suutareita tai säyneitä, ne voidaan ottaa erilleen ja laskea kappalemäärät sekä mitata keskipainot. Niitä ei silloin käsitellä otoksena, vaan osana kokonaissaalista.

Aluksi otos lajitellaan lajeittain. Kunkin lajin kalojen kappalemäärä lasketaan ja punnitaan niiden yhteispaino. Tärkeimmistä etukäteen päätetyistä lajeista mitataan yksilöiden pituus millimetrin tai 0,5 senttimetrin tarkkuudella (liite 4).

Otos voidaan suhteuttaa kokonaissaaliiseen, josta on vähennetty erikseen mitatut suuret kalat, jotka sitten lisätään lajikohtaisiin saaliisiin. Näin saadaan laskettua esimerkiksi päiväsaaliin jakautuminen eri lajeihin kiloina ja kappaleina sillä tarkkuudella, mitä otos edustaa.

11.1.3.4 Vesillelasku- ja lastauspaikka

Kaikilla vesialueilla ei ole hyviä veneiden ja pyyntikaluston lasku- ja nostopaikkoja. Kuitenkin pyyntivene ja kalusto pitää voida laskea vesille ja myös nostaa ylös sujuvasti. Myös saaliit täytyy voida kuljettaa rannalta pois. Siksi ennen pyyntiin ryhtymistä on syytä selvittää ja tarpeen vaatiessa tehdä sopiva vesillelaskupaikka, joka mahdollisesti voi toimia myös saaliiden vastaanottopaikkana.

Rannalle täytyy toimittaa riittävästi saaliin kuljetuskontteja tai muita astioita, ellei saalista säilötä jo rannassa. Tarvittaessa on voitava siirtää tuhansienkin kilojen päiväsaaliit eteenpäin. Saaliit täytyy voida siirtää veneestä, tai talvella kuljetusreestä, mahdollisimman sujuvasti. Vastaanottokontit pitää saada veneen tai reen viereen.

11.1.4 Tulosten raportointi

Hoitokalastuksen tulokset kannattaa raportoida vuosittain. Jos vesialueella on tehty muita seurantoja, niidenkin tulokset on hyvä liittää raporttiin. Raportissa on hyvä tuoda esiin koko vesialueen hoitokalastuksen historia sillä tarkkuudella, kuin tuloksia on käytettävissä.

Raportin tulisi sisältää ainakin seuraavat tiedot:

- kuvaus vesialueesta (pinta-ala, syvyystiedot)
- hoitokalastuksen tilaaja
- kalastukseen osallistuneet henkilöt (myös valvoja)
- pyyntimenetelmät ja pyyntipäivät eri pyydyksillä
- koentakerrat ja -päivät tai nuottaukset
- kokonaissaaliit eri pyydyksillä ja myös edellisten vuosien saaliit (kg ja kg ha^{-1})
- saaliit lajeittain (kg, kpl, kg ha^{-1}, kpl ha^{-1}) ja vertailu aikaisempiin vuosiin
- saaliskalojen keskipainot ja vertailu aikaisempiin vuosiin
- yksilöt jaettuna pituuden mukaan kokoluokkiin 1,0 sentin tarkkuudella (kpl/kokoluokka) ja vertailu aikaisempiin vuosiin (pylväsgrafiikka)
- pyynnin yhteydessä takaisin päästettyjen kalojen määrät kokoluokittain (kpl ja kpl/pyydysyksikkö) sekä vertailu aikaisempiin vuosiin
- nuottapyynnissä myös nuotattu alue ja saaliit vetoaluetta kohti (kg tai kpl vetoalue-ha^{-1}).

Jos on tehty muita kalastoselvityksiä, myös niiden tulokset on hyvä liittää raporttiin.

Tulosten perusteella laaditaan arvio vesialueen kalaston tilasta ja tehdään suositukset mahdollisista jatkotoimista, esimerkiksi seuraavan vuoden hoitokalastuksesta. Näin ravintoketjukunnostusta voidaan tehdä säädellysti tilanteen edellyttämällä tavalla.

11.1.5 Hoitokalastettavat kalalajit

Yleisimpiä hoitokalastuksella pyydettäviä lajeja ovat rehevyyttä suosivat särkikalat, kuten särki, lahna, pasuri ja salakka. Toisinaan myös pikkuahven, kiiski ja kuore voivat olla harvennuksen kohteena. Tavoitteena on harventaa planktonsyöjäkaloja ja pohjaeläinten syöjiä.

Mikäli todetaan, että on runsaita nuoria särkikalavuosiluokkia ja niiden osuus on merkittävä, esimerkiksi 60–70 prosenttia biomassasta, hoitokalastusta on syytä jatkaa pyrkimällä vähentämään näiden uusien ikäluokkien runsautta. Erityisesti runsaita lahna- ja pasurikantoja on syytä vähentää ja pitää ne alhaisina. Pyynti silloin, kun kalat eivät parveudu esimerkiksi veden sameuden takia, on vaativaa puuhaa.

Arvokalojen ravintolajien pyyntiä tulee välttää. Jos järvellä on esimerkiksi hyvä kuha- ja kuorekanta, kuoretta ei kannata hoitokalastaa.

11.1.6 Hoitokalastuksen jatkaminen

Hoitokalastuksen jatkaminen vuosittain ei ole itsetarkoitus, vaan tarve riippuu kalaston tilasta. Jos särkikalojen osuus on kohtuullisella tasolla, esimerkiksi alle 50 prosenttia, kalastus voidaan ehkä toistaiseksi lopettaa tai keskeyttää muutamaksi vuodeksi. Kinnusen kehittämään säätelykalastusmenetelmään (Penttinen & Niinimäki 2010) kuuluu osana se, että kalaston annetaan rauhassa kehittyä tavoiteltuun, entistä parempaan koostumukseen.

11.1.7 Kustannukset ja rahoitusmahdollisuudet

11.1.7.1 Kustannusten arviointi

Koska hoitokalastus on usean vuoden hanke, sen rahoitus tulee varmistaa riittävän pitkälle ajanjaksolle, esimerkiksi 5–10 vuodelle, vaikka kaikkina vuosina ei hoitokalastuksia tarvittaisikaan. Siksi ravintoketjukunnostukselle on hyvä etukäteen tehdä alustava suunnitelma, jota tarkennetaan vuosittain. Suunnitelma tarvitaan riittävän rahoituksen varaamiseksi, mutta myös monien käytännön valmistelujen takia. Tavoitteena tulee olla vesialueen parantunut laatuluokka ja käyttökelpoisuus.

11.1.7.2 Kustannukset ja hyödyt

Kustannus-hyötytarkastelu voidaan tehdä monella tapaa. Vesialueen tilan paraneminen vaikuttaa positiivisesti lisäämällä vesialueen käyttömahdollisuuksia, kalastuksen tuottoa, rantatonttien arvoa ja viihtyisyyttä yleensä.

Hoitokalastuksen tulee myös olla kustannustehokasta. Suunnittelijalta ja erityisesti toteuttajalta pitää vaatia positiivisia tuloksia muutaman vuoden kuluessa kalastuksen aloittamisesta. Tavoitteena on ravintoketjun tasapainoinen toiminta, leväesiintymien väheneminen, käyttökelpoisuuden paraneminen ja kalaston laadun kehittyminen kalastajille halutuksi.

11.1.8 Hoitokalastuksen riskit

11.1.8.1 Ravintoverkon vaikea hallinta

Jos tehopyynnillä vähennetään valtaosa särkikaloista, seurauksena on yleensä järven tilan paraneminen muutamaksi vuodeksi, koska eläinplanktonin laidunnus vähenee. Parantunut pienten kalojen ravintotilanne johtaa kuitenkin usein siihen, että järveen syntyy uusia runsaita nuoria särkikalavuosiluokkia. Siitä taas seuraa järven tilan palautuminen lähtötilanteeseen tai jopa huonommaksi. Tämä ilmiö on todettu useissa julkaisuissa (Sarvala ym. 2000, Jeppesen & Sammalkorpi 2002, Söndergaard ym. 2007, Brönmark & Hansson 2010, Hansson & Brönmark 2010). Jos järveen muodostuu esimerkiksi runsas nuorista lahnoista koostuva kalasto, tilannetta on vaikea korjata kalastamalla (katso kappale 11.2.2).

11.1.8.2 Varovaisuus kannattaa

Hoitokalastusta on usein teetetty ammattikalastajilla kilohintaan perustuvana pyyntiurakkana. Tämä ei sovi ainakaan säätelyhoitokalastuksen toteuttamiseen, koska pyynnissä pitää määrän lisäksi kiinnittää huomiota saaliin laatuun ja siihen, miten kalastus jatkossa vaikuttaa kalakantoihin. Silloin ensimmäinen kriteeri kalastajan valinnassa on ammattitaito hoitokalastuksissa, sillä hänen on saavutettava hoitokalastukselle asetettu pitkän ajan tavoite. Tavoitteena on, että järven tila on eri käyttömuotojen kannalta hyvä vielä 5–10 vuoden päästä hoitokalastuksen aloittamisesta.

11.1.9 Hoitokalastajan koulutus ja kokemuksen hankkiminen

Hoitokalastuksen toteuttajalla tulisi olla joko iktyonomin tai kalastusbiologin koulutus. Tosin teoreettinen koulutus ei yksin riitä, vaan lisäksi tarvitaan käytännön kokemusta ja osaamista, esimerkiksi usean vuoden osallistuminen hoitokalastuksiin.

Hoitokalastus voidaan rinnastaa ammattikalastukseen sillä erolla, että hoitokalastuksessa pyyntialueet vaihtelevat ja ne pitää oppia tuntemaan nopeasti. Jotta ammattikalastus olisi tuloksellista, se vaatii koulutuksen lisäksi vuosien mukanaolon kalastuksessa. Samaa vaaditaan myös hoitokalastajalta.

11.1.10 Pyynti ja itsenäinen päätöksenteko

Hoitokalastus vaatii jatkuvia ja nopeita päätöksiä kentällä. On päätettävä esimerkiksi, mitä kalastetaan, missä kalastetaan, mitkä kalat otetaan ylös ja mitä päästetään takaisin. Siksi johtavan kalastajan tulee olla kokenut ja itsenäisiin päätöksiin pystyvä henkilö.

11.2 Hapetus

Alusveden hapetusta tai ilmastusta käytetään usein pitämään pohjan läheinen vesikerros hapellisena. Tämä estää osaltaan ravinteiden liukenemisen sedimentistä vesimassaan. Käytännössä kyse on yleensä happipitoisen veden johtamisesta alusveteen, mikä estää liiallisen hapen kulumisen. Laitteita on kehitetty eri tilanteisiin. Yleensä ne toimivat sähköllä. Niitä voidaan käyttää talvella, kesäkerrostuneisuuden aikana tai molempina aikoina. Kysymyksessä on järvien "tekohengitys". Tavoitteena on, että järven tila paranisi siten, ettei hapetusta tai ilmastusta tarvitsisi tehdä jatkossa.

Hätähapetus saattaa olla tarpeen, jos järveä uhkaa happikato ja kalojen kuolema.

Hapetustarpeeseen vaikuttaa muun muassa:

- järven yleistila
- syvyyssuhteet
- hapettoman alueen tilavuus ja laajuus
- hapen kuluminen (hapetuksen riittävä teho)

Hapetus ei kuitenkaan sulje pois esimerkiksi hoitokalastamalla tehtävää ravintoketjukunnostusta. Jos kalastamalla onnistutaan korjaamaan järven ravintoverkkoa siten, että levien tuotanto vähenee, sedimentoitumista ja hapen kulumista alusvedessä tapahtuu vähemmän. Silloin myös hapetuksen tarve vähenee tai poistuu. Lisätietoja järvien hapetuksesta löytyy Järvien kunnostus-teoksesta (Ulvi&Lakso 2005).

11.3 Sedimentin käsittely

Sedimentin käsittelyllä pyritään sitomaan ravinteita tai muuten estämään ravinteiden vapautumista vesimassaan. Mahdollisia keinoja ovat pintasedimentin ruoppaus, kemikaalien käyttö ja eräissä tapauksissa järven tilapäinen kuivattaminen. Yleensä nämä menetelmät sopivat kustannussyistä vain hyvin pienille järville. Näille menetelmille tarvitaan vesilain tai ympäristönsuojelulain mukainen lupa.

11.3.1 Pintasedimentin ruoppaus

Ruoppauksen tarkoituksena on poistaa järven tai lammen pohjasta sinne aikojen kuluessa kertynyt ravinnepitoinen sedimenttikerros. Ruoppaus voidaan tehdä joko kauharuoppaajalla tai imuruoppauksena. Jos sedimenttikerros on pehmeä, imuruoppaus saattaa soveltua kauharuoppausta paremmin. Kummassakin menetelmässä tarvitaan läjitysalue, johon ruoppausmassat voidaan sijoittaa niin, etteivät ravinteet valu takaisin vesistöön ja jossa massat voivat kuivua ja tiivistyä.

Imuruoppauksessa vain noin viides–kymmenesosa on sedimenttiä ja loput vettä, joka valuu pois läjitysaltaasta. Silloin läjitysaltaan pitää olla niin suuri, että veteen sekoittunut sedimentti ehtii hyvin laskeutua. Kauniaisten Gallträskin ruoppauksessa käytettiin vettä läpäiseviä kangastuubeja, joissa sedimentti kuivui maanparannusaineeksi.

11.4 Kemikaalien käyttö

Kemikaaleilla pyritään saostamaan ravinteita, lähinnä fosforia, ja sitomaan sedimentin ravinteet siten, että niitä ei vapautuisi vesimassaan. Kemikaalien käyttöön soveltuvat vesialueet ovat yleensä melko pieniä ja suljettuja ja vesi viipyy niissä pitkään. Kemikaalin vaikutus voi kestää vuodesta useisiin vuosiin, mutta vaikutus ei yleensä ole pysyvä, vaan käsittely pitää uusia tietyin vuosivälein.

Fosfori saostuu fosfaattiyhdisteinä rauta- ja alumiini-ionien kanssa sekä kiinnittymällä vedessä runsaasti esiintyviin hydroksidi-ioneihin ja muuhun saostusvaiheessa syntyvään flokkiin. Rauta- ja alumiiniyhdisteet toimivat myös luonnossa fosforin saostajina, ja niitä käytetään yleisesti jätevesien puhdistuskemikaaleina.

Käytettyjä saostuskemikaaleja ovat olleet muun muassa rautasulfaatti ja alumiinikloridi. Rautayhdisteet eivät sovi hapettomille alueille.

11.5 Järven kuivattaminen

Jos järvi kärsii rehevyydestä, se on matala ja sen sedimentti on hyvin löysää, saattaa kunnostusratkaisuna olla järven tilapäinen kuivattaminen – mikäli kuivattaminen on muuten mahdollista. Järveen tuleva virtaama ei saa olla kovin suuri, tai se on voitava ohijuoksuttaa. Korkeussuhteiden tulee olla sellaiset, että vesi on mahdollista juoksuttaa pois omalla paineellaan, sopivien ojitus- ja lapotusjärjestelmien avulla. Pumppaamalla tyhjentäminen saattaa tulla liian kalliiksi.

Järvi on pidettävä kuivana vähintään vuoden. Talvella jääpeite puristaa sedimentin tiiviimmäksi, ja kesällä se ehtii kuivua ja tiivistyä lisää. Näin järveen saadaan muutamia kymmeniä senttejä lisää syvyyttä.

Kuivattamisen yhteydessä kalakanta tuhoutuu. Kun järvi vesitetään uudelleen, sinne muodostuu uusi kalasto tai se istutetaan, mikä melko varmasti muuttaa järven ravintoverkkoa.

11.6 Vesikasvustojen poisto

Vesikasvustot sitovat vedestä ravinteita, ja kasvukauden jälkeen ne siirtävät sitä talteen juuristoon. Poistamalla kasvustoja poistetaan myös ravinteita.

Muilla hoitotoimenpiteillä mahdollisesti aikaansaatu veden kirkastuminen, näkösyvyyden kasvu, saattaa edistää vesikasvustojen lisääntymistä ja laajentaa niiden levinneisyyttä.

Vesikasvustoja voidaan poistaa ruoppaamalla, niittämällä, nuottaamalla, leikkaamalla ja jopa joskus kemikaalien avulla. Menetelmien soveltuvuus riippuu kasvilajeista. Jos jokin vesikasvusto poistetaan, se saattaa korvautua toisella lajilla. Kasvustot voivat myös hävitä itsestään.

Vesikasvustoalueet ja litoraalialueet ovat tärkeitä ravintoverkkojen osa-alueita, sillä ne tarjoavat lisääntymis-, oleskelu- ja suojapaikkoja kaloille ja muille vesieliöille. Rehevöityminen yksipuolistaa ja toisaalta tihentää vesikasvustoja. Ruovikot saattavat muodostua laajoiksi ja tiheiksi, jolloin ne estävät liikkumista sekä kalojen ja vesilintujen oleskelua alueilla. Esimerkiksi vesirutto, ärviät ja vesisammal saattavat valloittaa matalan järven kokonaan. Tällöin joudutaan harkitsemaan vesikasvustojen poistoa.

Yleisin tapa on niittää kasvustot ja kerätä ne pois vedestä. Vesiruttoa on pyritty poistamaan muun muassa raivausnuotilla, koska kasvi yleensä esiintyy vapaassa vedessä. Vesirutto ja eräät muutkin lajit voivat lähteä kasvamaan pienistä kasvin osista, joten kasvustojen täydellinen poistaminen ja kasvustojen leviämisen estäminen on lähes mahdotonta.

Tiheisiin ruovikoihin voidaan ruopata väyliä ja lampareita kulkemista varten tai oleskelualueeksi kaloille ja linnuille. Linnuille voidaan samalla tehdä erillisiä saarekkeita pesimistarkoituksiin. Sillä estetään petoeläimiä pääsemästä pesille. Ruoppauksella poistetaan myös vesikasvien juuria, joten vaikutus on pitempiaikainen kuin niitolla. Toistetuilla niitoillakin on saatu hyviä tuloksia.

Matalan järven umpeenkasvua voidaan pyrkiä ehkäisemään vedenpinnan nostolla siellä, missä se on mahdollista. Se edellyttää, että vesialueen omistajien sekä ranta-asukkaiden kesken saavutetaan pinnan nostosta riittävä yksimielisyys.

11.7 Esimerkkejä järvikunnostuksista

Seuraavassa tarkastellaan järvikunnostuksia, joissa hoitokalastus on ollut keskeisenä kunnostusmenetelmänä. Suomalaisten esimerkkien lisäksi mukana on Ruotsin Finjasjön-järvi ja Viron Ulemistenjärvi. Tarkastelemme järvien lähtötilannetta, tehtyjä kunnostustoimia ja järvien tilan kehitystä.

11.7.1 Enäjärvi, Vihti

Rehevä ja savisamea Vihdin Enäjärvi on Siuntionjoen vesistön latvajärvi. Sen pinta-ala on 4,92 km^2 ja valuma-alueen pinta-ala 33,5 km^2. Järven tilavuus on 15,86 milj. m^3, keskisyvyys 3,22 metriä ja suurin syvyys 9,1 metriä. Veden viipymä on noin 1,5 vuotta. Järveen johdettiin 1950-luvulta vuoteen 1975 asti Nummelan ja Ojakkalan taajamien jätevedet. Lisäksi järveen tulee valuma-alueelta hajakuormitusta, jonka lähteitä ovat lähinnä maatalous, haja-asutus ja hulevedet. Sisäinen kuormitus on erittäin suurta, sisäisen ja ulkoisen kuormituksen suhde (S/U-suhde) on 24. Nummelan ja Ojakkalan taajamien lisäksi järven rannoilla on runsaat 150 kesämökkiä. Ulkoinen fosforikuormitus lienee nykyisin noin 0,2 g m^2 a^{-1}.

Järvellä on toiminut Enäjärvi-projekti yhteistyössä Vihdin kunnan kanssa. Järvellä on tehty monia kunnostustoimenpiteitä vuodesta 1993 alkaen. Enäjärven vedenlaadun ja virkistyskäyttöarvon parantamiseksi on vähennetty sisäistä ja ulkoista kuormitusta muun muassa särkikalojen pyynnin, syvänteiden hapettamisen sekä laskeutusaltaiden ja kosteikkojen rakentamisen avulla. Myös hulevesien puhdistamiseen on kiinnitetty huomiota. Hoitokalastuksen kokonaissaalis vuosina 1993–2013 oli yhteensä noin 413 400 kiloa eli noin 840 kg/ha ja keskimäärin noin 40 kg/ha/vuosi.

Enäjärven pohjan tila parani järvessä tehtyjen kunnostustoimenpiteiden ansiota. Sedimentin pintakerros muuttui tummasta, hapettomasta sulfidiliejusta hapekkaaksi vihertävänruskeaksi liejuksi. Liejun fosforipitoisuus kasvoi selvästi, eli sedimentti sitoi fosforia. Järven tilan kehityksessä tapahtui muutakin myönteistä kehitystä: näkösyvyys kasvoi, massiiviset sinileväkukinnot hävisivät, syvänteiden happitilanne parantui ja kalasto tervehtyi. Hoitokalastuksen aikana Enäjärven kalatiheys ja särkikalojen osuus pienentyivät.

Vuosina 2010 ja 2011 järven tila kuitenkin kääntyi huonommaksi, sillä fosforipitoisuudet kasvoivat ja leväesiintymät runsastuivat. Myös kalaston särkikalavaltaisuus lisääntyi. Haittakalaksi on muodostunut lahna. Järven ravintoverkon itsesäätely ei toimi niin, että se rajoittaisi voimakasta levätuotantoa. Järven kuhakanta kuitenkin on ollut vahva, ja saaliiksi on saatu suurikokoisia kuhia ja haukia.

Ravintoverkkoa pyritään korjaamaan muun muassa kiinnittämällä huomiota hulevesiin, hoitamalla kosteikkoja ja jatkamalla hoitokalastuksia. Jatkossa hoitokalastusta kohdistetaan entistä enemmän lahnojen pyyntiin.

11.7.2 Finjasjön, Ruotsi

Etelä-Ruotsin Skånessa sijaitseva Finjasjön on myös matala ja rehevä järvi. Järven pinta-ala on 1 040 hehtaaria. Suurin syvyys on 12,2 metriä ja keskisyvyys 3,8 metriä. Järvi on ollut asumajätevesien kuormittama. Järven fosforikuormitus vaihteli 1950-luvulta 1970-luvun puoliväliin ollen suunnilleen 30–70 tonnia vuodessa (2,7–6,3 g m^2 a^{-1}). 1970-luvun lopulla, jolloin siirryttiin kemialliseen jätevesien puhdistukseen, kuormitus saatiin vähenemään noin 5–10 tonniin vuodessa (0,5–0,9 g m^2 a^{-1}). Toisaalta samaan aikaan leväesiintymät ja klorofylli-*a*-pitoisuus kasvoivat voimakkaasti, klorofylli-*a* kasvoi tasolta 10 µg l^{-1} jopa tasolle yli 100 µg l^{-1}.

Tilanteen korjaamiseksi aloitettiin ensin sedimentin ruoppaus. Sitä ruopattiin 0,5 metrillä vuosina 1988–1991, jolloin 20 prosenttia järvialasta saatiin käytyä läpi. Sen jälkeen aloitettiin kunnostus hoitokalastuksilla. Vuosina 1992–1994 pyydettiin troolilla 430 tonnia (391 kg ha^{-1}) särkikaloja, pääasiassa lahnaa ja pasuria, 1998–1999 pyydettiin 100 tonnia (91 kg ha^{-1}) ja 2006–2007 vielä 50 tonnia (45 kg ha^{-1}). Pyyntivuosien keskisaalis oli noin 105 kg ha^{-1} a^{-1}. Kuhia istutettiin vuonna 1994. Tästä seurasi sisäisen kuormituksen selvä pieneneminen, leväesiintymien väheneminen ja veden laadun paraneminen ainakin vuoteen 1996 asti. Esimerkiksi näkösyvyys kasvoi noin metristä 2–3 metriin. Lisäksi todettiin, että kokonaisfosfori- ja klorofylli-*a*-pitoisuudet kasvoivat touko-elokuussa ennen hoitokalastuksia, mutta eivät enää kalastusten aloittamisen jälkeen. Tämä johtui sisäisen fosforikuormituksen voimakkaasta vähenemisestä vuosien 1988–1997 aikana. Typpipitoisuuksiin hoitokalastukset eivät merkittävästi vaikuttaneet (Annadotter 2009).

Finjasjön-järven hoitokalastuksia on jatkettu myös 2010-luvulla. Viime vuosina kalastus on toteutettu keväällä rysillä ja syksyllä nuottaamalla. Järven hoitokalastussaaliit vuosilta 2011, 2012 ja 2013 päivittäin ja lajeittain löytyvät Twitter-viesteistä (https://twitter.com/finjasjon/). Niiden pohjalta lasketut vuosittaiset rysä- ja nuottasaaliit ovat seuraavat:

Vuosi	Rysäsaalis kg	Rysäsaalis/ pyynti-pv	Nuottasaalis kg	Nuottasaalis/ nuottaus-pv
2010	50 765		31 840	
2011	32 252	609	17 400	1 088
2012	21 772	330	9 630	875
2013	17 382	446	41 840	4 184

Finjasjön-järven rysäpyynti tehtiin keväisin noin 20 rysällä ja nuottaus syksyisin 1–2 nuottauksella päivässä. Ilmeisesti hoitokalastuksen ansiosta järvi muuttui kirkasvetiseksi. Vedenlaatu parani niin, että vesi on uimakelpoista (Annadotter & Forssblad 2013).

11.7.3 Köyliönjärvi

Köyliönjärven pinta-ala on 12,5 km^2, valuma-alue 129 km^2, keskisyvyys 3,1 metriä, suurin syvyys 13 metriä, tilavuus 39 milj. m^3 ja viipymä noin 1,0 vuosi. Kokonaisfosforipitoisuus on ollut 79–96 µg l^{-1} ja klorifylli-*a* 42–57 µg l^{-1}. Vuosina 1992–2006 poistokalastettiin lähinnä nuotilla kalaa noin 1 110 tonnia eli 889 kg ha a^{-1} (59 kg ha^{-1} a^{-1}). Särjet vähenivät, mutta niiden lisääntyminen tehostui huomattavasti. Lahna väheni myös aluksi, mutta alkoi ilmeisesti runsastua uudelleen. Petokalat, kuten ahven, lisääntyivät vain vähän. Muutoksiin liittyi hienoinen vedenlaadun paraneminen ja rehevöitymisen pysähtyminen, vaikka ulkoinen kuormitus pysyi erittäin suurena. 2000-luvulla vedenlaatu heikkeni ilmeisesti lämpimien kesien ja niistä johtuvan särkikalojen lisääntymisen takia. Kuhaistutuksista ei saatu toivottuja tuloksia, koska kuhan luontainen kuolevuus oli niin korkea (1,27), että kanta ei pystynyt rajoittamaan särjen lisääntymistä. Köyliönjärven tapauksessa kalaston hoidon tavoitteita ei saavutettu (Sarvala 2010).

11.7.4 Lappajärvi

Lappajärven pinta-ala on 145 km^2, valuma-alue 1527 km^2, keskisyvyys 7,4 metriä, suurin syvyys 38 metriä, tilavuus 1 077 milj. m^3 ja viipymä 2,8 vuotta. Ulkoinen kuormitus oli 0,38 g m^{-2} a^{-1}. S/U-suhde oli eri vuosina 5 ja 10 (Palomäki 2001).

Lappajärven, Etelä-Pohjanmaan suurimman järven, ekologinen tila on heikentynyt, ja se luokitellaan tyydyttäväksi. Rehevöityminen, 1990-luvun muikkukato ja yhteiskunnan rakennemuutos ovat vähentäneet kalastajien ja kalansaaliin määrää. Ammattikalastuksen edellytysten parantamiseksi toteutettiin vuosina 2001–2004 ”Kalastus elinkeinoksi Lappajärvellä” -hanke. Hankkeen vaikutuksia kalastoon ja järven ekosysteemiin seurattiin vuosina 2001–2006.

Kokonaissaalis vuosina 2001–2004 oli noin 1 660 tonnia (n. 29 kg ha^{-1} a^{-1}). Vaikka saalistavoitetta (2 100 tn) ei täysin saavutettu, hankkeella oli runsaasti myönteisiä, joskin osin vähäisiä tai epävarmoja vaikutuksia järven tilaan ja kalastoon. Kalastajien yksikkösaaliit kasvoivat hankkeen alussa, etenkin kuhaa ja isokokoista ahventa saatiin aikaisempaa enemmän.

Loppuvuosina yksikkösaaliiden kehitys ei ollut aivan yksiselitteistä. Ulapan taloudellisesti vähempiarvoinen kalasto, varsinkin kuorekanta, harveni selvästi. Muikku puolestaan lisääntyi ja pysyi runsaana. Kuhan ja isokokoisen ahvenen lisääntymistä selittivät pääosin lämpimät kesät ja kuhaistutusten onnistuminen. Petokalat, etenkin kuha, voivat osaltaan säädellä Lappajärven ulapan planktonsyöjäkalojen kantoja ja toisaalta estää särjen siirtymistä ulapalle.

Tehokalastuksen loputtua alkoi näkyä merkkejä kalakantojen palautumisesta takaisin kohti lähtötilannetta. Rantavyöhykkeellä hankkeen vaikutukset jäivät selvästi vähäisemmiksi kuin ulapalla. Eläinplankton lisääntyi hieman ylemmissä vesikerroksissa, mutta tilanne alkoi palautua ennalleen hankkeen jälkeen. Sinileväkukinnot näyttivät vähentyneen hankkeen aikana, tosin kukintojen voimakas vaihtelu vaikeutti arviointia. Tehokalastus ja vesiensuojelun tehostuminen vähensivät fosforipitoisuuksia, tosin myös vähäsateiset vuodet vaikuttivat vähenemiseen. Pitoisuuksien lasku jatkui hankkeen jälkeen. Hanketta edeltänyt klorofyllipitoisuuksien kasvusuuntaus pysähtyi ja pitoisuustaso vakiintui. Tehokalastus pienensi klorofylli/fosfori-suhdetta ja vähensi sisäistä kuormitusta, mutta vaikutus alkoi heiketä hankkeen loputtua. Typpipitoisuuksiin, veden väriin tai näkösyvyyteen kalastus ei vaikuttanut (Teppo ym. 2010).

11.7.5 Pyhäjärvi, Säkylä

Säkylän Pyhäjärven pinta-ala on 155 km^2, valuma-alue 615 km^2, keskisyvyys 5,5 metriä, suurin syvyys 26 metriä, tilavuus 832 milj. m^3 ja viipymä 4,0 vuotta. Kokonaisfosfori on 11–21 µg l^{-1} ja klorofylli-*a* 4–9 µg l^{-1}. Järvi on ollut paikallisesti tärkeä ja tuottoisa kalastusalue sekä juomaveden lähde. Yltyvä rehevöityminen uhkasi kaikkia käyttömuotoja 1990-luvun alkupuolella. Syynä pidettiin pääasiassa hajakuormitusta.

Pyhäjärveä on vuodesta 1995 lähtien kunnostettu tehokkaasti. Ulkoista kuormitusta on pyritty vähentämään. Sen lisäksi ammattimainen kalastus on toiminut vuosikymmeniä biomanipulaation (hoitokalastuksen) tavoin: tärkeimmän planktonsyöjän, muikun, lähes koko vuotuinen tuotanto on otettu saaliiksi. Valtaosa kaupallisesta saaliista (muikku 7–25 kg ha^{-1} ja siika 6–7 kg ha^{-1}) on ollut muikkua ja siikaa, jotka molemmat syövät planktonia.

Alhaisen muikkukannan aikana 1990-luvulla kalaston hoidossa päädyttiin tukemaan taloudellisesti vähäarvoisten kalojen tehostettua pyyntiä. Tehostettu pyynti tasapainotti ravintoverkon rakennetta. Siikakantoihin kohdistunut ravintokilpailu lieveni, mikä näkyi siian ja muikun parantuneena kasvuna ja ilmeisesti auttoi muikkukannan toipumista. Tehokas, vain lievästi säännelty kalastus näyttikin olevan paras hoitostrategia Pyhäjärvellä (Sarvala 2010).

Talvinuottauksen saalistietojen perusteella Pyhäjärven kalakannoissa on kuitenkin tapahtunut merkittäviä muutoksia 1990-luvun alussa. 1980-luvulla merkittävin saalis saatiin muikusta, useimmiten 300–400 tn a^{-1}. Seuraavaksi eniten saatiin siikaa (noin 50 tn a^{-1}). Loput saaliista (alle 50 tn) koostui särjestä, kiiskestä, kuoreesta ja muista vähäarvoisista kaloista.

Vuonna 1990 muikkusaalis romahti, ja vuosisaalis vaihteli 1990-luvulla välillä 50–100 tonnia ja 2000-luvulla se on ollut noin 200 tonnin tietämillä. Vuonna 2004 saalis oli vain noin 25 tonnia. Vähäarvoisten kalojen määrä lisääntyi saaliissa voimakkaasti. Kiiskeä saatiin 1990-luvulla 50–100 tn a^{-1}, 2000-luvulla vuosisaalis on ollut pienimmillään muutama kymmenen tonnia ja suurimmillaan 200 tonnia.

Saalistietojen perusteella voisi otaksua, että sisäinen kuormitus olisi kasvanut pohjaeläimiä syövien kalojen määrän myötä. Muikku on hyvin voimakas kilpailija ja käyttää hyväkseen koko vesialuetta pinnasta pohjaan. Suuret muikkumäärät pitivät kuorekannan vähäisenä ja vähensivät myös ahventen osuutta ulapalla alkukesästä. Vähäarvoisten kalalajien määrän nousu lisäsi järven rehevöitymistä ja heikensi muikun valta-asemaa järvessä. Myös petokalojen, lähinnä ison ahvenen, määrä kasvoi, mikä lisäsi muikkuun kohdistuvaa saalistusta.

Vähäsateisten vuosien ja tehokkaan hoitokalastuksen ansiosta järven tila on kohentunut. Kuitenkin vasta vuonna 2006 syntyi todella suuri muikkuvuosiluokka ensimmäistä kertaa sitten 1980-luvun. Tiheään esiintyneet lämpimät kesät ovat tuottaneet vahvoja ahvenvuosiluokkia, mikä on merkinnyt ankarampaa muikkuun kohdistuvaa saalistusta. Todennäköisesti sen vuoksi muikkuvuosiluokat ovat 2000-luvulla pysyneet vuotta 2007 lukuun ottamatta vain kohtuullisina, vaikka poikasmäärät ovat olleet suurempia kuin ennen.

Pyhäjärven pitkäaikaisen seurannan ja tutkimustiedon perusteella on kalakantojen hoidon tärkeimmäksi tavoitteeksi asetettu suurten muikkuvuosiluokkien saaminen takaisin. Tähän päästäneen parhaiten vähentämällä järven ravinnekuormitusta ja poistamalla vähempiarvoista kalaa tehokalastuksella. Kun ravinnemäärät vähentyvät, pystyy muikku voimakkaana kilpailijana pitämään vähäarvoisen kalan kurissa ja vähentämään näin myös sisäistä kuormitusta. Muikku on planktonsyöjä, ja se heikentää siten myös vedenlaatua. Voimakas ammattikalastus toimii kuitenkin petokalojen tehtävässä. Vähentäessään järven kalaa se pienentää samalla planktonsyöjien määrää ja niiden aiheuttamaa vedenlaadun heikkenemistä. Kalojen mukana järvestä poistuu myös merkittävä määrä ravinteita (Pyhäjärven kalastusalue 2008).

11.7.6 Tuusulanjärvi, Järvenpää ja Tuusula

Tuusulanjärven pinta-ala on 6,0 km^2, valuma-alue 92 km^2, keskisyvyys 3,2 metriä, suurin syvyys 9,8 metriä, tilavuus 19 milj. m^3 ja viipymä 0,7 vuotta. Järvenpään jätevedet alettiin johtaa meriviemäriin vuonna 1979, mistä seurasi Tuusulanjärven ravinnepitoisuuksien ja levätuotannon huomattava aleneminen ja talvisen happitilanteen paraneminen 1980-luvun alussa. Silti ulkoinen kuormitus oli noin 0,8 g m^{-2} a^{-1}. U/S-suhde oli 30.

Järvellä on toteutettu monia eri kunnostustoimia, kuten hapetettu syvännettä, kokeiltu sedimentin savipeittoa, ruopattu rantoja, poistettu vesikasvillisuutta, hoitokalastettu ja pyritty rajoittamaan ulkoista kuormitusta, muun muassa rakentamalla kosteikkoja. Suuri hajakuormitus ja sisäinen kuormitus pitivät järven senkin jälkeen ylirehevänä, ja sinileväkukintoja esiintyi yleisesti.

Kesän 1997 kaltaisen sinilevien massaesiintymisen todennäköisyys on kuitenkin kunnostustöiden ansiosta pienentynyt ja vedenlaatu on parantunut selvästi 2000-luvun alussa. 2000-luvulla vuoteen 2009 asti Tuusulanjärven sinilevämäärät olivat pieniä, mutta vuosina 2010 ja 2011 ne yllättäen runsastuivat. Molemmat kesät olivat lämpimiä, mikä suosii sinilevien kasvua. Lämpötila ei kuitenkaan yksin riitä selittämään leväkukintojen syntyä (kuva 46).

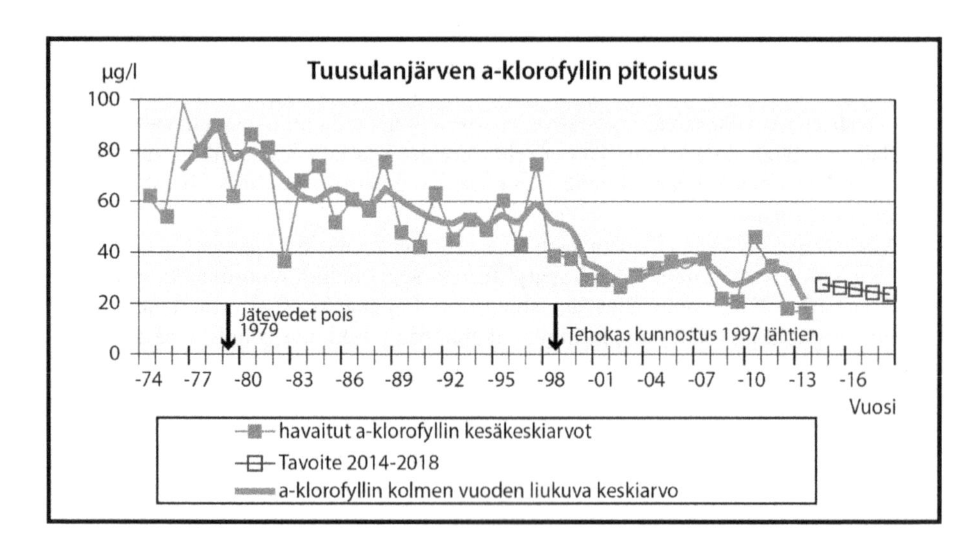

Kuva 46. Tuusulanjärven levämäärää kuvaavan *a*-klorofyllipitoisuuden kehitys 1974-2013 ja tavoitearvot vuosille 2014-2018 (Lähde http://www.kuves.fi/tuusulanjarvi/).

Tutkimusten mukaan järven kalasto on muuttunut lahnavaltaiseksi. Lahnojen aiheuttama ravinteiden kierrätys (sisäinen kuormitus) voi olla hyvin suurta, ja yhdessä suotuisien sääolojen kanssa lahnat ovat todennäköisesti aiheuttaneet sinilevien runsastumisen vuosina 2010 ja 2011.

Parin viime vuoden aikana Tuusulanjärven lahnakanta on runsastunut nopeasti. Lahnaa on niin runsaasti, että sitä tulee muutaman vuoden ajan kalastaa hyvin tehokkaasti (noin 40–50 tonnia vuodessa). Tämän jälkeen voidaan siirtyä kevyempään, biomassan kasvun estävään hoitokalastukseen. Lahnakannan vastetta tehokalastukseen seurataan saalisotoksista laskettavalla populaatioanalyysillä (kuva 33). Vuosittainen saalistavoite asetetaan lahnan populaatioanalyysin ja kesän lämpösumman perusteella.

Vuosien 1997–2013 hoitokalastussaalis oli yhteensä 767 tonnia (taulukko 21). Vuosina 2007 ja 2008 hoitokalastussaalis jäi pieneksi huonojen sääolojen takia.

Taulukko 21. Tuusulanjärven hoitokalastuksen saaliit vuosina 1997–2013.

Vuosi	Saalis tonnia	Saalis kg ha^{-1}
1997	73	123
1998	60	101
1999	107	180
2000	24	41
2001	33	55
2002	25	43
2003	84	141
2004	48	81
2005	40	67
2006	29	49
2007	18	30
2008	19	31
2009	64	107
2010	48	81
2011	48	80
2012	21	35
2013	26	42
Yhteensä	**767**	**1161**

Tuusulanjärven kunnostustoimia on suunniteltu jatkettavaksi. Tavoitteena on järven hyvä ekologinen tila, kun järven tila nykyisin on välttävä (Keski-Uudenmaan vesiensuojelun kuntayhtymä 2011).

11.7.7 Ulemistenjärvi (Lake Ulemiste), Tallinna, Viro

Ulemistenjärvi sijaitsee Virossa Tallinnan alueella, ja se on kaupungin raakavesilähde. Pinta-ala on 9,5 km^2, valuma-alue 99 km^2, keskisyvyys 3,4 metriä, suurin syvyys 5,2 metriä ja tilavuus 16 milj. m^3. Ulkoinen fosforikuormitus vuonna 2002 oli 2,3 tonnia ja 2003 3,8 tonnia (0,24–0,4 g m^{-2} a^{-1}). Veden fosforipitoisuus kasvoi alkukesän tasolta 30–40 µg l^{-1} loppukesän arvoon 60–70 µg l^{-1}, mikä lisäsi myös kasviplanktonin biomassoja (8–27 mg l^{-1}) . Kalasto koostui pääosin isoista (yli 17 cm) lahnoista. Muita lajeja olivat kiiski, ahven, särki, kuha ja hauki.

Hoitokalastuksista odotettiin apua korkeiden kasviplanktonpitoisuuksien vähentämiseen (Pedusaar ym. 2010). Taulukossa 22 on esitetty tietoa ravinne-, klorofylli- ja planktontilanteesta ennen hoitokalastuksia, niiden aikana ja vuosi niiden jälkeen.

Taulukko 22. Ulemistenjärven vedenlaatu touko-lokakuussa ennen hoitokalastuksia (2000–2004), hoitokalastusvuosina (2005 ja 2006) ja vuosi niiden jälkeen (2007) (Pedusaar ym. 2010).

Parametrit	2000–2004	mean	2005	mean	2006	mean	2007	mean
	n=32–138	± SE	n=26–27	± SE	n=26–27	± SE	n=26–27	± SE
TP µg l^{-1}	48	± 1	54	± 2	31	± 2	36	± 2
TN µg l^{-1}	1494	± 40	1309	± 59	1082	+ 46	1214	± 136
TN:TP	34	± 1	26	± 2	38	± 3	37	± 4
Klorofylli-*a* µg l^{-1}	30	± 2	23	± 2	20	± 2	21	± 2
Kasviplanktonbiomassa mg l^{-1}	15	± 1	9	± 2	8	± 1	6	± 1
Eläinplanktonbiomassa mg l^{-1}	0,858	± 0,184	0,586	± 0,076	0,285	± 0,061	0,236	± 0,039
Eläinplanktonmäärä kpl m^{-3}	0,589	± 0,057	0,344	± 0,038	0,245	± 0,025	0,151	± 0,019
Cladocera biomassa mg l^{-1}	0,570	± 0,147	0,287	± 0,048	0,165	± 0,036	0,189	± 0,038
Rotifer määrä kpl m^{-3}	0,486	± 0,055	0,286	± 0,033	0,218	± 0,023	0,122	± 0,019

11.7.8 Vesijärvi, Lahti

Lahden Vesijärven pinta-ala on 109 km^2, valuma-alue 515 km^2, keskisyvyys 6,0 metriä, suurin syvyys 42 metriä, tilavuus 660 milj. m^3 ja viipymä 5,4 vuotta. Järvi jakaantuu useisiin osa-alueisiin, joista suurimmat ovat Enonselkä (26 km^2) Lahden puolella ja Kajaanselkä Asikkalan puolella.

Lahden kaupungin jätevesiä johdettiin Enonselälle vuoteen 1976 asti, mikä rehevöitti sen pahasti. Sen jälkeen jätevedet johdettiin Porvoonjokeen. Vesijärven ulkoinen kuormitus pieneni tämän johdosta kymmenesosaan entisestä. Silti sinilevien massaesiintymiset olivat yleisiä 1980-luvulla. Fosforitaseen mukaan Vesijärveen valuma-alueelta ja ilmakehästä tuleva vuotuinen fosforikuorma on 13 920 kiloa (0,13 g m^{-2} a^{-1}) ja poistuva 3 230 kiloa, jolloin järveen jää 10 690 kiloa fosforia vuodessa. Kalastamalla järvestä poistuu fosforia vuosittain 2 000 kiloa. Ravinnetaseyhtälöstä laskettu U/S-suhde Enonselällä ajalla 14.5.–4.11.2009 oli 72.

Särjen oleellinen merkitys sisäisen kuormituksen aiheuttajana selvitettiin allaskokeilla, joiden perusteella arvioitiin, että Enonselän särkimäärää tulee tehokalastuksin vähentää yli 500 tonnia lyhyessä ajassa, jotta vaikutukset näkyvät vedenlaadussa (Keto ym. 2010).

Vuosina 1989–1993 aloitettiin hoitokalastus ja poistettiin troolaamalla 1 018 tonnia särkiä ja kuoreita (392 kg ha^{-1}). Särkikanta pieneni, sinilevien massaesiintymät loppuivat ja klorofylli/fosfori-suhde aleni suotuisalle tasolle. Samalla aloitettiin petokalojen, lähinnä kuhien, laajamittaiset istutukset. Sillä saatiinkin aikaan vahva luontaisesti lisääntyvä kuhakanta, josta kalastajat olivat tyytyväisiä.

Tehokalastuksen jälkeen jatkettiin hoitokalastusta nuotilla ja rysillä, tavoitteena estää särkikalojen palautuminen. Kuhien särkikaloihin kohdistuva saalistuspaine ei kuitenkaan kasvanut toivotusti, koska kuha söi Vesijärvellä mieluiten ahvenia ja kuoreita. Hoitokalastuksia ja kalaston hoitoa pidetäänkin Vesijärvellä pääosin menestyksellisenä (Sarvala 2010).

Vuoden 2009 lopussa Vesijärvellä käynnistettiin myös laajamittainen hapetus, tavoitteena parantaa Enonselän syvänteiden happikatoa ja siten vähentää veden ravinnepitoisuutta (Salmi 2011). Vesijärvellä vedenlaadun kehitystä on vuodesta 2010 voitu seurata reaaliaikaisesti Puhdasvesijärvi-sivuilla (www.puhdasvesijarvi.fi). Hapetuksesta huolimatta vuosina 2010 ja 2011 Enonselän syvänteiden happipitoisuudet olivat alhaiset, ajoittain tilanne oli huono jopa 5–10 metristä alaspäin, mutta vuonna 2013 happitilanne pysyi koko kesän varsin hyvänä.

11.8 Hoitokalastuksen mahdollisuudet onnistua tai epäonnistua

Hoitokalastuksilla ei ole aina saavutettu haluttuja tuloksia, tai tulokset ovat jääneet lyhytaikaisiksi. Ravintoketjukunnostuksen yleinen onnistumisaste on ollut noin 60 prosenttia (Högmander 2010, Mehner ym. 2002). Syitä epäonnistumisiin saattaa olla useita, seuraavassa niistä ilmeisimpiä:

- Järven ongelmat eivät johdu kalastosta.
- Kalastus ei ole ollut riittävän tehokasta. Kalastossa ei ole tapahtunut merkittäviä muutoksia.
- Kalastus on ollut liian tehokasta. Kalabiomassa on pyydetty liian pieneksi. Tämä on johtanut runsaiden uusien särkikalavuosiluokkien syntyyn, ja myös lajikoostumus on saattanut muuttua.
- Kalastus on kohdistunut vääriin lajeihin. Esimerkiksi, jos runsastunut lahnakanta on ongelmana, särjen kalastus ei auta.
- Ravintoverkossa ei löydy toista tasapainotilaa. Järvien ravintoverkot voivat olla hyvin monimutkaisia, jolloin etukäteen oletetut vaikutukset eivät välttämättä toteudu.
- Syvissä järvissä vaikutukset ovat yleensä heikompia esimerkiksi sen vuoksi, että hapettomuus vapauttaa ravinteita pohjalietteestä. Vallitsee siis voimakas sisäinen kuormitus, joka ei johdu kaloista.
- Ulkoinen ravinnekuormitus on liian suurta, esimerkiksi selvästi yli 1,0 g P m^{-2} a^{-1}. Jos lisäksi veden viipymä järvessä on pieni, ravintoverkko ei pysty vaikuttamaan tilanteeseen positiivisesti, vaan vedenlaatu vastaa järveen tulevaa vedenlaatua.
- Saven aiheuttama samennus on merkittävä ja pysyvä. Savi heikentää eläinplanktonin ravinnon saantia, mikä taas vaikuttaa ravintoverkkoihin (Kirk & Gilbert 1990, Cuker 1993, McCabe & O´Brien 1983).
- Planktonsyöjäkalojen kilpailijoina ovat vahvat sulkasääsken toukkien ja/tai petovesikirppujen kannat, jotka käyttävät ravintonaan vesikirppuja ja hankajalkaisia, eikä

kasviplanktontuotanto pysy sen vuoksi kurissa. Sulkasääski- ja petovesikirppukannat ovat voineet olla vahvoja jo ennen hoitokalastusta, tai ne ovat voineet vahvistua vasta sen jälkeen. Koska sulkasääskien toukat ja petovesikirput ovat kalojen ravintoa, kalabiomassan vähentäminen voi aiheuttaa sen, että selkärangattomat pedot lisääntyvät ja rajoittavat levää syövän eläinplanktonin runsastumista.
- Ravintoverkko on hyvin monimutkainen. Sen säätely ja hallitseminen eivät aina onnistu niin kuin etukäteen ajateltiin.

Milloin sitten hoitokalastuksella on parhaat onnistumisen edellytykset?
- Järvi on särkikalavaltaistunut tai siellä esiintyy ylitiheä kanta pikkuahventa, eikä edellä lueteltuja, mahdollisesti epäonnistumisiin johtavia tekijöitä ole liikaa.
- Järven tila, kuormitus ja kalasto tunnetaan riittävästi, jotta voidaan ryhtyä säädeltyyn hoitokalastukseen.
- Järvellä on voimakas sisäinen kuormitus, joka on paljolti kalaston aiheuttamaa.
- Kalastuksessa on varauduttu pitkäjänteiseen, vähintään 5–10 vuoden kunnostukseen ja tilanteen seurantaan. Kalastuksen suunnittelu ja toteutus ovat riittävän kokeneiden henkilöiden käsissä.

Kunnostamisen onnistumiseen vaikuttavia tekijöitä ovat Högmanderin (2010) mukaan:
Ekosysteemin tilan pysyvyys (stability)
- kuinka pysyvä tasapainotila on
- yleensä systeemin monimutkaisuus ylläpitää vakautta

Ekosysteemin palautumiskyky (resilience)
- kuinka nopeasti systeemi palautuu tasapainoon häiriön jälkeen

Ekosysteemin vastustuskyky (resistance)
- kuinka hyvin ekosysteemi kykenee vastustamaan häiriötä

12 Itämeren rannikkovesien ravintoverkoista

Itämeri on murtovesiallas, jonka ravintoverkkojen toimintaan ja tilaan vaikuttavat paljolti samat tekijät kuin makean veden järviin. Suurimmat erot johtuvat suolapitoisuuksista ja syvyyseroista. Itämeren ekologiaa käsitellään esimerkiksi julkaisuissa Itämeren tulevaisuus (2010) ja Kansalaisen Itämeri (2011). Tietoja löytyy myös netistä: Suomen ympäristökeskus/Merikeskus http://www.syke.fi/, Itämeren suojelukomissio HELCOM www.helcom.fi, Itämeriportaali http://www.itameriportaali.fi/fi/fi_FI/etusivu/ ja Aaltojen alla http://www.aaltojenalla.fi/cgi-bin/bsbw/index.cgi (myös kirjana).

Seuraavassa tarkastellaan lähinnä Suomen rannikkovesien tilaa ja ekologiaa.

12.1 Suolapitoisuus ja vedenvaihtuminen

Suolapitoisuuden kerrostuneisuus on Itämerelle tyypillinen ilmiö. Jokien tuoma vähäsuolaisempi vesi jää pinnalle ja suolapitoisempi vesi painuu raskaampana pohjalle. Suolaisuuden muutosvyöhyke eli suolaisuuden harppauskerros (halokliini) on noin 50–70 metrin syvyydessä. Siellä suolapitoisuus kasvaa jyrkästi. Tätä matalammilla alueilla, kuten Suomenlahdella ja Perämerellä, kerrostuneisuus (kuva 47) voi rikkoutua tuulien sekoittaessa vettä.

Suolaisuus johtuu siitä, että Itämeri on Tanskan salmien kautta yhteydessä Pohjanmereen, josta suolaista (3,5 %) ja hapekasta merivettä tulee ajoittain suolapulsseina Itämereen. Viime vuosikymmeninä nämä suolapulssit ovat jostain syystä selvästi harventuneet, eivätkä Itämeren suuret syvänteet ole saaneet uutta hapekasta vettä niin usein kuin aikaisemmin (kuva 48). Tämän vuoksi esimerkiksi Suomen rannikkovesien suolapitoisuus on alentunut, ja se on jokisuita lukuun ottamatta 0,4–0,5 prosentin luokkaa. Itämeren murtoveden keskimääräinen suolapitoisuus on 0,6 prosenttia. Kun suolapulsseja on tullut vain harvoin, se on estänyt Itämeren hapettomien ja ravinnepitoisten vesien vaihtumista Itämeren pääsyvänteissä. Itämeren keskisyvyys on 55 metriä ja meren syvin kohta 459 metriä. Mereksi Itämeri on kuitenkin matala.

Kun vesi vaihtuu ainoastaan Tanskan kapeiden salmien kautta, vesien viipymä Itämerellä on pitkä. On arvioitu, että jokien Itämereen tuoma vesimäärä vaihtaisi Itämeren veden vajaassa 50 vuodessa. Pitkän viipymän takia myös haitalliset aineet säilyvät meressä pitkään.

Pintavesien virtauksiin vaikuttavat eniten vallitsevat tuulten suunnat. Coriolisvoiman aiheuttama perusvirtaus kuljettaa vettä rannikkoja pitkin vastapäivään, eli Suomen puoleisella Suomenlahden rannikolla länteen ja Pohjanlahden rannikolla pohjoiseen.

12.2 Kuormittajat ja vedenlaatu

Itämeren valuma-alue on lähes nelinkertainen merialueen pinta-alaan verrattuna. Kun valuma-alueella elää lähes 90 miljoonaa ihmistä, sieltä tulee jokien mukana mereen huomattavasti kuormitusta. Rannikkovesiä kuormittavat lähinnä rannikkokaupunkien jätevedet ja jokien tuoma hajakuormitus. Lisäksi kuormitusta tulee suoraan ilmasta ja eräistä tuotantolaitoksista, muun muassa kalankasvatuksesta.

Hajakuormituksen osuus Itämeren kuormituksesta on nykyisin 75–85 prosenttia ulkoisesta ravinnekuormituksesta. Hajakuormituksen suurin yksittäinen tekijä on maatalous: peltojen lannoitus ja karjatalous. Suomen osuus Itämeren ravinnekuormituksesta on noin 10–11 prosenttia. Rannikkovesien tila vaihtelee ja rehevöityminen on suurinta siellä, mihin kuormitukset kohdistuvat, esimerkiksi suurien kaupunkien edustoilla ja jokien suualueilla (kuva 49). Suomea ympäröivillä vesialueilla rehevöityminen on edennyt pisimmälle Suomenlahdella ja Saaristomerellä. Myös Selkämerellä näkyy rehevöitymisen merkkejä, kun taas Perämerellä niitä ei juuri ole.

Rannikkovedet ovat yhteydessä avomereen, ja ne ovat enemmän tai vähemmän saaristojen suojassa. Rannikkovesien vedenlaatu voi joskus vaihdella nopeastikin. Tämä johtuu tuulien aiheuttamista virtauksista ja veden vaihtumisesta rannikon ja avoveden välillä. Ilmiön voi havaita esimerkiksi nopeina veden sameuden tai kirkkauden vaihteluina. Tähän liittyy myös kumpuamisilmiö, jossa viileämpää alusvettä kumpuaa rannikon läheisyydessä pintaan. Kumpuaminen syntyy, kun tuuli käy rannasta merelle päin ja pintavesi pakkautuu vastarannalle. Silloin paksuuntunut pintavesi työntää alusvettä tieltään, ja alusvesi nousee ylöspäin tuulen puoleisella rannalla.

Minimiravinteena toimii välillä fosfori ja välillä typpi. Rannikkovesissä fosfori toimii useimmin minimiravinteena ja ulommilla alueilla vastaavasti typpi. Siten nämä molemmat ravinteet vaikuttavat Itämeren rehevyyteen. Rannikkokaupunkien jätevesipuhdistamot pyrkivät poistamaan jätevesistä sekä fosforia että typpeä.

Itämeren suojelukomission mukaan koko Itämeri on luokiteltu rehevöityneeksi – Perämerta ja Kattegatin salmea lukuun ottamatta.

Itämeren sedimentteihin on kerääntynyt ravinteita, joten sisäinen kuormitus on merkittävä vesien tilaan vaikuttava tekijä. Myös rannikkoalueilla on erillisiä syvänteitä, jotka saattavat olla ajoittain hapettomia ja purkavat siten sedimentistä ravinteita vesimassaan. Fosforin purkautumiseen sedimentistä vesimassaan vaikuttavat sekä rauta että sulfaatti, jonka pitoisuus on merivedessä moninkertainen järviin verrattuna.

Suomenlahden rehevöitymiseen on yksittäisenä kuormittajana vaikuttaneet eniten Pietarin jätevedet, jotka vasta viime vuosina on saatu jätevedenpuhdistuksen piiriin, kokonaan vuonna 2013.

Rehevöityminen on merkittävä Itämeren ekologiaan ja vesien käyttökelpoisuuteen vaikuttava tekijä. Leväesiintymät ovat ajoittain runsaita. Varsinkin sinilevät saavat olla myrkyllisiä eliöille, ja ne voivat myös rajoittaa esimerkiksi uimista meressä. Leväkukinnat ovat osin luonnollinen ilmiö, ja niitä on tiettävästi esiintynyt Itämerellä jo ennen, kuin ihminen muutti Itämeren luonnontilaa. Ihmisten aiheuttama ravinnekuormitus on kuitenkin pahentanut tilannetta. Tämä lähinnä alusveden ja sedimentin hapettomuudesta johtuva sisäinen fosforikuormitus on joinakin vuosina ollut jopa kolme kertaa suurempi kuin ulkoinen kuormitus. Toisinaan taas ulkoinen kuormitus on ollut suurempi.

Rehevöitymisen ja muiden kuormitushaittojen vähentämiseksi kaikenlaista kuormitusta pyritään rajoittamaan sekä kansallisten että Itämeren valtioiden yhteisin määräyksin ja sopimuksin. Rannikkovesien ekologinen tila vuonna 2013 ilmenee kuvasta 48. Itämeren toimintasuunnitelman (Baltic Sea Action Plan, BSAP) mukaan tavoitteena on saavuttaa Itämeren hyvä ekologinen tila vuoteen 2021 mennessä.

12.3 Levien ravinnekierto

Itämeren levien esiintyminen eri vuodenaikoina poikkeaa jonkin verran järvistä, mutta paljon on myös samoja piirteitä. Kun vedessä on runsaasti leville käyttökelpoista ravinnetta, syntyy voimakas levätuotanto, joka kuluttaa veden ravinteet ja vajoaa pohjalle hajotessaan kuluttaen alusveden happea. Siitä seuraa kirkkaamman veden vaihe. Sitten, kun taas ulkoa ja sedimentistä on tullut veteen lisää ravinteita, alkaa uusi levätuotanto. Erilaiset levät esiintyvät eri lämpötiloissa. Sinilevät pystyvät ottamaan typpeä myös ilmasta, joten niiden esiintyminen Itämeressä on välillä runsasta.

Keväällä pintavedessä on paljon ravinteita. Kun jäät lähtevät, valoa riittää ja kasviplanktontuotanto voimistuu nopeasti. Vesi muuttuu ruskehtavaksi, koska keväällä planktonissa on lähinnä piileviä ja panssarisiimaleviä. Keväinen levämaksimi kuluttaa meren pintakerroksesta ravinteet. Kun levät vajoavat pohjaan, vesi kirkastuu. Kevätkukinnan huippu on Suomenlahdella ja Selkämerellä toukokuussa, Perämerellä vähän myöhemmin. Piileväkukinnan kanssa pintakerroksen valtaavat ratas- ja alkueläimet. Kevätkukinnan jälkeen pintavedessä ei ole kovin paljon ravinteita, ja kasviplankton koostuu pienistä, vain lyhyen aikaa elävistä lajeista. Eläinplankton alkaa laiduntaa eli syödä kasviplanktonia.

Heinä-elokuussa, kun pintavesi on riittävän lämmintä, sinilevät tulevat vallitseviksi pintavedessä. Runsaat sinilevämäärät saattavat tyynellä säällä nousta pintaan ja synnyttää sinileväkukintoja. Vesikirputkin ovat runsaimmillaan heinäkuussa. Hankajalkaiset runsastuvat syksyä kohti.

Syksyn levämaksimi voi jälleen värjätä veden punaruskeaksi. Syksyllä, kumpuamisen aikaan, voi termokliinin alapuolellekin syntyä panssarileväkukinta. Panssarilevä pystyy lisääntymään, vaikka valoa ei ole, kunhan typpeä on riittävästi.

12.4 Eliöstö

Itämeren eliöstö on suppea verrattuna valtameriin, mutta laajempi kuin järvissä. Eliöstö koostuu suolapitoisuutta suosivista lajeista (sinisimpukka, kampela, silakka, Itämeren hylkeet, eräät merilinnut) ja murtoveteen sopeutuneista makeanveden lajeista (särkikalat, ahven, hauki, siika ja muikku). Suomenlahden ja Perämeren perukat sekä jokisuut ovat vähempisuolaisia kuin muu Itämeri. Näillä alueilla eliöstö on myös enemmän makeaa vettä suosivaa, esimerkiksi muikkua esiintyy.

Itämereen on aikojen kuluessa tullut ja sopeutunut myös useita vieraslajeja laivojen mukana, esimerkiksi kampamaneetti, merirokko, valekirjosimpukka ja petovesikirppu. Vieraslajeja on laskettu saapuneen noin 120, joista noin 80 on asettunut uuteen ympäristöön pysyvästi.

Yksi rehevöitymisen seuraus Suomen rannikkovesissä on ollut särkikalojen yleistyminen, lisääntyminen ja esiintymisalueiden laajeneminen. Rehevöityminen ja särkikalat yhdessä syrjäyttävät arvokkaampia kalakantoja. Särkikalat aiheuttavat pohjia tonkimalla bioturbaatiota, joka lisää rehevöitymistä.

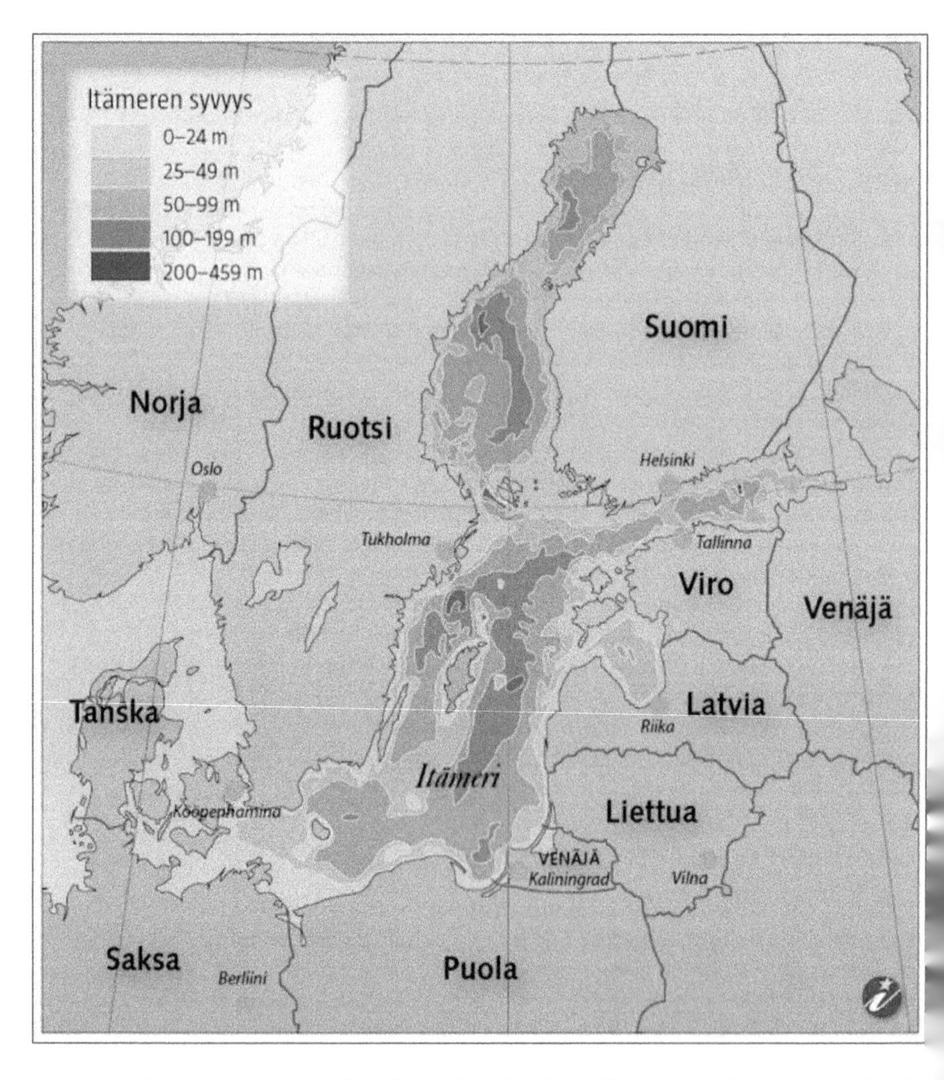

Kuva 47. Itämeren syvyyssuhteet (Lähde: Kansalaisen Itämeri 2010/Balance-hanke/Anu Kaskela, GTK © Mika Launir).

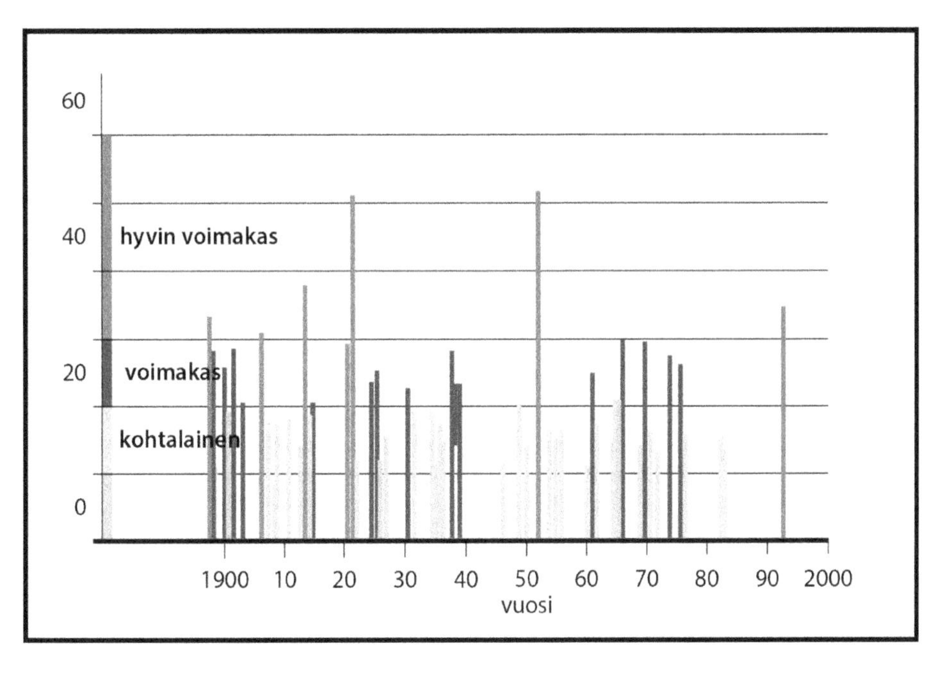

Kuva 48. Suolapulssit Itämereen 1900-luvulla. Voimakkaat pulssit ovat olleet harvinaisia 1970-luvun jälkeen. Suolapulsseista lisää http://www.itameriportaali.fi/fi/tietoa/yleiskuvaus/veden_liikkeet/suolapulssit/fi_FI/suolapulsseja/

12.5 Rannikkovesien tila ja kunnostus

Rannikkovesien tilaan ovat vaikuttaneet Itämeren tilan yleisen kehityksen lisäksi joista ja lähialueilta tullut kuormitus. Ympäristölle myrkyllisten aineiden päästöjä ja vaikutuksia on pystytty viime vuosikymmeninä rajoittamaan merkittävästi. Näitä aineita ovat esimerkiksi PCB-yhdisteet, dioksiinit ja furaanit, PAH-yhdisteet, orgaaniset tinayhdisteet, bromiyhdisteet ja eräät raskasmetallit. Kuitenkin esimerkiksi silakan ja lohen dioksiinipitoisuudet Itämeren pohjoisilla alueilla ylittävät yhä EU:n ruokakalalle asettamat enimmäisrajat, ja lajien käyttöä ihmisravinnoksi onkin rajoitettu.

Myös rannikkovesien pohjasedimenttien raskasmetallipitoisuudet ovat monin paikoin edelleen korkeita. Erityisesti pysyvät orgaaniset yhdisteet (POP) aiheuttavat ympäristö- ja terveysongelmia, koska ne kulkeutuvat kauaksi päästölähteistä. Siksi ennen ruoppauksiin ja merialueelle läjityksiin ryhtymistä täytyy selvittää sedimenttien haitta-ainepitoisuudet. Raja-arvot ylittäviä massoja ei saa suojaamatta ruopata ja läjittää mereen.

Asumajätevesien sisältämästä fosforista pystytään poistamaan yli 95 prosenttia ja typestäkin yli puolet, Helsingin Viikinmäen keskuspuhdistamolla noin 90 prosenttia. Silti muun muassa hajakuormitus ja hulevedet tuovat rannikkovesiin ravinteita aiheuttaen rehevöitymistä, jota aikaisemmat sedimenttiin varastoituneet ravinteet sisäkuormituksen kautta lisäävät. Paikallisesti ja hetkellisesti myös erilaiset vesistötyöt, kuten ruoppaukset ja mereen läjitykset, ovat aiheuttaneet tilapäisiä vedenlaadun muutoksia. Lisäksi hiekanotto ja tuulivoimalaitosten rakentaminen ovat muuttaneet luonnontilaa matalikkoalueilla. Juuri matalikot ovat vesiluonnon ja eräiden kalalajien lisääntymisen kannalta tärkeitä.

Ympäristönsuojelulailla rajoitetaan pistekuormitusta. Vesilaki säätelee vesistötöiden vaikutuksia. Hajakuormitukseen on ollut vaikeampi puuttua. Maatalouden ympäristötuilla ohjataan vähemmän kuormittaviin viljelykäytäntöihin sekä suojavyöhykkeiden ja kosteikkojen perustamiseen. Ilmaston lämpeneminen lisää huuhtoutumia maa-alueilta ja pelloilta, eli se saattaa lisätä Itämereen joutuvan hajakuormituksen määrää.

Vaelluskalojen (lohi, taimen, siika, ankerias, nahkiainen) lisääntymiseen on vaikuttanut likaantumishaittojen lisäksi jokien patoaminen. Näitä vaikutuksia on pyritty kompensoimaan kalanistutusvelvoitteilla ja eräissä tapauksissa rakentamalla kalateitä, jotta kalat pääsisivät lisääntymisalueilleen. Näin on pyritty pitämään arvokalakantoja yllä, mutta aina siinä ei ole kovin hyvin onnistuttu. Arvokalakantojen turvaamiseksi on säädetty pyyntirajoituksia, joiden tavoitteena on lisätä luontaista kutua ja poikastuotantoa siellä, missä se suinkin on mahdollista.

Matalat lahtialueet saattavat ruovikoitua rehevöitymisen myötä. Joissakin tapauksissa ruovikoita on poistettu niittämällä, ja kasvustojen käyttöä esimerkiksi energian raaka-aineena on tutkittu. Myös lintuvesiä on kunnostettu niittämällä tai ruoppaamalla umpeenkasvaneita alueita avovedeksi tai saarekkeiksi. Avaamalla väyliä tiheiden ruovikoiden joukkoon lisätään vedenvaihtoa, kalojen lisääntymis- ja suoja-alueita sekä pesintäalueita linnuille.

Kalataloudellista kunnostusta on pyritty tekemään myös särkikalojen poistopyynneillä. Rannikon särkikalakannat ovat runsastuneet vesistöjen rehevöitymisen vuoksi. Ravinteiden vähentämiseksi ammattikalastajat aloittivat laajamittaisen särkikalojen poistokalastuksen vuonna 2010. Tavoitteena oli, että poistokalastus saadaan käynnistysvaiheen tuen jälkeen toimimaan kaupallisin ehdoin. Riista- ja kalatalouden tutkimuslaitos (RKTL) toteutti vuosien 2010 ja 2011 aikana yhdessä yhdeksän yrityksen kanssa pilottihankkeen, jossa testattiin kahden särkikalojen laajamittaisen hyödyntämislinjan käytännön toimivuutta ja taloudellisuutta (Setälä ym. 2012). Kalastajille on maksettu toisarvoisen kalan poistopyynnistä merialueella ja eräillä järvillä tukea 0,45 euroa kilolta. Tuen jatkumisesta ei ole varmuutta, eikä siten myöskään merialueen hoitopyynnin jatkosta.

Ruotsin ja Suomen kesken on myös tutkittu voidaanko hapettomia syvänteitä hapettaa tai ilmastaa ja siten estää ravinteiden vapautumista sedimentistä. Hapettamisella saattaa olla sekä positiivisia että negatiivisia seurauksia. Vaikka alusvesi hapettuisi, se ei välttämättä riitä muuttamaan sedimenttiä hapelliseksi. Lämpötilakerrostuneisuus saattaa rikkoutua, ja se muuttaa ravintoverkkojen toimintaa. Hapettaminen on myös kustannuskysymys.

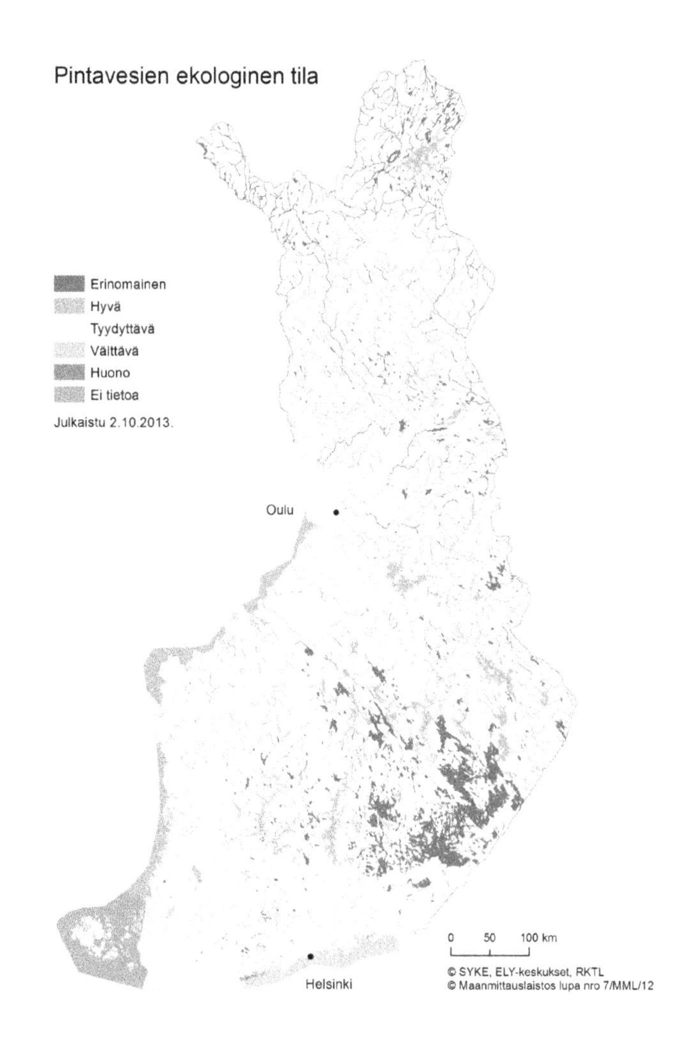

Kuva 49. Pintavesien ekologinen tila 2013 (Lähde: http://www.ymparisto.fi/fi-FI/Vesi_ja_meri/Pintavesien_tila).

12.6 Vedenalainen maisema ja luonto

Itämeren pinnan alta paljastuu pehmeän liejun peittämiä painanteita, hiekkakokoumia ja moreenimuodostumia. Itämeressä on kuolleita pohja-alueita, mutta suurin osa vedenalaisista maisemista on kuitenkin niille tyypillisten lajien asuttamaa. Maisemarakenteeltaan erityisiä alueita ovat Saaristomeri ja Merenkurkku, joka on nimetty maailmanperintöalueeksi.

Vedenalainen luonto vaihtelee paitsi maaperän, myös vesisyvyyksien mukaan. Matalan veden kalliokukkuloilla kasvaa värikkäitä leväkasvustoja. Ylimpänä vesirajassa kasvaa enimmäkseen yksivuotisia vihreitä ja ruskeita rihmamaisia leviä. Muutaman metrin syvyydessä hallitsevat suuremmat monivuotiset levät, kuten rakkolevä. Rakkolevää pidetäänkin yhtenä veden ekologisen tilan mittaajana. Mitä syvemmälle rakkolevävyöhyke ulottuu, sitä parempi on vesialueen ekologinen tila. Jos rakkolevävyöhyke on kapea ja se on osin laskeutuvan aineksen ja rihmalevien peittämä, se ilmentää rehevöitymistä ja rajoittunutta valon pääsyä pohjille. Rakkoleviä syvemmälle ulottuvat rihmamaiset punalevät sekä kivien päällä kasvavat nukkamaiset levät. Valoisat hiekkapohjaiset poukamat ovat juurellisten vesikasvien alueita. Pohjois-Itämeren vähäsuolaisissa vesissä esiintyy parikymmentä putkilokasvia, joista vain meriajokas on mereistä alkuperää. Se muodostaa laajoja merenalaisia niittyjä.

Kalliokokoumat ovat sinisimpukoiden peitossa. Kallioiden välissä sijaitsevilla hiekka-, sora-, muta- ja savipohjilla esiintyy matojen, simpukoiden ja äyriäisten yhteisöjä, jotka elävät pohjaan kaivautuneina. Kasveja muistuttavat polyyppieläimet voivat elää 30 metrin syvyydessä.

Itämeren vedenalaisten maisemien määritystyö aloitettiin EU:n rahoittamalla Balance-hankkeella. Työtä on jatkettu Suomen merialueilla FINMARINET-hankkeella (http://www.ymparisto.fi/finmarinet), joka toteutettiin osana VELMU-ohjelmaa vuosina 2009–2013. FINMARINET-hankkeessa tuotettiin uutta tietoa eliölajien ja niiden muodostamien yhteisöjen esiintymisestä Suomen merialueilla. Hankkeessa kerättiin tietoa eläin- ja kasvilajeista yli 22 000 näytteenottopaikalta kuudella tutkimusalueella. Lisäksi hankittiin geologista aineistoa muun muassa luotaamalla lähes 800 km^2 merenpohjaa. Käsitys luonnon monimuotoisuuden kannalta tärkeiden luontotyyppien – erityisesti riuttojen ja hiekkasärkkien – sijainnista ja laajuudesta tarkentui. Erityisesti ulkomeren lajistosta ja luontotyypeistä tiedetään nyt entistä enemmän.

Suomen rannikolla vedenalaisen meriluonnon kartoitustyötä on tehty vuodesta 2004 lähtien Vedenalaisen meriluonnon monimuotoisuuden inventointiohjelmassa (VELMU) (http://www.ymparisto.fi/fi-FI/VELMU). VELMU kerää tietoa vedenalaisten luontotyyppien, lajien ja niiden muodostamien yhteisöjen esiintymisestä Suomen merialueilla. Ohjelman päätavoite on edistää Itämeren lajien ja merialueiden suojelua ja tukea meren ja sen luonnonvarojen kestävää käyttöä. VELMUssa kartoitetaan sekä meriluonnon elottomia (geologisia ja fysikaalis-kemiallisia) että elollisia ominaisuuksia (lajeja ja niiden muodostamia eliöyhteisöjä). Yhdessä ne muodostavat Itämerelle tyypillisiä, arvokkaita elinympäristöjä, luontotyyppejä ja vedenalaisia maisemakokonaisuuksia. Kartoituksia tehdään erityisesti merenpohjien elinympäristöjen ja niissä elävien vesikasvien ja makrolevien sekä selkärangattomien eläinten ja kalojen levinneisyyden selvittämiseksi. VELMUn kartoituksilla pyritään löytämään lajistoltaan ja luontotyypeiltään arvokkaimmat alueet ja erityistä suojelua tarvitsevien lajien esiintymispaikat. Suojelemalla arvokkaimmat alueet ja ohjaamalla niiden käyttöä voidaan turvata vedenalaisen luonnon monimuotoisuuden säilyminen. VELMUn yhtenä osaprojektina on Biologinen maastokartoitus, joka vastaa lajien, elinympäristöjen ja kalojen lisääntymisalueiden kartoituksesta.

12.7 Suojelualueet ja -sopimukset

Erilaisin kansainvälisin sopimuksin pyritään vähentämään Itämereen kohdistuvaa kuormitusta ja ympäristövahinkoja, kuten öljyonnettomuuksia. Antifouling-sopimuksella on kielletty tributyylitinayhdisteiden (TBT) käyttö. Matkustaja-alusten käymäläjätevesien laskeminen Itämereen on kielletty.

Meriluonnon suojelemiseksi ja säilyttämiseksi on perustettu seuraavat kansallispuistot:

- Itäisen Suomenlahden kansallispuisto (1982)
- Tammisaaren kansallispuisto (1989)
- Saaristomeren kansallispuisto (1983)
- Selkämeren kansallispuisto (2011)
- Perämeren kansallispuisto (1991).

Euroopan unionin luontodirektiivin mukaisesti Suomeen on perustettu Natura 2000 -alueita. Niistä monet sijaitsevat merellä ja rannikolla. Samalla perustettiin myös Itämeren suojelukomission (HELCOM) suosituksen mukaisia Itämeren suojelualueita (Baltic Sea Protected Areas). Nämä alueet noudattavat Natura 2000 -rajauksia. Tavoitteena on suojella erilaisia luontokohteita ja habitaatteja pysyvästi.

Itämeren suojelua edistäviä järjestöjä, säädöksiä ja sopimuksia:

- Kansainvälinen merenkulkujärjestö IMO http://www.imo.org/Pages/home.aspx
- Itämeren suojelukomissio HELCOM www.helcom.fi
- Vesipolitiikan puitedirektiivi (EU 2000)
  http://eur-lex.europa.eu/LexUriServ/LexUriServ.do?uri=O-J:L:2000:327:0001:0072:FI:PDF
- Meristrategiadirektiivi (EU 2008)
  http://eur-lex.europa.eu/LexUriServ/LexUriServ.do?uri=OJ:L:2008:164:0019:0040:-FI:PDF
- Suomen Itämeren suojeluohjelma (2002)
  https://helda.helsinki.fi/bitstream/handle/10138/40629/SY_569.pdf?sequence=1
- Luonnon monimuotoisuuden ja kestävän käytön strategia (2007)
  http://www.hare.vn.fi/mHankePerusSelaus.asp?h_iId=12833
- Vesiensuojelun suuntaviivat ohjelma (2007)
  https://helda.helsinki.fi/handle/10138/38438
- Ympäristönsuojelulaki (2000/86)
  http://www.finlex.fi/fi/laki/ajantasa/2000/20000086
- Vesilaki (2011/587) http://www.finlex.fi/fi/laki/ajantasa/2011/20110587

Lisäksi on monia muita sopimuksia, lakeja ja ohjelmia, jotka tähtäävät Itämeren luonnon ja monimuotoisuuden suojeluun.

13 Lopuksi

Kun vesistön tilaan aiotaan vaikuttaa tai ravintoverkkoon puuttua, on syytä olla tietoinen toimenpiteen mahdollisista vaikutuksista. Vaikutusten ennakoiminen saattaa olla vaikeaa, sillä ravintoverkoissa kaikki vaikuttaa kaikkeen, enemmän tai vähemmän.

Ympäristötekijöistä keskeisiä ovat valuma-alueen ja järven geomorfologia, sää, valaistus, lämpötila, virtaukset, ravinteet, suolapitoisuus, happamuus, happitilanne, kasvillisuus, pohjien tila ja kalastus. Sisäisiä vaikuttajia ovat eliöstö ja lajien väliset vuorovaikutukset, joihin liittyvät ravintotilanne, lisääntymisolosuhteet ja lajien välinen kilpailu. Jos ulkoiset olosuhteet ovat kunnossa, lajien keskeisiä menestystekijöitä ovat saatavissa oleva ravinto ja se, kuinka hyvin ne onnistuvat säästymään petojen saalistukselta. Tämä koskee niin kaloja kuin niiden ravintoeläimiä ja muuta vesieliöstöä.

Jokiolosuhteissa virtaamat, lisääntymisalueiden laatu, suojapaikat, saatavissa oleva ravinto ja kalasto vaikuttavat esimerkiksi vaelluskalojen poikastuotannon ja kasvun edellytyksiin.

Järvissä lajien menestykseen vaikuttavat ravinnon saanti, kilpailu elintilasta ja suojapaikoista sekä predaatio. Ensimmäiset elinvuodet ovat yleensä ratkaisevia kannan vahvuuden kannalta.

Vesistökunnostuksissa vaikutetaan ravintoverkkoihin, suoraan tai välillisesti. Ulkoisen kuormituksen rajoittaminen vaikuttaa ravintoverkkoon samoin kuin sedimentin käsittely ja syvänteiden hapetus. Hoitokalastuksella (biomanipulaatiolla) on sekä suoraa että välillistä vaikutusta ravintoverkkoihin ja lajien välisiin suhteisiin.

Rehevöityminen on yleistä. Siihen liittyvät haitallisten ja mahdollisesti myös myrkyllisten levien esiintyminen heikentää vesien käyttökelpoisuutta. Ulkoisen kuormituksen lisäksi vesialueen sisäisellä kuormituksella saattaa olla ratkaiseva vaikutus vesialueen tilaan ja käyttökelpoisuuteen. Varsinkin järvissä toimii ravintoketjuja, kuten kasviplankton – eläinplankton – planktonsyöjäkalat – petokalat tai pohjaeläimet – pohjaeläinsyöjäkalat – petokalat, jotka voivat vaikuttaa sisäiseen kuormitukseen ja leväesiintymien runsauteen siinä kuin fysikaalis-kemialliset tekijätkin.

Hoitokalastus on jo melkeinpä perinteinen menetelmä, jolla pyritään vaikuttamaan ravintoketjuihin ja sitä kautta vesialueen tilaan. Tavoitteena on vähentää planktonia tai pohjaeläimiä syöviä kaloja. Planktonsyöjäkaloja vähennetään eläinplanktonin säästämiseksi, koska eräät eläinplanktonlajit harventavat tehokkaasti kasviplanktonia. Pohjaeläimiä syöviä kaloja taas poistetaan, jos halutaan vähentää pohjien tonkimista ja siitä johtuvaa ravinteiden liukenemista veteen.

Hoitokalastusten tulokset ovat kuitenkin olleet vaihtelevia. Riittävällä tehopyynnillä on yleensä saatu positiivisia tuloksia melko nopeastikin, mutta harvoin tulokset jäävät pysyviksi. Hoitokalastus harventaa kalastoa ja pienentää biomassoja, mutta toisaalta se saattaa lisätä nuorien kalojen määrää. Kun särkikalojen määrää on vähennetty, kilpailu eläinplanktonravinnosta vähenee ja syntyy runsaita uusia kalavuosiluokkia, yksilöiden kasvu kiihtyy – ja veteen tulee ulosteiden mukana enemmän ravinteita. Tämä kalojen "baby boom" on tavallisesti havaittavissa 1–4 vuoden kuluttua hoitokalastuksesta. Nuoret kalat vähentävät voimakkaasti sellaisten eläinplanktonlajien määrää, jotka käyttävät ravinnokseen kasviplanktonia (Hansson & Brönmark 2010). Tämän vuoksi tulee hoitokalastuksia suunniteltaessa ja toteutettaessa ottaa huomioon nuorten ikäluokkien lisääntyminen.

Hoitokalastuksen johdosta lisääntyvä laji ei aina ole sama, jota järvestä poistetaan. Esimerkiksi särjen sijaan saattavat lisääntyä salakka tai lahna ja pasuri. Tästä voi olla pidemmällä aikavälillä enemmän haittaa kuin hyötyä. Ravintoketjun hallitseminen saattaa entisestään vaikeutua.

Tästä kaikesta seuraa, että hoitokalastusta ei pidä tehdä vähentämällä biomassaa 70–80 prosentilla lähtötilanteesta. Hoitokalastus on toteutettava säädellysti siten, että vältetään uusien runsaiden vuosiluokkien syntymistä.

Kuva: Tore Li

LÄHTEET JA LIITTEET

Kuva: Juhani Niinimäki

Airaksinen, J. 2004. Vesivelho-hankkeen loppuraportti. Suunnitteluohjeistus rehevien järvien kunnostamiseen. Savonia-ammattikorkeakoulu, tekniikka. Kuopio D 3/2004. 90 s.

Airaksinen, P. 2005. Särkien pikkupoikaskannibalismi. Opinnäytetutkielma. Kuopion yliopisto, luonnontieteiden ja ympäristötieteiden tiedekunta. 77 s.

Alahuhta, J. 2008. Selkämeren rannikkovesien tila. Rehevöitymistarkastelu. Lounais-Suomen ympäristökeskuksen raportteja 9/2008. 111 s.

Andersson, G., Blindow, I., Hargeby, A. & Johansson, S. 1990. Det våras för Krankesjön. Anser 29: 53–62.

Annadotter, H. 2009. The Story of Lake Finjasjön. Esitelmä. Vesistökunnostuspäivät 24.9.2009.

Annadotter, H. & Forssblad, J. 2013. Limnologisk undersökning av Finjasjön 2012. Rapport. Regito Research Center on Water and Health. 78 s.

Asmala, L. 2008. Kiertoa sulkemassa: Typen ja fosforin virrat Suomen merialueen kalankasvatuksessa. Pro gradu -tutkielma. Helsingin yliopisto, bio- ja ympäristötieteiden laitos. 50 s.

Aura, E., Saarela, K. & Räty M. 2006. Savimaiden eroosio. Maa- ja elintarviketalouden tutkimuskeskus. MTT:n selvityksiä 118. 32 s. ISBN 952-48703-9-8.

Bell, R. T. & Ahlgren, I. 1987. Thymidine incorporation and microbiological respiration in the surface sediments of a hypereutrophic lake. Limnol. Oceanogr. 32(2): 476–482.

Benndorf, J. 1987. Food web manipulation without nutrient control: a useful strategy in lake restoration? Schweiz. Z. Hydrol. 49(2): 237–218.

Brönmark, C. & Hansson, L.-A., 2005. The Biology of Lakes and Ponds. Biology of Habitats. Oxford University Press. 285 p. ISBN 978-019-85161-3-2.

Boström, B., Jansson, M. & Forsberg, C. 1982. Phosphorus release from lake sediments. Arch. Hydrobiol. Beih. Ergebn. Limnol. 18: 5–59.

Bäck, S., Ollikainen, M., Bonsdorff, E., Eriksson, A., Hallanaro, E.-R., Kuikka, S., Viitasalo, M. & Walls, M. 2010. Itämeren tulevaisuus. Gaudeamus. 350 s. ISBN 978-952-49513-2-6.

Carey, C. C. & Rydin, E. 2011. Lake trophic status can be determined by depth distribution of sediment phosphorus. Limnol. Oceanogr. 56(6): 2051–2063.

Carpenter, S. R. & Kitchell, J. F. (eds.) 1996. The trophic cascade in lakes. Cambridge University Press. 400 p. ISBN 978-052-15668-4-1.

Carpenter, S. R., Cole, J. J., Kitchell, J. F. & Pace, M. L. 2010. Trophic Cascades in Lakes: Lessons and Prospects. Kirjassa: Terborough, J. & Estes, J. A. (eds.) Trophic Cascades: Predators, Prey and the Changing Dynamics of Nature. Island Press. 464 s. ISBN-13:978-1-59726-486-0

Cuker, B. E. 1993. Suspended clays alter trophic interactions in the plankton. Ecology. 74(3): 944–953.

Cyr, H. & Peters, R. H. 1996. Biomass-size spectra and the prediction of fish biomass in lakes. Canadian Journal of Fisheries and Aquatic Sciences 53(5): 994–1006.

Demelo, R., France, R. & McQueen, D. J. 1992. Biomanipulation: hit or myth? Limnol. Oceanogr. 37: 192–207.

Dremer, R. W. & Hambright, K. D. 1999. Review: biomanipulation of fish assemblages as a lake restoration technique. Archiv für Hydrobiologie 146(2): 129–165.

Elinkeino-, liikenne- ja ympäristökeskus 2011. Kirkkaasta sameaan. Meren kuormitus ja tila Saaristomerellä ja Ahvenanmaalla. Varsinais-Suomen elinkeino-, liikenne- ja ympäristökeskuksen julkaisuja 6/2011. 116 s. http://www.ely-keskus.fi/varsinais-suomi > Ajankohtaista > Julkaisut

Eloranta, A. 2010. Virtavesien kunnostus. Kalatalouden Keskusliiton julkaisu nro. 165. 278 s.
Euroopan parlamentin ja neuvoston direktiivi 2000/60/EY (Vesipuitedirektiivi). Annettu 23. lokakuuta 2000 yhteisön vesipolitiikan puitteista. Euroopan yhteisöjen virallinen lehti 22.12.2000. 72 s.
Eurooppatiedotus 2011. Kansalaisen Itämeri. Ulkoasiainministeriö. 123 s. ISBN 978-951-37580-1-1. http://www.eurooppatiedotus.fi/public/default.aspx?contentid=206659&contentlan=1&culture=-fi-FI#.UoW64eLCmf0
Frisk, T. 1978. Järvien fosforimallit. Vesihallituksen tiedotus 146. 114 s.
Goldman, J. C., Caron, D. A. & Dennet, M. R. 1987. Regulation of gross growth efficiency and ammonium regeneration in bacteria by substrate C:N ratio. Limnol. Oceanogr. 32(6): 1239–1252.
Granberg, K. & Granberg, J. 2006. Yksinkertaiset vedenlaatumallit. Keski-Suomen ympäristökeskuksen julkaisu. 111 s.
Griffiths, D. 2006. The direct contribution of fish to lake phosphorus cycles. Ecology of Freshwater Fish 15: 86–95.
Hammar, S. 1968. Näringsekologi hos fisk i Lilla Ullevifjärden. Information från Sötvattenlaboratoriet, Drottningholm 10/1968. 32 s.
Hansen, K. 1961. Lake types and lake sediments. Verh. Int. Ver. Limnol. 14: 285–290.
Hansson, L.-A., Annadotter, H., Bergman, E., Hamrin, S. F., Jeppesen, E., Kairesalo, T., Luokkanen, E., Nilsson, P.-Å., Söndergaard, M. & Strand, J. 1998. Biomanipulation as an application of food-chain theory: constraints, synthesis, and recommendations for temperate lakes. Ecosystems 1(6): 558–574.
Hansson, L.-A. & Brönmark, C. 2010. Biomanipulation of Aquatic Ecosystems. In: Likens, G. E. (ed.) Lake Ecosystem Ecolocy: A Global Perspective. Encyclopedia of Inland Waters. Academic Press. Pp. 396–411. ISBN 978-012-38200-2-0.
Hellsten, S. 1997. Sedimentin fosforivarannoista. Julkaisematon raportti. VTT, yhdyskuntatekniikka.
Helminen, H. 2006. Hoitokalastuksen suunnittelu ja toteutus sekä sen vaikutukset vesistöön. Esitelmä. Hoitokalastuskurssi 6.5.2006.
Helminen, H., Mäkinen, A. & Horppila, J. 1995. Järven ympäristöekologia. Turun yliopiston täydennyskoulutuskeskuksen julkaisuja A:36.
Hietanen, S. 2010. Typenpoisto – Nature does it better. Esitelmä. Suomen Limnologisen yhdistyksen 60-vuotisjuhlaseminaari 11.–12.11.2010, Lammin Biologinen asema.
Hirvonen, H. 2003. Mikrobisilmukka. Seminaarityö. Mikro 400 -seminaari.
Hupfer, M. & Lewandowski, J. 2008. Oxygen controls the phosporus release from lake sediments – a long-lasting paradigm in limnology. Internat. Rev. Hydrobiol. 93(4–5): 415–432.
Huovinen, P. 2000. Ultraviolet radiation in aquatic environments - Underwater UV penetration and responses in algae and zooplankton (Ultraviolettisäteilyn vedenalainen tunkeutuminen ja sen vaikutukset leviin ja eläinplanktoniin). Väitöskirjatyö. Oulun yliopisto. 52 s.
Hutchinson, G. E. 1973. Eutrophication. American Scientist 61(3): 269–279.
Hyenstrand, P., Blomqvist, P. & Pettersson, A. 1998. Factors determining cyanobacterial success in aquatic systems: A literature review. Arch. Hydrobiol. Spec. Issues Advanc. Limnol. 51: 41–62.
Håkanson, L. & Jansson, M. 1983. Principles of lake sedimentology. Springer. 316 p. ISBN 978-364-26927-4-1
Hämeen ympäristökeskus 2003, täydennetty: SATAVESI/Lounais-Suomen ympäristökeskus 2005. Vesikasvi-kurssi.
Högmander, P. 2010. Ravintoketjut vesistön tilan kohentajana. BIOP104 Limnologian perusteet -luento 10.3.2010. http://users.jyu.fi/~tmarjoma/BIOP104_ravintoketjukunnostus.pdf

Ilmavirta, V. (toim.) 1990. Järvien kunnostuksen ja hoidon perusteet. Yliopistopaino. 479 s. ISBN 978-951-57005-1-3.
Inkala, A. 2005. Lohjanjärven 3D-vesistömallit. Suomen Ympäristövaikutusten Arviointikeskus (YVA) Oy. Lohjan ympäristölautakunnan julkaisu 5/05. ISSN 0787-0817, ISBN 952-95187-3-0. 144 s. http://palvelut.lohja.fi/klife/pdf.tiedostot/Lohjanj%C3%A4rvi3D-malli-Inkala.pdf
Jeppesen, E. & Sammalkorpi, I. 2002. Lakes. In: Perrow, M. & Davy, T. (eds.) Handbook of Ecological Restoration. Vol. 2: Restoration practice. Cambridge University Press. Pp. 297–324. ISBN 978-0-52-17912-9-8.
Jeppesen, E., Söndergaard, M., Mortensen, E., Kristensen, P., Riemann, B., Jensen, H. J., Muller, J. P., Sortkjär, O., Jensen, J. P., Chistoffersen, K., Bosselmann, S. & Dall, P. 1990. Fish manipulation as a lake restoration tool in shallow, eutrophic temperate lakes I: cross-analysis of tree Danish case studies. Hydrobiologia 200/201: 205–218.
Jeppesen, E., Jensen, J. P., Kristensen, P., Södergaard, M., Mortensen, E., Sortkjär, O. & Olrik, K. 1990. Fish manipulation as a lake restoration tool in shallow, eutrophic, temperate lakes 2: threshold levels, long-term stability and conclusions. Hydrologia 200/201: 219–227.
Jones, J. G. & Simon, B. M. 1980. Decomposition processes in the profundal region of Blelham Tarn and the Lund tubes. J. Ecol. 68(2): 493–512.
Jones, J. G. & Simon, B. M. 1981. Differences in microbial decomposition processes in profundal and littoral lake sediments, with particular reference to the nitrogen cycle. J. Gen. Microbiol. 123(2): 297–312.
Kalavesi Konsultit Oy 2010. Biologinen vedenkäsittely ja energian tarve kiertovesitykseen perustuvassa kalanviljelyssä Suomen oloissa. Selvitys Savon Taimen Oy:lle 15.2.2010. 20 s.
Kankaala, P. Humuksen vaikutus järvien hiilen kiertoon ja ravintoverkkoihin. Esitelmä. Itä-Suomen yliopisto, Biologian laitos.
Kankaala, P., Ojala, A., Tulonen, T. & Arvola, L. 2002. Changes in nutrient retention capacity of boreal aquatic ecosystems under climatic warming: a simulation study. Hydrobiologia 469: 67–76.
Keski-Uudenmaan vesiensuojelun kuntayhtymä 2011. Tuusulanjärven kunnostusprojekti. Toimintasuunnitelma vuosille 2012–2016. 17 s.
Keto, J., Kolunen, H., Pekkarinen, A. & Tuominen, L. (toim.) 2010. Vesijärvi. Salpausselkien tytär. Lahden seudun ympäristöpalvelut & Vesijärvisäätiö. ISBN 978-952-57491-7-5. 231 s.
Kirk, K. L. & Gilbert, J. J. 1990. Suspended clay and the population dynamics of planktonic rotifers and cladocerans. Ecology 71(5): 1741–1755.
Kivisalmi, V. 2005. Nitrifikaatiobakteerien toiminta. Raportti. 6 s. http://www.mv.helsinki.fi/home/kivisalm/Nitrifikaatiobakteerien%20toiminta.pdf
Kinnunen, K. 1991. Alimmaisen Posionlammen hoitokalastukset vuosina 1984–1990. Erikoistumistyö. Valtion kalatalousoppilaitos. 99 s.
Koponen, J., Kummu, M., Lauri, H., Virtanen, M., Inkala, A., Sarkkula, J., Suojanen, I. & Veijalainen, N. 2008. EIA 3D model manual. WUP-FIN Phase II, Technical Paper No. 1. http://www.eia.fi/wup-fin/training/manuals.html
Koski-Vähälä, J., Hartikainen, H. & Tallberg, P. 2001. Phosphorus mobilization from various sediment pools in response to increased pH and silicate concentration. Journal of Environmental Quality 30(2): 546–552.
Laita, M., Tarvainen, A., Mäkelä, A., Sammalkorpi, I., Kemppainen, E. & Laitinen, L. 2007. Uposkasvien runsastumisesta 2000-luvun alussa. Suomen ympäristökeskuksen raportteja 20/2007. 56 s.

Lamberg, W. & Sommer, U. 2010. Limnoecology. The Ecology of Lakes and Streams. 2nd ed. Oxford University Press. 336 p. ISBN 978-019-92139-3-1.
Lappalainen, K. M. 1982. Convection in bottom sediments and its role in material exchange between water and sediments. Hydrobiol. 86: 105–108.
Lappalainen, K. M. & Matinvesi, J. 1990. Järven fysikaalis-kemialliset prosessit ja ainetaseet. Teoksessa: Ilmavirta, V. (toim.) Järvien kunnostuksen ja hoidon perusteet. Yliopistopaino. Ss. 54-84. ISBN 978-951-57005-1-3.
Lean, D. R. S. 1973. Phosphorus dynamics in lake water. Science 179(4074): 678–680.
Lehtonen, H. 2006. Kalojen ympäristövaatimukset. Teoksessa: Lehtonen, H., Rinne, V. & Westman, K (toim.) Kalavesillä 1. Weilin+Göös. 256 s. ISBN 951-0-32095-1.
Lehtonen, H., Rinne, V. & Westman, K. 2006. Kalavesillä 1. Lehtonen, H., Rinne, V. & Westman, K. 2007. Kalavesillä 2. Weilin+Göös. 512 s. ISBN 951-0-32095-1.
Leka, J., Valta-Hulkkonen, K., Kanninen, A., Partanen, S., Hellsten, S., Ustinov, A., Ilvonen, R. & Airaksinen, O. 2003. Vesimakrofyytit järvien ekologisen tilan arvioinnissa ja seurannassa. Maastomenetelmien ja ilmakuvatulkinnan arviointi Life Vuoksi -projektissa. Etelä-Savon ympäristökeskus. Pohjois-Savon ympäristökeskus. Alueelliset ympäristöjulkaisut 312. 69 s.
Lepistö, L., Jokipii, R., Niemelä, M., Vuoristo, H., Holopainen, A.-L., Niinioja, R., Hammar, T., Kauppi, M. & Kivinen, J. 2003. Kasviplanktonaineistojen käyttö järvien ekologisen tilan kuvaajana. Vuoksen vesistöalueen vuosien 1963–1999 seuranta-aineiston käyttö arvioinnissa ja luokittelussa. Suomen ympäristökeskuksen julkaisuja. 80 s.
Liljendahl-Nurminen, A. 2006. Invertebrate predation and trophic cascades in a pelagic food web – The multible roles of Chaoporus flavicans (Meigen) in a glay-turbic lake. University of Helsinki, Department of Biological and Environmental Sciences. 35 p.
Liljendahl-Nurminen, A., Horppila, J., Eloranta, P., Malinen, T. & Uusitalo, L. 2002. The seasonal dynamics and distribution of Chaoborus flavicans larvae in adjacent lake basins of different morphometry and degree of eutrophication. Freshwater Biology 47(7): 1283–1295.
Luyten, P. J., Jones, J. E., Proctor, R., Tabor, A., Tett, P., Wild-Allen, K., 1999. COHERENS - A coupled hydrodynamical-ecological model for regional and shelf seas: user documentation. MUMM report. Management Unit of the Mathematical Models of the North Sea. 911 p.
Malin, I. 2011. Lahden Vesijärven kunnostus, hapetus, kalastus. Esitelmä. Valtakunnalliset Vihdin vesistöpäivät 19.3.2011.
Malinen, T., Pelkonen, H., Kervinen, J. & Lehtonen, H. 2011. Tuusulanjärven lahna-, pasuri- ja särkikannat vuosina 2003–2009. Tutkimusraportti 29.4.2011. Helsingin yliopisto, ympäristötieteiden laitos/ akvaattiset tieteet ja Suomen ympäristökeskus. 18 s.
McCabe, G. D. & O'Brien, W. J. 1983. The effects of suspended silt on feeding and reproduction of Daphnia pulex. American Midland Naturalist 110(2): 324–337.
Meijer, M.-L., Jeppesen, E., van Donk, E., Moss, B., Scheffer, M., Lammens, E., van Nes, E., van Berkum, J. A., de Jong, G. J., Faafeng, B. A. & Jensen, J. P. 1994. Long-term responses to fish-stock reduction in small shallow lakes: interpretation of five-year results of four biomanipulation cases in The Netherlands and Denmark. Hydrobiologia 275/276: 457–466.
Metsähallitus 2006. Tervan tuoksua ja kavioiden kopsetta. Rokuan luontorastit. Raportti. Metsähallituksen Pohjanmaan luontopalvelut. 15 s.
Moss, B. 2010. Ecology of Freshwater: A view for the twenty-first century. 4th ed. Wiley-Blackwell. 480 p. ISBN 978-1-4051-1332-8.

Muus, B. J. & Dahlström, P. 2005. Suomen ja Euroopan sisävesikalat (Suomentanut ja Suomen oloihin toimittanut Markku Varjo). Gummerus. 224 s. ISBN 978-951-20676-8-8.
Mykkänen, J. 2007. Ulkoinen ravinnekuormitus ja sedimentistä vapautuvat ravinteet Espoon Matalajärvessä. Diplomityö. Teknillinen korkeakoulu, rakennus- ja ympäristötekniikan osasto. 97 s. http://www.water.tkk.fi/wr/tutkimus/thesis/Mykkanen_2007.pdf
Mäki, T.V. ja Pitkänen, H., 1969. Kalastajan tietokirja, s.193. Tietosanakirja Oy, Helsinki.
Niemi, J. 2011. Jokien orgaanisen hiilen pitoisuuksista 1967–2008. Vesitalous 2: 21–27.
Niinimäki, J. & Grönholm, L. 2006. Kirkkonummen Morsfjärdenin kunnostussuunnitelma. Uudenmaan ympäristökeskuksen raportteja 6/2006. 81 s.
Ohle, W. 1964. Interstitiallösung der Sedimente, Nährstoffgehalt des Wassers und Primärproduktion des Phytoplanktons in Seen. Helgol. Wiss. Meeresunters. 10: 411–429.
Olin, M. 2006. Fish communities in South-Finnish lakes and their responses to biomanipulation assessed by experimental gillnetting. Doctoral dissertation. University of Helsinki, Faculty of Biosciences, Department of Biological and Environmental Sciences. 32 p. ISBN 952-10251-6-6.
Orava, V. 1950. Kemiläisten nuottakalastuksesta Kemijärven läntisillä kalavesillä. Tutkielma. Totto 2. Kotiseutuyhdistys Rovaniemen Totto ry. Ss. 55–77.
Paasivirta, L. 1989. Pohjaeläintutkimuksen liittäminen järvisyvännealueiden seurantaan. Vesi- ja ympäristöhallituksen monistesarja 164. 69 s.
Pajunen, H. 2007. Järvien hiiltä ja historiaa. Teoksessa Ojala, A. E. K. (toim.) 2007. Jääkausiajan muuttuva ilmasto ja ympäristö. Opas 52. Geologian tutkimuskeskus. Ss. 39–43.
Paloheimo, A. 2007. Köyliönjärven tila ja kunnostus. Järven tila ja erilaisten kunnostusmenetelmien soveltuvuus tilan parantamiseen. Pyhäjärvi-instituutin julkaisuja, sarja B, nro 13. 47 s.
Palomäki, A. 2001. Sisäinen kuormitus Lappajärven fosforitaseessa. Länsi-Suomen ympäristökeskus. Alueelliset ympäristöjulkaisut 213. 27 s.
Pedusaar, T., Sammalkorpi, I., Hautala, A. & Järvalt, A. 2008. Biomanipulating the drinking water reservoir of Estonia´s capital city: Prospect for success. Lakes & Reservoirs: Research and Management 13(4): 289–300.
Pedusaar, T., Hautala, A. & Järvalt, A. 2010. Shifts in water quality in a drinking water reservoir during and after the removal of cyprinids. Hydrobiologia 649: 95–106.
Penttinen, K. & Niinimäki, J. 2010. Vesiensuojelun perusteet ja vesistöjen kunnostus. Opetushallitus. 319 s.
Piispanen, A. 1987. Pohjasedimentin ja vesimassan fosforinvaihto sekä pohjasedimentin hapenkulutus ja hapentarve. Pro gradu -tutkielma. Helsingin yliopisto, limnologian laitos.
Pyhäjärven kalastusalue 2008. Säkylän Pyhäjärven käyttö- ja hoitosuunnitelma vuosille 2009–2015. Raportti. 41 s. http://www.sakylanpyhajarvi.fi/porkkana/sites/kylayhdistys.fi.porkkana/files/files/pyhajarven_kalastusalueen_Hoitosuunnitelma.pdf
Rask, M., Ruuhijärvi, J., Sutela, T. & Vehanen, T. 2014. Mitä kalasto kertoo vesiemme tilasta. Suomen kalastuslehti 1/2014; 8-10.
Redfield, A. C., Ketchum, B. H. & Richard, M. A. 1963. The influence of organism on the composition of sea water. Teoksessa: Hill, M. N. (toim.) The Sea. Ideas and Observation on Progress in the Study of the Seas. Vol. 2: Composition of sea-water. Comparative and descriptive oceanography. Interscience Publishers. Pp. 26–77.
Salmi, P. 2011. Vesijärven tila. Raportti. Päijät-Hämeen Vesijärvisäätiö. 35 s.
Salonen, V.-P., Ahonen, P., Itkonen, A. & Olander, H. 1993. The trophic history of lake Enäjärvi, SW

Finland, with special reference to its restoration problems. Hydrobiologia 268(3): 147–162.
Salonen, V.-P. & Varjo, E. 2000. Vihdin Enäjärven kunnostuksen vaikutus pohjasedimentin ominaisuuksiin. Geologi 52: 159–163.
Sarvala, J. 2005. Littoistenjärven ekologisen tilan kehitys ja hoitovaihtoehdot. Turun yliopiston biologian laitoksen julkaisuja 24. 56 s.
Sarvala, J. 2010. Kalaston hoito järven kunnostuksessa – kokemuksia kalaistutuksista ja tehostetusta kalastuksesta Suomen järvissä. Teoksessa: Heikki Simola (toim.) Suurjärviseminaari 2010, Symposium on Large Lakes 2010. University of Eastern Finland, Reports and Studies in Forestry and Natural Sciences 4. Ss. 141–148. ISBN 978-952-61024-1-2
Sarvala, J. 2010. Happi ja sisäinen kuormitus. Esitelmä. Suomen Limnologisen yhdistyksen 60-vuotisjuhlaseminaari 11.–12.11.2010, Lammin biologinen asema.
Sarvala, J. & Perttula, H. 1994. Littoistenjärvi. Littoistenjärvityöryhmän moniste. Kaarinan kaupunki ja Liedon kunta. 78 s. ISBN 951-97062-0-8.
Sarvala, J., Ventelä, A.-M., Helminen, H., Hirvonen, A., Saarikari, V., Salonen, S., Sydänoja, A. & Vuorio, K. 2000. Restoration of the eutrophicated Köyliönjärvi, Southwestern Finland, through fish removal: whole lake vs. mesocosm experiences. Boreal Env. Res. 5: 39–52.
Sarvilinna, A. & Sammalkorpi, I. 2010. Rehevöityneen järven kunnostus ja hoito. Ympäristöopas. Suomen ympäristökeskus. 64 s.
SATAVESI/Lounais-Suomen ympäristökeskus 2005. Yhteistyötä Satakunnan vesien parantamiseksi.
Savola, P. 2011. Hunttijärven koekalastus kurenuotalla 29.– 30.7.2010. Raportti. Uudenmaan ELY-keskus. 32 s.
Savolainen, M., Marttunen, M., Kyykkä, L., Hokka, V. & Muotka, J. 2006. Keinotekoisten ja voimakkaasti muutettujen vesien vertailutilan määrittäminen – tavoiteasettelu biologisten aineistojen ja toimenpiteiden avulla. Raportti 28.11.2006. 69 s. http://www.energia.fi/fi/julkaisut/
Scheffer, M., Hosper, S. H., Meijer, M.-L., Moss, B. & Jeppesen, E. 1993. Alternative Equilibria in Shallow Lakes. TREE 8(8): 275–279.
Setälä, J., Airaksinen, S., Lilja, J. & Raitaniemi, J. 2012. Pilottihanke vajaasti hyödynnetyn kalan käytön edistämiseksi. Loppuraportti. RKTL:n työraportteja 10/2012. 74 s.
Shapiro, J., Lamarra, V. & Lynch, M. 1975. Biomanipulation: An ecosystem approach to lake restoration. In: Brezonik, P. L. & Fox, J. L. (eds.) Water Quality Management through Biological Control. University of Florida. Pp. 85–96.
Sinke, A. J. C. & Cappenberg, T. E. 1988. Influence of bacterial processes on the phosphorus release from sediments in the eutrophic Loosdrecht Lakes, The Netherlands. Arch. Hydrobiol. Beih. Ergebn. Limnol. 30: 5–13.
Sinke, A. J. C., Cornelese, A. A., Keizer, P., Van Tongeren, O. F. R. & Cappenberg, T. E. 1990. Mineralization, pore water chemistry and phosphorus release from peaty sediments in the eutrophic Loosdrecht lakes, The Netherlands. Freshw. Biol. 23(3): 587–599.
Suomen ympäristökeskus 2012. Ohje pintavesien ekologisen ja kemiallisen tilan luokitteluun vuosille 2012–2013 – päivitetyt arviointiperusteet ja niiden soveltaminen. Ympäristöhallinnon ohjeita 7/2012. 144 s.
Suomen ympäristökeskus 2006. Suomen yhteenveto vesien ominaispiirteiden ja vaikutusten alustavasta tarkastelusta. Vesipuitedirektiivin (2000/60/EY) 5 artiklan mukainen yhteenvetoraportti. Suomen ympäristökeskuksen raportteja 3/2006. 61 s. ISBN: 952-11225-0-1.

Suomen ympäristökeskus 2008. Pintavesien ekologisen luokittelun vertailuolot ja luokan määrittäminen. 74 s.
Suomen ympäristökeskus 2007. Ohje pintavesien tyypin määrittämiseksi. 49 s.
Syväranta, J. 2008. Impacts of Biomanipulation on Lake Ecosystem Structure Revealed by Stable Isotope Analysis. Jyväskylä Studies in Biological and Environmental Science 187. 46 p. ISBN 978-951-39310-1-8.
Söndergaard, M., Jeppesen, E., Lauridsen, T. L., Skov, C., van Nes, E. H., Roijackers, R., Lammens, E. & Portielje, R. 2007. Lake restoration: successes, failures and long-term effects. Journal of Applied Ecology 44(6): 1095–1105.
Tammi, J., Rask, M. & Olin, M. 2006. Kalayhteisöt järvien ekologisen tilan arvioinnissa ja seurannassa. Alustavan luokittelujärjestelmän perusteet. Riista- ja kalatalouden tutkimuslaitos. Kala- ja riistaraportteja nro 383. 68 s. www.rktl.fi/www/uploads/pdf/rp383_verkko.pdf
Tarvainen, M. 2007. Water quality effects of fish in shallow lakes. An. Un. Turkuensis. Ser. All. Tom. 211. 101 p.
Teppo, A., Tuhkanen, J., Sivil, M., Huovinen, T. & Palomäki, A. 2010. Tehokalastuksen vaikutukset Lappajärvessä. Kalastus elinkeinoksi Lappajärvellä -hankkeen vuosien 2001–2006 seurannan loppuraportti. Etelä-Pohjanmaan elinkeino-, liikenne- ja ympäristökeskuksen julkaisuja 3/2010. 128 s.
Tezuka, Y. 1990. Bacterial regeneration of ammonium and phosphate as affected by the carbon:nitrogen:phosphorus ratio of orcanic substrates. Microb. Ecology 19(3): 227–238.
Tuominen, L. 1996. Bacterial activity and nutrient dynamics in lake sediments. Doctoral dissertation. University of Helsinki, Faculty of Acriculture and Forestry. 56 p.
Ulvi, T. ja Lakso, E. 2005 (toim.) Järvien kunnostus. Ympäristöopas 114. Edita. Suomen ympäristökeskus. 135 s. ISBN 951-37-4337-3, ISBN 952-11-1847-4 (PDF)
Uusitalo, R., Turtola, E., Puustinen, M., Paasonen-Kivekäs, M. & Uusikämppä, J. 2003. Contribution of particulate phosphorus to runoff phosphorus bioavailability. Journal of Environmental Quality 32(6): 2007–2016.
Vahtera, H. 1991. Tuusulanjärven sedimenttitutkimus. Pro gradu -tutkielma. Helsingin yliopisto, maa- ja metsätieteellinen tiedekunta.
Vakkilainen, K. 2002. Litoraaliyhteisöjen vaikutus sisäiseen kuormitukseen. Esitelmä. Järvien sisäisen kuormituksen tutkijaseminaari 7.11.2002, Suomen ympäristökeskus.
Vakkilainen, K. 2005. Submerged macrophytes modify food web interactions and stability of lake littoral ecosystems. Doctoral dissertation. University of Helsinki, Faculty of Biosciences. 43 p.
Valonen, T. 2009. Eläinplanktonin ja sulkasääsken toukkien (Chaoborus flavicans) sukkessio pienissä metsäjärvissä. Pro gradu -tutkielma. Helsingin yliopisto, biotieteellinen tiedekunta. 56 s. http://www.helsinki.fi/keskala/julkaisut/TeresaValonenGradu.pdf
Vehanen, T., Sutela, T. & Korhonen, H. 2006. Kalayhteisöt jokien ekologisen tilan seurannassa ja arvioinnissa. Alustavan luokittelujärjestelmän perusteet. Riista- ja kalatalouden tutkimuslaitos. Kala- ja riistaraportteja nro 398. 36 s. http://www.rktl.fi/www/uploads/pdf/raportti398.pdf
Vehanen, T., Sutela, T. & Korhonen, H. 2010. Environmental assessment of boreal rivers using fish data – a contribution to the Water Framework Directive. Fisheries Management and Ecology 17: 165–175.
Vesipuitedirektiivi 2000. Euroopan Parlamentin ja Neuvoston direktiivi 2000/60EY. Annettu 23. lokakuuta 2000 yhteisön vesipolitiikan puitteista. Euroopan yhteisöjen virallinen lehti 22.12.2000. 72 s.
Vollenweider, R. H. 1976. Advances in defining critical loading levels for phosphorus in lake eutrophication. Mem. 1st. Ital. Idrobiol. 33: 53–83.

Vuori, K.-M., Mitikka, S. & Vuoristo H. (toim.) 2009. Pintavesien ekologisen tilan luokittelu, Osa I: Vertailuolot ja luokan määrittäminen, Osa II: Ihmistoiminnan ympäristövaikutusten arviointi. Suomen ymparistökeskus. Ympäristöhallinnon ohjeita 3/2009. 123 s.
Vuori, K.-M., Bäck, S., Hellsten, S., Karjalainen, S.-M., Kauppila, P., Lax, H.-G., Lepistö, L., Londesborough, S., Mitikka, S., Niemelä, P., Niemi, J., Perus, J., Pietiläinen, O.-P., Pilke, A., Riihimäki, J., Rissanen, J., Tammi, J., Tolonen, K., Vehanen, T., Vuoristo, H. & Westberg, V. 2006. Suomen pintavesien tyypittelyn ja ekologisen luokittelujärjestelmän perusteet. Suomen ympäristökeskus. Suomen ympäristö 807. 151 s.
Väisänen, T. 2005. Rehevän järven kunnostusmenetelmän valinta. Lisensiaattityö. Oulun yliopisto, tekninen tiedekunta. 120 s.
Väisänen, T. 2009. Sedimentin kemikalointikäsittely. Tutkimus rehevän ja sisäkuormitteisen järven kunnostusmenetelmän mitoituksesta sekä tuloksellisuuden mittaamisesta. Oulun yliopisto, tekninen tiedekunta, prosessi- ja ympäristötekniikan osasto. Acta Universitatis Ouluensis C Technica 345. ISBN 978-951-42-9298-9.
Väisänen, S. & Puustinen, M. (toim.) 2010. Maatalouden vesistökuormituksen hallinta. Seuranta, mallit ja kustannustehokkaat toimenpiteet vesienhoidon toimenpideohjelmissa. Suomen ympäristö 23. 134 s.
Wallsten, M. & Forsgren, P. O., 1989. The effects of increased water level on aquatic macrophytes. J. Aquat. Plant Manage. 27: 32–37.
Wetzel, R. G. 2001. Limnology. Lake and River Ecosystems. 3rd Edition. Academic Press. 1006 p. ISBN 978-012-74476-0-5.
Wright, J., Helminen, H. & Hirvonen, A. 1993. The gauntlet of Lake Koeylioenjaervi: external phosphorus load. Vesitalous 34(5): 29–33.

Suulliset tiedot:

Kinnunen, K. (2012–2013). Lapin muinaiseen kalastukseen, kalojen käyttäytymishavaintoihin ja hoitokalastukseen liittyviä tietoja.

LINKKEJÄ WWW-SIVUILLE:

JärviWiki http://www.jarviwiki.fi/wiki/Etusivu

Kuinka kala käyttäytyy www.howfishbehave.ca.
Sivuille on koottu joukko artikkeleita kalojen käyttäytymisestä (kuolleeksi tekeytyminen, parveutuminen, rakentaminen, työkalujen käyttö, kädettömyys, yhteistyö, sosiaalinen älykkyys, pitkämuistisuus, käyttäytyminen oudossa tilassa, reagoiminen pimeään, nukkuminen, hapen vaikutus, parasiitit, seksielämä, vanhemmuus, aggressio, petojen välttely ja suunnistaminen).

Puhdas Vesijärvi http://www.puhdasvesijarvi.fi/fi/jarvi_hoi_/etusivu

Videoita hoitokalastuksista
http://www.verkkovideot.com/vesienhoito/jaervien-kunnostushankkeita.html ja http://www.hoitokalastus.com/videot.html

Ympäristöhallinnon vesistökunnostussivu http://www.ymparisto.fi/vesikunnostus

Sanasto

Assimilaatio	Yhteyttäminen, fotosynteesi
Bioturbaatio	Kalojen ja pohjaeläinten aiheuttama ravinteiden vapauttaminen sedimentistä vesimassaan
Endosymbiootti	Endosymbioottisen teorian mukaan mitokondriot olisivat elämän alkuvaiheissa tumallisten solujen esimuodon fagosytoimia bakteereja, jotka ovat mukautuneet endosymbioottiseen elämään.
Fotosynteesi	Yhteyttäminen, assimilaatio
Herbivori	Kasvissyöjä
Karotenoidi	Kasvipigmentti viherhiukkasissa
Kemosynteesi	Tapahtuma, jossa eliö tuottaa orgaanisia yhdisteitä käyttäen epäorgaanisten yhdisteiden hapettamisesta saamaansa energiaa
Kloroplasti	Viherhiukkanen
Litoraali	Kasvustovyöhyke
Makrofyytti	Ilmaversoinen vesikasvi
Mooli	SI-järjestelmän mukainen mittayksikkö perussuureelle ainemäärä (tunnus n)
Nitrifikaatio	Nitraatin muutos nitriitiksi
Paleolimnologia	Sedimenttitutkimus vesistön historiasta
Pelagiaali	Avovesialue
Planktivori	Eläinplanktonsyöjä
Profundaali	pohja-alue, jonne valo ei ylety
Perustuotanto *(primary production)*	Tarkoittaa vihreiden kasvien yhteyttämisen kautta sitomaa energiamäärää tai kasvien valmistamaa orgaanista ainesta. Perustuotanto jaetaan brutto- ja nettoperustuotantoon
Respiraatio	Soluhengitys
Resuspensio	Sedimentin palaaminen vesimassaan
Syanobakteeri	Sinilevä
Trofiataso	Ravintoketjun taso
Vesiekosysteemi	Vesiluonto

Suomen ympäristökeskus (SYKE) laatii ympäristöalan menetelmästandardeja eurooppalaisella ja kansainvälisellä tasolla asettamiensa seurantaryhmien kanssa

Ympäristöministeriö on velvoittanut ympäristönsuojelulain (86/2000) 24 §:n nojalla Suomen ympäristökeskuksen (SYKE) toimimaan ympäristöalan kansallisena vertailulaboratoriona, jonka yhtenä tehtävänä on osallistua menetelmästandardien laatimiseen.

SYKEn ja Suomen standardisoimisliitto SFS välinen toimialayhteisösopimus
SYKEllä on Suomen Standardisoimisliitto SFS ry:n kanssa toimialayhteisösopimus menetelmästandardien laadinnasta. Sopimuksen mukaan SYKE vastaa kansallisen standardisointitarpeen kartoittamisesta ja tarvittavien uusien standardien valmistelusta sekä olemassa olevien standardien pitämisestä ajantasalla seuraavilla toimialoilla:

- veden laatu
- maan laatu
- lietteiden karakterisointi
- lietteiden uudelleenkäyttö, kierrätys, käsittely ja hävittäminen
- hydrometria.

Standardit laaditaan yhteistyössä eurooppalaisen (CEN) ja kansainvälisen (ISO) standardisoimisjärjestön seuraavissa teknisissä komiteoissa (TC):

- CEN/TC 230 Water analysis
- CEN/TC 308 Characterization of sludges
- CEN/TC 318 Hydrometry
- CEN/TC 345 Characterization of soils
- CEN/TC 382 PFOS
- ISO/TC 147 Water quality
- ISO/TC 190 Soil quality
- ISO/TC 275 Sludge recovery, recycling, treatment and disposal

Kansalliset standardisoinnin seurantaryhmät

Suomen ympäristökeskus SYKE on asettanut vuosiksi 2012 - 2014 kansalliset standardisoinnin seurantaryhmät. Niiden tehtävänä on seurata ja vaikuttaa kansallisesti kansainvälisten ja eurooppalaisten standardien laadintaan vastaavien teknisten komiteoiden piirissä.

1. Vesinäytteenoton seurantaryhmä
   Vesinäytteenoton seurantaryhmän kokoonpano
2. Vesikemian seurantaryhmä
   Vesikemian seurantaryhmän kokoonpano
3. Vesibiologian seurantaryhmä
   Vesibiologian seurantaryhmän kokoonpano
4. Vesimikrobiologian seurantaryhmä
   Vesimikrobiologian seurantaryhmän kokoonpano
5. Maaperän ja lietteiden karakterisoinnin seurantaryhmä
   Maaperän ja lietteiden karakterisoinnin seurantaryhmän kokoonpano
6. Hydrometria (SYKEn asiantuntija seuraa CEN/TC 318 -teknisen komitean työtä).

Osallistuminen seurantaryhmiin

Osallistuminen ympäristöalan menetelmästandardien laadintaan kansallisissa seurantaryhmissä on avointa ja maksutonta kaikille kiinnostuneille alan asiantuntijoille.

Ympäristöalan menetelmästandardit – käyttö ja esitteet

Menetelmästandardeja käytetään ympäristön tilan tutkimukseen, seurantaan, velvoitetarkkailuun ja valvontaan. Etenkin EU-direktiivien toimeenpanossa niillä on keskeinen asema. Esimerkiksi vesipuitedirektiivissä (2000/60/EY) ja sen liitteessä 5 on mainittu useita laatutekijöiden seurantaa koskevia standardeja, joita on noudatettava tieteellisen laadun ja vertailtavuuden saavuttamiseksi. Standardeilla saadut luotettavat ja vertailukelpoiset tulokset helpottavat kansallista ja kansainvälistä yhteistyötä mm. elinkeinoelämässä ja viranomaisten toiminnassa.

Menetelmästandardiesitteet luettelomuodossa (pdf):

- Veden laatu. Näytteenottostandardit
- Veden laatu. Biologian ISO-standardit
- Veden laatu. Biologian SFS-alkuiset standardit
- Veden laatu. Mikrobiologian standardit
- Veden laatu. Kemialliset SFS-alkuiset standardit
- Veden laatu. Kemialliset ISO-standardit
- Veden laatu. Kemialliset SFS-standardit
- Maaperän laatu. SFS-alkuiset standardit
- Maaperän laatu. ISO-standardit (linkki ISOn sivuille)
- Lietteiden karakterisointi
- Hydrologiset mittaukset

SFS-käsikirjat

Monet edellä mainitut standardit on koottu SFS-käsikirjoiksi. Tällä hetkellä SFS:ssä on myytävänä seuraavia käsikirjoja:

- SFS-käsikirja 147-1 Veden laatu. Osa 1: Näytteenottomenetelmät (2010)
- SFS-käsikirja 147-2 Veden laatu. Osa 2: Vesikemialliset menetelmät. Orgaaninen kemia (2011)
- SFS-käsikirja 147-3 Veden laatu. Osa 3: Vesikemialliset menetelmät: Epäorgaaninen kemia. Perusmääritykset vedestä (2011)
- SFS-käsikirja 147-4 Veden laatu. Osa 4: Vesikemialliset menetelmät. Epäorgaaninen kemia Metallimääritykset vedestä (2011)
- SFS-käsikirja 147-5 Veden laatu. Osa 5: Vesikemialliset menetelmät. Epäorgaaninen kemia Ravinteiden ja ionien määritykset vedestä (FIA-, CFA- ja IC -menetelmät), AOX- ja AQC sekä kalibrointimenetelmät (2011)
- SFS-käsikirja 147-6 Veden laatu. Osa 6: Biologia. Kenttämenetelmät (2012)
- SFS-käsikirja 94-1 Mikrobiologiset vesitutkimusmenetelmät. Osa 1. Yleiset menetelmät(2010)
- SFS-käsikirja 94-2 Mikrobiologiset vesitutkimusmenetelmät. Osa 2. Yleisimmät menetel

mät indikaattoribakteerien tutkimiseen vesinäytteistä (2012)
- SFS-käsikirja 190-1 Maaperäntutkimusmenetelmät. Osa 1: Ohjeistot (2007)
- SFS-käsikirja 190-2 Maaperäntutkimusmenetelmät. Osa 2: Näytteenotto (2012)
- SFS-käsikirja 190-3 Maaperäntutkimusmenetelmät. Osa 3: Kemialliset määritysmenetelmät (2007, uusittavana)
- SFS-käsikirja 190-4 Maaperäntutkimusmenetelmät. Osa 4: Biologiset määritysmenetelmät (2008, uusittavana)

Ympäristöalan horisontaalistandardit

Euroopan komissio antoi vuonna 2003 standardisointimandaatin (M330) eurooppalaiselle standardisoimisjärjestö CENille horisontaalistandardien laatimiseksi lietteiden, käsiteltyjen biojätteiden ja maaperän aihealueilta. Tarkoituksena oli vähentää epäyhtenäisyyttä eri menetelmien välillä sekä myös laadintakustannuksia.

Eurooppalainen projektikomitea valmistelee horisontaalistandardeja ja SFS koordinoi työtä kansallisella tasolla

CENin projektikomitea CEN/TC 400 Horizontal standards in the fields of sludge, treated biowaste and soil valmistelee horisontaalistandardeja lietteiden, käsiteltyjen biojätteiden ja maaperän aihealueilta.

CENistä valmistuneet EN-standardit vahvistetaan sääntöjen mukaan aina kansallisiksi SFS-standardeiksi.

Kansallisesti standardien valmistelua koordinoi Suomen standardisoimisliitto SFS.

Horisontaalistandardit ja -ehdotukset (linkki CENin sivuille).

Suomen standardisoimisliitto SFS myy standardeja standardiehdotuksia ja SFS-käsikirjoja

Valmiita standardeja ja teknisiä raportteja ja - spesifikaatteja sekä standardiehdotuksia (SFS, EN ja ISO) myy Suomen Standardisoimisliitto SFS. ISOssa, CENissä ja SFS:ssä on tähän mennessä standardisoitu lähes 600 ympäristöalan menetelmää, raporttia tai ohjetta.

Suomen standardisoimisliitto SFS myy standardeja

Lisätietoja

Suunnittelija, standardisointikoordinaattori Anja Holmsten
(etunimi.sukunimi@ymparisto.fi)
tai puh. 0400 148801.
Julkaistu 23.4.2013 klo 12.57, päivitetty 19.9.2013 klo 13.46
http://www.syke.fi/fi-FI/Palvelut/Ymparistoalan_menetelmastandardisointi

Kunnostussuunnitelman ohjeellinen sisältörunkomalli

1. JOHDANTO

2. AINEISTO JA MENETELMÄT
2.1 Veden laatua kuvaavat tekijät
2.2 Kasviplankton
2.3 Eläinplankton
2.4 Kalasto
2.5 Pohjaeläimet
2.6 Sedimentti
2.7 Kasvillisuus
2.8 Ulkoisen kuormituksen arviointi
2.9 Sisäisen kuormituksen arviointi

5. VESIALUEEN YLEISTILA
5.1 Rehevöityminen
5.2 Veden laatu
5.3 Sedimentin laatu
5.4 Kasviplankton
5.5 Eläinplankton
5.7 Pohjaeläimet
5.8 Kalasto
5.9 Kasvillisuus

7. KUNNOSTUKSEN TAVOITTEET

10. HOITO- JA KUNNOSTUSTOIMENPITEET VALUMA-ALUEELLA
10.1 Ulkoisen kuormituksen vesiensuojelutoimet yleisesti
10.2 Maatalouden kuormitukseen vaikuttavat taustatekijät
10.3 Maatalouden kuormituksen vähentämistä tukeva toiminta
10.4 Ravinnetaseen hallinta ja optimaalinen lannoitus
10.5 Pelto-ojien luiskien loiventaminen sekä muut uomaan kohdistuvat toimenpiteet
10.6 Maan rakenteen parantaminen
10.7 Viljelytekniset toimenpiteet ja eroosion vähentäminen
10.8 Laskeutusaltaat ja lietekuopat
10.9 Kosteikot
10.10 Kemiallinen käsittely hotspot-kohteissa
10.11 Suojavyöhykkeet ja suojakaistat
10.12 Kotieläinten kuormituksen vähentäminen
10.13 Metsätalouden vesiensuojeluun liittyvät toimenpiteet
10.14 Hulevedet
10.15 Haja-asutuksen jätevesien kuormituksen vähentäminen
10.16 Veneiden septisäiliöiden tyhjennyslaitehankinnan edistäminen

11. HOITO- JA KUNNOSTUSTOIMENPITEET ITSE JÄRVELLÄ
11.1 Vesikasvien vähentäminen
11.2 Ruoppaus
11.3 Hapetus ja ilmastus
11.4 Kemiallinen käsittely
11.5 Pohjasedimenttien käsittely
11.6 Säännöstelyn kehittäminen
11.7 Alusveden poistaminen
11.8 Lisäveden johtaminen
11.9 Levänuottaus
11.10 Ravintoketjukunnostus

12. KUSTANNUKSET JA KUSTANNUSTEHOKKUUS

13. TOIMENPITEIDEN RAHOITUS

14. SEURANTA

15. YHTEENVETO

LÄHTEET

PVM ____.____.201___

HOITOKALASTUSSAALIIN JA SAALISOTANNAN KIRJAAMINEN

VESISTÖ: ____________________järvi PÄIVÄSAALIS: __________ kg

TYÖ: Rysäpyynti / Nuotta / Kalastaja NÄYTETUNNUS

____ ________________________

PYYNTIPÄIVIÄ: _____ PYYDYSTEN LKM: _____ PYYDYSYKSIKÖT: ____________

Kalalaji	Näyte kpl	Näyte g	Koko kpl	Koko kg	Takaisin pääst. kpl	Takaisin pääst. kg	Huomautuksia
Ahven							
Ankerias							
Hauki							
Kiiski							
Kuha							
Kuore							
Lahna							
Pasuri							
Salakka							
Siika							
Sorva							
Suutari							
Särki							

LAJIKOHTAISET YKSILÖMITTAUKSET (pituus cm)

Ahven				Särki				Lahna			

CPSIA information can be obtained
at www.ICGtesting.com
Printed in the USA
BVHW052249091118
532549BV00002B/177/P